영어교육 연구방법론

Research Methods in English Education

김정렬 · 이제영 지음

KM 경문사

머리말

우리는 지금 세계 도처에서 쏟아져 나오는 다양한 출판문헌과 연구결과를 접하며 살아가고 있다. 영어교육 분야도 예외는 아니다. 2012년 9월 영어교과교육에 관련한 논문을 출판하고 있는 국내 학술지만 해도 한국연구재단의 등재(후보)지 기준으로 무려 39종에 이를 정도이며, 석·박사 학위 논문까지 합하면 매년 수천 편의 연구가 쏟아져 나오고 있다. 여기에 해외 학술지와 학위 논문까지 추가한다면 그 수는 헤아릴 수 없을 정도로 많다. 이러한 연구의 상당 부분은 실험 연구가 차지하고 있으며, 이때 자료의 수집과 처리 과정에서 보다 과학적인 연구를 위해 여러 통계 기법들이 사용된다. 즉, 논문 작성은 물론 기존의 연구 결과를 읽고 이해하는 데 연구방법론과 통계에 대한 이해가 필수적인 것이다.

하지만 실제 현장에서 학생들을 지도하다 보면 많은 학생들이 연구 방법, 특히 실험 연구의 이론적 근거나 실제 처리 방법에 대한 근본적인 이해가 부족한 경우를 많이 발견하게 된다. 또 많은 연구자들은 통계의 기법들이 그렇게 많은 것이 아님에도 불구하고, 통계에 대한 막연한 두려움과 부담감을 안고 있다. 물론 통계 처리 부분만 전문가에게 의뢰하여 별도로 처리할 수 있겠지만, 연구 주제를 설정하고, 가설을 세우고, 자료를 수집하고, 통계 결과를 해석하는 일까지

맡길 수는 없다. 다시 말해 영어교육을 연구하는 사람은 연구 방법에 대한 전문적 이해와 소양을 갖추어 다양한 연구를 읽고 해석할 수 있음은 물론, 스스로 연구 문제를 설정하여 그 연구를 설계하고 실행할 수 있는 전문적인 소양을 갖추어야 한다.

이를 위해 이 책에서는 먼저 연구의 의미와 연구를 설계함에 있어 꼭 이해하고 있어야 할 변인과 척도에 대한 자세한 설명을 담았다. 또 연구 데이터들의 특성과 실험 설계에 관한 내용을 통해 변인과 척도의 특성에 따라 실험 설계의 과정이 어떻게 달라지는가에 대해 논의하였다. 이처럼 1장에서 4장까지는 실제 연구 방법에서 사용되는 다양한 통계 기법을 다루기 이전에 기본적으로 알고 있어야 할 연구의 특성을 실험 연구 중심으로 살펴본다.

다음으로 5장에서 7장까지는 실제 양적 연구에서 가장 많이 활용되는 빈도의 분석, 평균 차이의 분석, 상관관계의 분석을 설명하고 각각 이론적인 배경, 실제 자료 처리 및 분석의 과정과 유의점, 실제 해당 분석 기법 활용의 예로 나누어 살펴보았다. 이 부분에서는 실제 통계 프로그램을 통한 분석 과정을 설명하기보다는 해당 분석 기법을 어떠한 상황에서 활용하는지, 어떠한 절차로 분석해야 하는지 근본적인 이해가 이루어질 수 있도록 설명하였다. 또 해당 분석 기법을 활용한 실제 연구를 요약하여 제시함으로써 해당 분석 기법의 구체적인 과정을 확실히 이해할 수 있도록 구성하였다.

마지막으로 8장에서는 양적 분석에 대비되는 질적 연구를 다루었다. 여기에서는 질적 연구의 의미와 유형 및 특징, 절차 등으로 구분하여, 질적 연구의 전체적인 개념과 과정에 대해 이해할 수 있도록 하였다. 또 다양한 실례를 담아 연구의 과정을 보다 구체적으로 파악할 수 있도록 하였다.

모쪼록 이 책이 영어교육 연구에 관심 있는 많은 연구자, 대학원생, 학부생들에게 보다 높은 질의 연구물을 낼 수 있는 도구로 활용되어 우리나라 영어교육 연구의 수준이 한 단계 상승할 수 있기를 바란다. 마지막으로 이 책이 나오기까지 원고 정리 및 교정 과정에서 많은 수고를 해준 전희철, 정명기 선생께 고마움을 전하며, 부족한 원고가 출간될 수 있도록 많은 도움을 주신 출판사 관계자 분들께도 감사드린다.

2012년 9월

저자 일동

차례

5. 빈도의 분석

6. 평균 차이의 분석

1. 연구란 무엇인가?

1.1 연구의 정의

언어, 특히 외국어의 교수·학습 과정의 특징을 밝히기 위해 매우 다양한 방법들이 사용되고 있으며, 이를 위한 다양한 노력들은 연구(research)라는 과정을 통해 이루어지게 된다. 연구는 우리가 갖고 있는 문제를 파악한 후, 그 문제의 원인을 발견하고 그 문제의 해결책을 찾기 위한 노력이라고 정의할 수 있다(Nunan, 1992).

연구는 과정과 산물이라는 두 가지 구성 요소를 지니고 있다. 먼저 과정은 탐구하고자 하는 영역을 설정하고 그 영역을 살펴보기 위해 어떠한 절차를 택하는가와 관련되어 있다. 만약 영어학습에 내적동기가 큰 영향을 미치는지 연구하기로 결정했다면 이것이 바로 탐구영역, 다시 말해 연구목표를 설정한 것이고, 그 목표를 달성하기 위해 연구에 참여할 인원 선택, 평가지 작성, 분석절차 설정과 같이 실제 연구를 실행하기 위한 절차 및 과정이 필요한데, 이러한 것이 과정에 속한다고 할 수 있다. 한편 산물을 앞서 언급한 과정을 통해 산출된 지식, 즉 연구의 결과물을 말한다. 즉 영어학습과 내적동기와 관련이 있었는지 없었는지, 또 관련성이 있다면 어느 정도인지 등 연구목표와 관련하여 연구과정을 통해 산출된 결과물을 산물이라고 할 수 있다. 다시 말해 과정은 문제를 정의하는 것, 목표를 세우는 것, 가설을 세우는 것과 관련이 있으며, 이를 해결하기 위한 정보의 수집, 분류, 분석, 해석과 연관되어 있다. 한편 산물은 수집한 정보를 통해 도출한 기존의 목표 및 가설과 관련된 지식, 즉 결과물을 지칭한다.

또한 연구는 과학적 방법으로 주관적이 아닌 객관적 절차를 통해 결과를 얻기 위하여 실시하고, 문제해결과 이론적용, 새로운 통찰을 이끌어 내기 위해서 실행하는 것이다. 즉, 어떤 관점을 지지하기 위해, 알려지지 않은 것을 밝히기 위해, 입증 혹은 반증하고 애매함을 제거하여 우리가 가지고 있는 물음을 만족시키기 위해 하는 일련의 과정이 연구이다.

1.2 연구의 종류

연구에는 실험 연구와 질적 연구, 조사연구, 분석 연구 등 다양한 연구방법들이 존재한다. 이 책에서는 영어교육 분야에서 많이 활용되고 있는 실험 연구와 질적 연구를 중심으로 그 특징과 방법에 대해 살펴보고자 한다.

1) 실험 연구의 정의

실험이란 통제된 상황하에서 한 가지 또는 그 이상의 변인을 조작하여 이에 따라 변화되는 현상을 객관적으로 관찰하는 것이다. 이러한 변인들 간의 관계를 밝히기 위한 여러 가지 과학적 탐구 방법들 중에서도 특히 실험적 연구방법은 변인들 사이의 인과관계를 규명할 수 있는 가장 강력한 연구방법이라고 할 수 있다(Gall, Borg & Gall, 1996). 다시 말해 실험은 단순한 경험이나 직관 등에 의해 특정 내용을 주장하는 것이 아니라 누구나 공감하고 믿을 수 있는, 즉 신뢰할 수 있고 타당한 절차를 통해 자료를 수집하고, 그것을 과학적이고 체계적인 절차를 통해 분석하여 결론을 내리는 과정이다.

이러한 실험의 목적은 크게 두 가지로 나눌 수 있는데(한국심리학회, 1988), 첫째는 어떤 두 이론적 변인 간의 인과관계를 확립하는 것이다. 변인들은 이론적으로 정의된 것이 특징이며, 흔히 이론 검증 실험에서도 예를 찾아볼 수 있다. 참고로 이러한 이론 검증 실험은 실험실 실험과 같이 엄격한 변인의 통제가 이루어지는 경우가 많다. 둘째는 어떤 현상의 확인 내지 현상의 존재를 증명하는 것이다. 이는 현장 실험에서 흔히 발견되며, 능동적인 독립변인의 조작이 없는 일종의 자연 실험이 일반적으로 이 범주에 속한다.

실험 연구방법은 독립변인과 종속변인 간의 관계를 평가하기 위해서 한 개 또는 그 이상의 독립변인이 존재하고 외연변인들이 통제되는 계획된 관찰을 말한다. 실험 연구의 기본 목적은 특정한 실험 상황에서 관심 있는 변인들을 조작하여 변인과 변인 간의 관계를 명확히 규정하는 데 있으며, 실험 조건의 계획적인 조작과 통제가 얼마나 명확하게 이루어지는가에 따라서 실험의 성패가 좌우된다. 만약 조건이 통제되지 않은 상황에서 실험 연구가 이루어졌다면, 그 연구의 타당성을 보장받을 수 없게 된다. 쉽게 말해 남녀 성별에 따라 영어 말하기 능력에 차이가 있는가를 살펴보는 연구가 있다고 가정해 보자. 이때 독립변인은 성별이며, 독립변인에 따른 종속변인의 차이, 즉 영어 말하기 능력의 차이를 보고 싶은 것이다. 하지만 남학생들의 경우 대부분 학교 수업만을 통해 영어공부를 하고 있지만, 여학생들은 과외나 학원 같은 사교육을 통해 영어 수업을 받고 있는 경우가 많다면 성별이라는 독립변인 이외의 외연변인이 종속변인인 영어 말하기 능력에 영향을 줄 가능성이 매우 높다. 따라서 실험 연구에서는 실험 조건을 엄격히 통제하여, 관찰하고자 하는 현상에 작용하는 우연적 요소의 영향과 외연변인의 영향을 최소화시켜서, 연구에서 알아보고자 했던 변인의 효과만을 순수하게 관찰할 수 있도록 실험 계획을 세우고 실시해야 한다. 이러한 점에서 실험 연구는 통제된 관찰법이라고 할 수 있으며, 그에 따라 독립변인을 통제하고 조작함으로써 종속변인이 어떻게 변화하는지를 정확하게 분석하고 관찰해야 하는 방법이다.

실험 연구는 실험실 안에서 이루어지는 실험 연구와 현장에서 이루어지는 현장 실험으로 구분할 수 있는데, 특정 독립변인을 처치한 결과가 종속변인에 어떠한 영향을 주느냐를 연구한다는 점에서는 두 연구가 동일하지만, 조건 통제를 얼마나 엄격히 하느냐에 있어서 두 연구에 차이가 있다. 실험실 연구는 외연변인의 통제를 극대화하기 위해서 인위적으로 이루어지기 때문에 그 결과를 실제 생활에 적용하는 데 제한을 받는다는 단점이 있다. 한편 현장 실험은 이러한 문제점을 극복할 수 있지만, 조건 통제가 엄격히 이루어지지 않기 때문에 외연변인이 실험 상황에 영향을 미칠 수 있다는 단점이 존재한다. 실제 영어교육 분야에서 이루어지고 있는 실험 연구들은 학교라는 교육 현장에서 이루어지고 있기 때문에 인위적인 통제를 실시하기가 쉽기 않고, 그렇기 때문에 현장 연구의 성격을 가지는 경우가 대부분이다.

이와 같은 실험 연구를 실제로 설계하고 실시하는 데 있어 중요한 변인의 종류와 특징에서 대해서는 다음 2장에서, 실제 실험 설계 과정 및 절차와 관련된 내용은 4장에서 보다 자세히 살펴볼 것이다.

2) 실험 연구의 종류

실험 설계의 유형은 학자에 따라 분류에 차이를 보이고 있다. 앞서 살펴본 것처럼 실험 상황이 자연 상태인지 인공적으로 통제된 상황인지에 따라 자연적 실험과 실험실 실험으로 분류되기도 하고, 실험집단의 표집과 관련하여 무선화 유무에 따라 준실험 설계와 진실험 설계로 구분되기도 한다. 여기에서는 통제 집단(비교 집단)의 존재 여부와 무선 표집(random sampling)의 실시 여부라는 2개의 요인에 따라 진실험 설계와 준실험 설계, 마지막으로 전실험 설계의 3가지 유형으로 나누어 실험 연구의 종류에 대해 살펴보고자 한다.

(1) 진실험 설계

진실험 설계(true-experimental design)는 실험 집단과 통제 집단을 모두 갖추고 있으며, 피험자들을 각 집단에 임의로 할당하는 무선 표집까지 이루어진 경우를 지칭한다. 이는 실험하고자 하는 독립변인 외의 모든 변인들을 통제할 수 있기 때문에 실험의 타당도가 가장 높은 완벽한 실험 설계 모형이라고 할 수 있다. 따라서 학교 현장에서 실시하기에는 어려움이 존재하지만 실험적 연구의 여러 설계 중 우선적으로 권장되는 실험 설계이다. 여기에서는 진실험 설계 모형 중 가장 대표적으로 사용되고 있는 설계 모형 세 가지를 소개한다.

① 전후 검사 통제 집단 설계

전후 검사 통제 집단 설계(pretest-posttest control group design)는 실험 연구에서 많이 쓰이는 설계 방법이다. 먼저 통제 집단이 설정되어 있기 때문에 실험 집단과 통제 집단의 차이가 투여한 독립변인이라고 주장할 수 있다는 점에서 실험의 타당성을 높이는 역할을 한다. 또한 피험자를 무선적 방법으로 표집하고 표집한 피험자들을 실험 집단과 통제 집단에 무선적으로 배치한 후 사전 검사를 실시하기 때문에 독립변인 이외의 외연변인이 미치는 영향을 최소화할 수 있다. 다음으로 일정한 기간 동안 무선적으로 한 집단을 골라(실험 집단) 그 집단에는 실험 처치를 가하고, 다른 집단(통제 집단)에는 아무런 실험 처치를 가하지 않은 다음, 실험 집단과 통제 집단에 각각 사후 검사를 실시하여 이들 두 집단의 사전-사후의 평균 차이로 실험 처치의 효과를 평가하게 되는 것이다. 이때 실험 집단의 사전-사후 검사의 평균 차이가 통제 집단의 차이보다 통계적으로 유의하게 클 경우, 실험 처치의 효과가 있다고 말할 수 있다.

예를 들어, 멀티미디어 프로그램이 학생들의 듣기 능력 향상에 미치는 효과를 연구하고자 할 경우 ① 40명의 학생을 임의로 추출하여 두 집단에 무선 배치한 다음, ② 두 집단을 대상으로 듣기 능력에 대한 사전 검사를 실시한다. ③ 한 집단에게는 멀티미디어 프로그램을 실시하고 다른 집단을 실시하지 않은 다음, ④ 평가지를 사용하여 각 집단의 듣기 능력에 대한 사후 검사를 실시하여 ⑤ 이들 사전-사후 검사의 평균 차이를 집단별로 비교해서 그 차이의 유의성을 t-검정 등의 통계적 검증 방법을 사용하여 알아보는 것이다.

이러한 전후 검사 통제 집단 설계에서는 통제 집단이 있을 뿐만 아니라 피험자를 실험 집단과 통제 집단에 무선 배치하기 때문에 역사, 성숙, 검사, 도구 사용, 피험자 선발과 같은 내적 타당도 저해 요인들을 대부분 잘 통제하고 있으며, 실험 변인의 효과를 보다 정확히 알아볼 수 있다. 다시 말해서 내적 타당도가 비교적 높은 실험 방안이라 할 수 있다.

그러나 실험 집단과 통제 집단을 따로 취급해서 생기는 문제들, 즉 검사 실시 시간, 검사 실시 환경, 검사자와 관찰자의 편견 등과 같은 변인이 작용할 여지가 있으며, 실험 기간이 길 경우 실험 집단에서의 피험자 탈락으로 인하여 실험 과정에서 두 집단의 동질성에 문제가 생길 수 있다는 단점이 있다. 그뿐만 아니라 이와 같은 설계에서는 사전 검사 실시로 인하여 실험 처치에 대한 피험자의 관심이 증가 혹은 감소됨으로써 실험결과에 영향을 미치게 되는 검사 실시와 실험 처치 간의 상호작용 효과, 피험자 선발과 실험 처치 간의 상호작용에 따른 문제, 자신이 실험 대상이라는 사실을 알게 됨으로 인해 실험에 영향을 미치게 되는 실험 상황에 대한 피험자의 반동적 효과 등으로 외적 타당도가 영향을 받을 여지가 있기 때문에 실험결과를 일반화할 때에는 주의를 기울여야 한다.

② 사후 검사 통제 집단 설계

사후 검사 통제 집단 설계(posttest-only control design)는 전후 검사 통제 집단 설계와 기본적인 형태는 같지만 사전 검사를 하지 않고 단지 사후 검사만을 실시하는 것을 말한다. 우선 피험자들을 실험 집단과 통제 집단에 무선적으로 배치한 후, 실험 집단에는 처치를 가하고 통제 집단에는 어떠한 처치도 가하지 않는다. 처치가 끝나면 두 집단 모두에게 사후 검사만을 실시하여 이 두 집단의 사후 검사 평균 차이로 실험 처치의 효과를 알아보는 설계 방법이다.

사후 검사 통제 집단 설계에서는 무선적으로 실험 집단과 통제 집단을 나누고, 사전 검사를 실시하지 않기 때문에 실험의 내적 타당도를 위협하는 대부분의 요인들을 통제할 수 있다. 그리고 사전 검사와 실험 처치 간의 상호작용에 의한 영향도 막을 수 있으며 아울러 시간과 노력을 절약할 수 있는 실험 설계이다. 그러나 사전 검사가 없기 때문에 실험 처치 효과의 크기를 알 수 없는 단점이 존재한다.

따라서 사전 검사가 불필요한 경우, 사전 검사를 실시하기 매우 어려운 경우, 적당한 사전 검사를 찾지 못한 경우, 검사 실시 비용이 많이 드는 경우, 피험자의 익명성이 요구되는 경우, 그리고 사전 검사와 실험 처치의 상호작용이 예상되는 경우 등에 사용될 수 있는 실험 방안이다. 통계적 분석은 실험 집단과 통제 집단의 사후 검사 평균 점수를 비교하는 t-검정으로 가능하며, 둘 이상의 집단이 연구될 때에는 분산 분석이 활용될 수 있다.

③ 요인 설계

앞서 살펴본 두 가지 기본 설계들은 독립변인 하나만을 변화시키고 다른 부수적인 변인들이나 기타 실험 조건들은 일정한 상태로 유지시켜서 그 하나의 변인이 종속변인에 미치는 영향을 보는 것이었다. 그러나 두 개의 독립변인을 동시에 고려하면서 그들 간의 상호작용을 살펴볼 수 있는 방안이 있는데 그것이 바로 요인 설계(factorial design)이다. 예컨대, 일제식 수업보다는 협동 학습법에 의해 영어 말하기 능력이 더욱 향상될 것이라는 연구의 경우, 앞서 살펴본 두 가지 기본 연구 설계로는 교수 방법의 차이가 영어 말하기 능력에 미치는 영향만을 볼 수 있다. 그러나 요인 설계를 사용하면, 예를 들어 두 개의 독립변인, 즉 교수 방법과 학생의 적성 둘 다 동시에 고려하면서 그들 사이의 상호작용을 살펴볼 수 있다. 가령 적성이 높은 학생들은 일제식 학습법으로 가르칠 때 영어 말하기 능력이 향상되는 반면, 적성이 낮은 학생들은 협동 학습법으로 가르칠 때 효과적이라는 정보를 얻을 수 있는 것이다.

이와 같이 요인 설계란 하나의 종속변인에 영향을 미치는 둘 이상의 독립변인의 효과를 알아보기 위한 실험 설계이다. 다시 말해, 종속변인에 대한 각 독립변인의 주효과와 종속변인에 대한 둘 이상의 독립변인 간의 상호작용 효과를 밝혀내기 위하여 독립변인을 배열하는 연구 설계이다(Gall, Borg & Gall, 1996).

(2) 준실험 설계

준실험 설계(quasi-experimental design)는 진실험 설계처럼 실험을 위한 두 집단(실험 집단과 통제 집단)을 갖추었지만 임의적으로 피험자를 선발하여 집단에 배치하는 무선 표집이 이루어지지 못한 경우를 지칭한다. 실험 연구는 선택한 변인 사이의 관계를 명확하게 규명하는 것이 목적이지만, 실제 교육 현장에서 피험자의 무선화가 곤란하거나 외연변인에 대한 엄밀한 통제가 불가능할 경우가 자주 있다. 실제로 학위 논문을 위해 실험을 실시해야 하는 경우에 자신의 논문을 위해 한 학년의 집단을 자신이 임의로 다시 할당하기 힘든 경우가 많으며, 따라서 무선 표집 절차 없이 학기 초에 편성된 반을 그대로 선정해 실험을 진행하는 것이 대부분이다. 따라서 교육 연구의 대부분은 준실험 설계를 따른다. 이러할 때에는 실험 통제를 완전하게 이루지 못한 상황에서 자료를 수집하고 실험적 분석과 해석을 실시하는 절차를 사용하게 된다.

준실험 설계의 단점은 피험자들을 무선적으로 배치하지 않는다는 점과 독립변인이 외연변인에 섞여 종속변인의 변화를 가져올 확률이 진실험 설계보다 높다는 점이다. 따라서 준실험 설계에서는 이러한 통제가 제대로 이루어지지 않기 때문에 해당 연구의 결과를 읽고 해석할 때는 앞서 언급한 제한점들을 고려해 신중하게 해야 한다. 이러한 준실험 설계의 대표적인 설계 방법으로는 다음과 같은 것들이 있다.

① 이질 통제 집단 전후 검사 설계

이질 통제 집단 전후 검사 설계(nonequivalent control group pretest-posttest design)는 실험 대상을 무선으로 선발할 수 없는 경우, 두 개의 자연 집단을 그대로 사용하여 한 집단에게만 처치를 함으로써 실험의 효과를 알아보고자 하는 설계이다. 이 방법은 교육 연구에서 가장 일반적으로 사용되는 준실험 설계이다. 이 설계에서는 실험 집단과 통제 집단은 있지만 두 집단이 실험을 위하여 무선적으로 동질화된 것은 아니다. 대개는 학교나 학급과 같이 피험자 집단을 임의로 구성하기 어려울 경우 집단을 자연 상태 그대로 유지한 채 실험 집단과 통제 집단을 정하여 선발된 두 집단 모두에게 사전-사후 검사를 실시하게 된다(이종승, 1989).

이런 연구의 문제점은 프로그램에 참여한 집단과 참여하지 않은 집단의 선발에 편파성이 개입될 수 있다는 것과 이러한 선발의 편파성이 성숙 요인과 상호작용을 일으킬 수 있다는 점이다. 비록 두 집단이 사전 검사에서 동질 집단으로 판단되었다 하더라도 다른 많은 점에 차이를 가지고 있을 가능성이 매우 높기 때문에 동일한 사전 검사 결과를 나타내어도 동질 집단으로 고려될 수 없다. 이렇게 두 집단이 사전 검사에서 동질화되어 있지 않음에도 불구하고 실험 처치는 그 집단들 중 하나에 처치된다. 또한 각기 다른 교사, 각기 다른 시간, 분리된 교실 상황에서의 각기 다양한 변인에 영향을 받을 가능성이 크다.

② 이질 집단 사후 검사 설계

이질 집단 사후 검사 설계(posttest-only nonequivalent group design)는 연구자가 한 집단의 피험자들에게 실험 처치를 한 후 실험 처치를 경험하지 않은 집단과 종속변인의 측정값을 단순히 비교하는 연구 설계이다(이은혜, 1989). 즉, 사전 검사가 누락되어 있는 이 설계는 동질화된 두 집단을 선정하여 실험 처치를 한 후 결과를 비교하는 것이 아니라 출발점을 확인할 수 없는, 다시 말해 출발점이 각기 다를 가능성이 매우 높은 두 집단을 선정하여 결과를 비교하는 방법이기 때문에 결과의 비교가 무의미할 수 있으며, 실험 설계로서의 구실을 충분히 할 수 있다고 말하기 힘들다.

다시 설명하자면 동질화가 이루어지지 않으면 두 집단의 측정값 사이에 차이가 있을 때 그것이 처치 때문이었는지 아니면 처음부터 두 집단 간에 존재한 차이 때문이었는지 명확히 밝혀낼 수 없다. 또한 선발과 성숙의 상호작용, 검사 및 도구 사용의 요인 등 내적 타당도를 저해하는 다양한 요인들이 영향을 미칠 가능성이 매우 크다.

이질 집단 사후 검사 설계를 보완할 수 있는 가장 좋은 방법은 피험자 전체를 실험 집단과 통제 집단으로 무선 배치하는 것이지만 실제 교육 현장에서 무선 배치의 실행은 매우 힘들다. 무선 배치 이외의 차선책으로는 종속변인과 관련된 요인, 즉 연령이나 성별, IQ 등에 따라 피험자를 짝지어 배정하는 것이다. 그러나 짝을 짓는 방법은 준거가 되는 요인에서만 동질화가 이루어지기 때문에 무선 배치만큼 효과적이라고 할 수는 없다.

(3) 전실험 설계

전실험 설계(pre-experimental design)는 준실험 설계와 같이 무선 표집이 이루어지지 않음과 동시에 통제 집단이 존재하지 않는, 다시 말해서 실험 집단만 존재하는 실험 설계를 말한다. 비교할 집단이 없는 실험 설계이기 때문에 객관적이고 과학적인 절차와 해석을 중요하게 생각하는 실험 연구의 특성을 대다수 누락하고 있는 설계이고, 따라서 통제 집단 구성을 할 수 없는 불가피한 경우나 본실험의 예비 단계로서 실시하는 용도로 활용되고 있다.

① 단일 집단 전후 검사 설계

단일 집단 전후 검사 설계(one group pretest-posttest design)는 연구대상으로 한 집단만을 선발해서 실험 처치를 가하기 전에 사전 검사를 하고, 처치를 가한 후에 사후 검사를 실시하여 두 검사 결과의 차이를 살펴봄으로써 실험 처치의 효과를 검토하는 방법이다. 이 연구 모델의 중요한 특성은 한 집단이 그 집단 자체와 비교된다는 점에 있다. 이론적으로 피험자의 특성과 관련될 수 있는 모든 독립변인이 통제되기 때문에 표면상으로는 실험 목적을 달성하기 위한 좋은 방법으로 보인다. 하지만 결국 점수의 차이가 통계적으로 유의하다 할지라도 점수의 변화에 영향을 미칠 수 있는 다른 많은 요인이 있기 때문에, 다시 말해 투여한 독립변인 이외의 다른 외연변인들이 영향을 미쳤을 가능성이 매우 크기 때문에 결과의 해석이 간단하지는 않다.

따라서 이 설계를 보완하는 가장 좋은 방법은 통제 집단을 만들어서 비교하는 것이다. 하지만 통제 집단을 구할 수 없을 경우에는 사전 검사와 사후 검사 사이의 기간을 가능한 짧게 하여 역사와 성숙의 요인을 제거하도록 하거나 종속변인 측정값을 안정성이 높은 것으로 택하여 단점을 일부분 보완할 수 있다.

지금까지 살펴본 진실험 연구, 준실험 연구, 전실험 연구는 무선 표집과 통제 집단의 유무로 구분할 수 있었다. 이를 표로 정리하면 다음과 같다.

표 1-1 실험 연구의 분류

	전실험 연구	준실험 연구	진실험 연구
무선 표집	×	×	○
통제 집단	×	○	○

3) 질적 연구의 정의

질적 연구는 사회 과학에서 주목받고 있는 연구방법으로 현장 연구(field research), 자연주의적 연구(naturalistic research), 문화 기술적 연구(ethnography research), 사례 연구(case study), 참여관찰(participant observation) 등의 여러 가지 연구방법들을 포괄하는 개념이다. 질적 연구는 실험실과 같이 통제된 환경에서 진행되는 실험 연구와는 달리 현상 또는 사건이 실제로 발생하고 있는 현장에서 직접 자료가 수집된다는 특징을 가지고 있다. 다시 말해 연구자 자신이 관심을 가지고 있는 사건이 자연스럽게 발생하는 바로 그 장소에서 연구대상자의 자연스러운 일상사를 연구하는 데 관심을 갖고 있다.

질적 연구는 인간 행동의 주관적인 관심을 강조하는 현상학에 주된 이론적 토대를 갖고 있으나, 그 외에도 해석상, 상징적 상호작용론, 사회 조직과 문화 등의 다양한 철학적, 사회학적 관점에 이론적 토대를 두고 있다. 따라서 질적 연구의 개념은 다양하게 정의될 수 있으나 대부분의 질적 연구자들은 문화를 심층적으로 기술하는 연구라고 정의하는 데 동의한다. Goetz와 LeCompte(1984)는 질적 연구를 '손상되지 않은 문화적 장면이나 집단에 대한 재구성화 작업으로 연구대상자의 신념, 관습, 민족적 지식, 행동 등을 재구성화 하는 것'이라고 정의하였다. 또한 Spradley(1979)는 질적 연구의 목적은 '연구대상자의 삶에 대한 관점, 태도 및 비전을 파악하는 것'이라고 하였으며, 질적 연구의 필요성은 '인간에 대한 이해와 인간에 대한 봉사에 있다'고 지적했다. 이를 쉽게 설명하자면 실험 연구로 되는 양적 연구는 어떠한 사실의 객관화를 목적으로 하지만, 질적 연구는 어떠한 현상을 주관적 관점에서 이해하고 설명하는 것을 목표로 한다.

1960년대 이후로 교육학 분야에서도 본격적으로 질적 연구가 사용되고 있다. 교육분야에 있어서의 질적 연구는 학교를 사회적 및 문화적 현장으로 인식하고 학교, 학급 및 교육적 상황을 특정한 관점에서 설명하며, 여기에 관련된 사람들이 그러한 사항들을 어떻게 인식하며 거기에 어떤 의미를 부여하고 있는가를 이해하고자 하는 연구라고 할 수 있다. 그럼 양적 연구와의 비교를 통해 질적 연구에 대해 좀 더 자세히 살펴보자.

1.3 양적 연구와 질적 연구의 특징

흔히 질적 연구는 실험주의적 혹은 실증주의적 연구로 불리는 양적 연구와 대조되는 것으로 인식된다. 이에 대해 일부 학자들은 두 가지 연구방법을 경쟁적인 관점으로 보고, 이들은 본질적으로 서로 다른 인식론적 가정에 기초하는 연구방법이라는 것을 강조하기도 한다. 예를 들어, Filstead(1979)는 질적 연구와 양적 연구의 차이는 지식의 본질, 사회적 현상을 개념화하기 위한 인식의 틀에 차이가 있음은 물론, 이런 현상을 파악하는 과정, 즉 연구절차에 있어서 차이가 있다고 주장하였다. 하지만 간과하면 안 되는 것은 양적 연구이든지 질적 연구이든지 간에 우리가 어떠한 현상이나 사실을 이해하고 설명하기 위한 목적을 지니고 있다는 점에 공통점이 있으며 상호 배타적인 관계라기보다는 상호 보완적인 성격을 지니고 있다는 점이다.

하지만 질적 연구와 양적 연구를 서로 비교해보는 것은 질적 연구의 특성 파악에 큰 도움이 된다. 우선 이 장에서는 질적 연구의 특징을 살펴보기 위한 방법으로 양적 연구와 질적 연구의 특징을 서로 비교 및 대조하며, 보다 구체적인 질적 연구의 종류와 절차는 8장에서 자세히 살펴보고자 한다.

Goetz와 LeCompte(1984)는 양적 연구와 질적 연구의 차이를 다음의 네 가지의 차원, 즉 연역적 대 귀납적 차원, 객관적 대 주관적 차원, 이론의 검증 대 이론의 생성(verification vs. generalization), 수량화 대 구성화(enumeration vs. construction) 차원으로 제시하였다. 한편 Steinback과 Steinback(1984)은 다음과 같은 10가지의 준거를 통하여 질적 연구와 양적 연구의 차이를 설명하였다.

① 목적

양적 연구의 목적은 인과관계, 일반적 법칙과 예언 및 통제를 탐색하는 것이다. 반면 질적 연구의 목적은 인간 행동의 이면에 있는 관념, 느낌, 동기, 신념 등을 보다 심층적으로 이해하는 데 있다. 즉, 인간이 그들이 처한 환경 속에 있는 사건, 사물, 타인 및 상황에 부여한 해석과 의미를 탐색하는 데 그 목적이 있다.

② 실재

양적 연구에서는 개인의 신념과는 별개로 객관적 실재를 지닌 사회적 사실이 있다고 가정한다. 즉, 단 하나의 고정되고 검증 가능한 실재만 존재한다고 믿는다. 그러나 질적 연구자들은 실재를 개인이나 집단이 특정 상황을 규정하는 과정을 거쳐 사회적으로 구성되는 것이라 가정함으로써 실재의 변화성이나 역동성을 중시한다.

③ 관점

양적 연구자들은 외부인(outsider)의 관점에서 실재 또는 외적 사실들을 연구하려 한다. 예를 들어, 교육적 문제에 대한 사실들을 연구함에 있어서 주관적 편견에서 벗어나야 한다고 본다. 반면에 질적 연구자들은 내부인(insider)의 관점을 강조한다. 그들은 연구하고자 하는 주제를 직접적으로 경험했던 사람들과 대화를 나누고 스스로 그 활동을 관찰하거나 참여하는 직접적인 경험을 하기도 한다. 그들은 직접적 경험이야말로 가장 의미 있는 자료를 제공해 줄 수 있다고 생각한다.

④ 가치

양적 연구자들은 연구를 수행하는 과정에서 가능하면 주관적 요소를 배제하고 분리함으로써 가치중립성을 유지해야 한다고 생각한다. 그러나 질적 연구자들은 연구과정에 연구자의 가치관이 개입되는 것을 필연적인 현상이라고 생각한다. 즉, 연구자가 연구문제를 선정하고 연구문제의 골격을 구성하고 측정도구와 연구 설계의 방법을 선택하여 거기서 얻은 자료를 분석하고 해석할 때, 연구자가 가지고 있는 가치관에 의해 영향을 받기 마련이라고 믿는다.

⑤ 초점

양적 연구자들은 특정한 방식으로 사물을 관찰하며 특정 연구변인에 관한 자료를 수집하기 위해 선정되고 미리 설계된 표준화 검사,

질문지, 관찰 도구 등을 사용한다. 반면 질적 연구자들은 보다 총체적이고 완전한 형태의 관점을 얻기 위해 무엇이든지 연구하며 자료를 광범위하게 수집한다. 그러므로 질적 연구자들은 참여관찰, 면접 등 보다 다양한 방법으로 주제에 접근한다.

⑥ 방향

양적 연구는 고도로 구조화되고 통계적인 설계로 되어 있으며 검증 지향적이다. 양적 연구에서는 미리 설정된 가설을 검증하기 위해 변인과 절차를 엄격히 통제한다. 반면에 질적 연구의 절차는 융통성 있고 탐색적이며 발견 지향적이다. 양적 연구는 이론, 아이디어, 개념 등을 검증하고 입증하는 데 관심을 가지며 질적 연구는 아이디어와 개념의 발견, 탐색 및 이론의 구축에 중점을 둔다.

⑦ 자료

양적 연구자들은 인간의 느낌이나 사고와는 분리되어 존재할 뿐만 아니라 수량적 기법으로 표현되는 객관적 자료에 초점을 둔다. 그러나 질적 연구자들은 인간의 마음속에 존재하며 꾸밈없는 언어로 표현되고 보고되는 주관적 자료에 관심을 갖는다.

⑧ 도구

양적 연구에서 흔히 사용되는 측정도구는 지필 검사와 사전에 만들어진 관찰 기록, 질문지 및 평적 척도 등이다. 이러한 도구를 사용하면 연구대상으로부터 동일한 방법으로, 동일한 자료를, 동시에 수집할 수 있게 된다. 한편 질적 연구에서 자료를 수집하는 가장 중요한 도구는 연구자 자신이다. 왜냐하면 인간은 자연적 상황에서 질적 연구를 수행할 때 직면하게 될 다양한 실재를 두루 포괄할 수 있고 또 거기에 적응해 나갈 수 있는 충분한 융통성을 지닌 유일한 도구이기 때문이다.

⑨ 조건

양적 연구에서는 연구변인 이외의 다른 변인이 연구에 미치게 될 가능성을 배제하기 위해 통제된 조건하에서 자료를 수집한다. 그러나 질적 연구자료는 자연적 방법으로 수집되므로 연구자료에 자연적으로 영향을 미치는 변인들이 아무 제약 없이 계속적으로 작용을 가할 수 있다.

⑩ 타당도 강조

양적 연구자들은 신뢰도 있는 자료를 강조한다. 즉, 반복 가능한 정량적 자료를 강조한다. 반면에 질적 연구자들은 타당도를 강조한다. 타당도란 연구자가 연구하고 있는 것에 대한 진정한 모습을 완전하고 총체적으로 나타내는 것을 말하는 것으로 질적 연구자들은 연구주제를 보다 철저하고 풍부하게 심층적으로 이해하는 것을 가장 중요하게 생각한다.

이러한 질적 연구와 양적 연구의 경향성의 차이를 종합적으로 정리해 보면 다음 〈표 1-2〉와 같다(Glesne & Peshkin, 1992).

지금까지 연구의 정의를 간략하게 살펴본 후 진실험, 준실험, 전실험 설계로 나누어 연구의 종류를 구분해 보았고, 마지막으로 양적 연구와 질적 연구로 구분하여 각 연구의 특징을 비교 및 대조해 보았다. 다음 장에서는 연구를 설계하는 데 있어 꼭 알아두어야 하는 변인과 변인의 종류를 구분하는 요소인 척도에 대해 살펴봄으로써 연구 설계의 기본적인 틀을 세워보고자 한다.

표 1-2 양적 연구와 질적 연구의 비교

	양적 연구	질적 연구
1. 기본 가정	•객관적 실재 •연구방법에 대한 우선권 •변인에 대한 측정 및 통제 가능 •외부인의 관점	•사회적으로 구성된 실재 •연구내용에 대한 우선권 •변인에 대한 통제 불가능 •내부인의 관점
2. 목적	•일반화 •예측 •인과관계 설명	•상황성 •해석 •연구대상자의 관점
3. 접근 방법	•가설과 이론이 선행 •조작, 통제 •형식적 도구 사용 •실험적 •연역적 •요소의 분석 •규준의 탐색 •수량화 •추상적 언어	•가설과 기초 이론이 발견 •묘사(기술) •도구로서의 연구자 •자연적 •귀납적 •패턴의 탐색 •다원성과 복합성의 탐색 •비수량화 •구체적 언어
4. 연구자의 역할	•공정성 •객관적 기술	•다양성/주관성 •공감적 이해

2. 변인과 척도

이번 2장에서는 연구에서 사용되는 변인(variable)의 특징과 종류를 살펴봄과 동시에 변인을 조작하는 과정에 대해 살펴보고자 한다. 또한 변인을 측정할 때 꼭 고려해야 하고 알고 있어야 하는 척도(scale)에 대해서 살펴봄으로써, 변인들 사이의 인과관계를 살펴보는 양적 연구 설계의 기초를 다지고자 한다. 그럼 먼저 변인이란 무엇인지 논의해 보도록 하자.

2.1 변인과 구인

변인이란 간단히 이야기하자면 상황, 또는 사람 등에 따라 변화할 수 있고 차이가 있을 수 있는 무언가를 이야기한다. 만약 TOEFL 점수라는 변인이 있다면 영어공부의 여하에 따라 TOEFL 점수가 변화할 수 있을 것이다. 또한 성별이란 변인이 있다면 사람에 따라 남자, 또는 여자로 구분될 것이다. 이와 같이 시간에 따라 변화하거나 사람에 따라 차이가 있을 수 있는 요소들을 변인이라고 정의할 수 있으며, 우리는 연구, 특히 양적 연구에서 이러한 변인들 간의 인과관계나 상호작용 등을 밝히고자 노력한다.

우리가 변인에 대해서 살펴보고자 한다면 변인(variable)과 구인(construct)의 차이점에 대해 구별할 수 있어야 한다. 물론 변인과 구인은 모두 시간에 따라 변화될 수 있으며 개인에 따라 차이가 있을 수 있다. 하지만 구인은 우리가 측정하고자 하는 인간의 본질적 특징이나 능력을 나타내며, 변인은 우리가 그러한 특징이나 능력을 관찰, 또는 수량화하기 위해 사용하는 개념이다(Brown, 1988). 예를 들어 우리가 TOEFL 점수라는 변인을 통해 살펴보고자 하는 것은 한 개인의 영어 사용 능력일 것이다. 하지만 영어 사용 능력은 추상적인 개념이기 때문에 우리가 직접 조사하거나 관찰, 또 수량화할 수가 없다. 그래서 우리가 영어 사용 능력을 간접적인 방법으로 살펴보기 위해 TOEFL 이라는 평가도구를 사용하게 되고 거기에서 얻어진 변인인 TOEFL 점수를 통해 구인을 추측하는 것이다. 다시 말하자면 TOEFL 점수는 한 개인의 영어 사용 능력을 가늠해 볼 수 있게 할 뿐이지 그 점수 자체가 한 개인의 영어능력 자체를 나타내는 것은 아니다.

위와 같은 변인과 구인의 관계를 이해했다면, 변인이란 우리가 본질적으로 관심이 있는 구인을 살펴보기 위해 연구에서 사용하는 도구라고 생각할 수 있을 것이다. 따라서 우리가 측정하고자 하는 구인을 어떻게 정의하고 이해하고 있느냐에 따라 연구에서 채택하고 사용하는 변인을 달라질 수 있다. 예를 들어 언어 능력(language proficiency)이라는 구인을 측정하고 싶다고 가정해 보자. 연구자가 언어 능력이 문법적 능력이나 통사적 지식으로 구성되어 있다고 생각한다면 언어 능력이란 구인을 측정하기 위한 변인은 문법 테스트의 결과로 설정할 것이다. 하지만 언어 능력이란 Canale과 Swain (1980)이 제시한 의사소통 능력과 동일한 것이라고 결정한 연구자가 있다면 언어 능력을 살펴보기 위한 변인으로서 문법적 능력, 담화적 능력, 사회언어학적 능력, 책략적 능력 모두를 평가할 수 있는 무엇인가를 변인으로 채택할 것이다. 이처럼 구인을 정의하고 그 특성에 따라 변인을 선택 및 결정하는 과정을 변인의 조작화(operationalization)라고 하며, 이 과정이 타당하고 정확하게 이루어진 경우, 우리는 구인 타당도(construct validity)가 높다고 이야기 한다.

2.2 변인의 종류

연구를 설계하고 실행하는 과정은 선택한 독립변인이 종속변인에 어떠한 영향을 미치는가를 밝히는 과정이라고 간단히 설명할 수 있다. 이처럼 널리 알려진 독립변인과 종속변인 외에도 매개변인, 조절변인, 통제변인들과 같이 다양한 종류의 변인들이 존재하고 실제 연구과정에도 영향을 미친다. 그럼 이와 같은 변인들의 특징과 서로의 관계에 대해 살펴보도록 하자.

1) 독립변인

독립변인(independent variables)은 종속변인과 어떠한 관계를 가지고 있거나 종속변인에 어떠한 영향을 미치고 있다고 연구자가 판단한 변인을 지칭한다. 예를 들어 본인이 제작한 교재가 학생들의 말하기 능력을 향상시킬 것이라는 가설을 검증하는 연구를 한다면 종속변인인 말하기 능력에 영향을 줄 것으로 기대하고 있는 특정 교재가 독립변인의 역할을 하는 것이다.

약간 다른 측면에서 설명하자면 독립변인은 처치변인, 또는 조작변인이라고 할 수 있다. 위의 예에서 교재라는 독립변인의 효과를 살펴보기 위해 연구자는 실험 집단에는 본인이 제작한 교재, 통제 집단에는 기존의 일반적 교재를 투여할 것이고, 이러한 행위는 자연스러운 환경에 대해 특정한 처치(treatment), 또는 조작(control)한 것이라고 할 수 있고, 이처럼 연구자가 처치 및 조작하는 변인을 우리는 독립변인이라고 부른다.

2) 종속변인

종속변인은 연구자가 처치 혹은 조작한 독립변수가 어떠한 영향을 미쳤는가를 확인하기 위해 관찰 또는 측정하는 변수를 지칭한다. 즉 처치한 독립변인의 효과나 관계를 확인하기 위한 변수를 종속변인이라고 할 수 있다. 앞서 독립변수에서 들었던 예를 기준으로 한다면, 연구자가 처리한 독립변인이 교재였다면, 교재의 효과를 확인하기 위해 실시하였던 특정 지필 평가나 수행 평가의 결과가 종속변인이다.

한 가지 유의할 점은 한 연구에서 독립변인의 효과를 확인하기 위해 연구자는 하나 이상의 종속변인을 사용할 수 있다. 즉 특정 교재의 효과를 확인하기 위해 지필 평가의 결과, 인터뷰와 같은 수행 평가의 결과, 평소 수업 도중의 관찰 평가의 결과 등 다양한 종속변인을 채택할 수 있는 것이다.

3) 통제변인

앞서 반복해 설명했던 것처럼 대부분의 실험 연구는 독립변인이 종속변인에 미치는 효과를 밝히는 방식으로 이루어진다. 하지만 연구자의 통제가 있다고 하더라도 종속변인에 영향을 주는 요인들은 매우 다양할 수 있다. 예를 들어 특정 교재가 영어능력에 미치는 영향을 살펴보기 위해 학교 수업시간에 각기 다른 교재를 활용한다고 하더라도, 교재 이외의 요인들(교사, 수업 시기, 외부 영어학습, 성별 등)이 학생들에 영향을 미칠 수 있다. 따라서 연구자는 독립변인 이외에 종속변인에 영향을 미칠 수 있는 요소들은 가능한 한 동일하게 유지하도록 노력을 해야 한다. 이처럼 독립변인 이외의 요인들을 통제해야 한다는 의미에서 통제변인(control variables)이라고 한다.

연구를 보다 객관적이고 과학적으로 실시하려면 이와 같은 통제변인이 종속변인에 미치는 영향은 중화(neutralize), 즉 최소화해야 한다. 이를 위해선 독립변인의 이외의 요인들은 가능한 동일하게 유지하려는 노력이 필요하다. 연구자는 실험반과 통제반으로 나누어 실험을 진행할 때 두 집단의 숫자, 남녀 비율, 투입되는 교사, 수업 시기 등과 같이 통제가 필요한 요인들은 가능한 동일한 조건에서 유지하도록 노력해야 할 것이다.

4) 조절변인

조절변인(moderator variables) 독립변인의 일종이라고 할 수 있는데, 독립변인이 종속변인에 영향을 미치는 데 있어 그 사이에 어떠한 세부적인 변인이 영향을 미칠 수 있다고 연구자가 판단할 때 설정할 수 있는 변인이다. 예를 들어, 특정 교재가 영어능력에 영향을 미치는 효과를 살펴보고자 할 때, 학생의 성별이나 이전 해외 거주 경험과 같은 세부적인 변인이 영향을 줄 수 있을 것이라 가정하고 그러한 세부적 변인의 영향을 살펴보고자 했을 때, 성별과 해외 거주 경험과 같은 변인들을 조절변인이라고 부른다.

여기서 독립변인과 조절변인을 구별할 수 있는 중요 포인트는 다음과 같다(Brown, 1988). 먼저 독립변인은 종속변인과 직접적 관계를 지니고 있는 변인을 가리킨다면, 조절변인은 독립변인과 종속변인 사이의 관계에 영향을 미칠 수 있는 변인을 지칭한다.

5) 매개변인

매개변인(intervening variables)은 앞서 언급한 변인들에 비해 추상적인 개념이기 때문에 다소 이해하기 어려울 수도 있다. 쉽게 설명하자면 매개변인은 독립변인과 종속변인과의 상관관계, 즉 독립변인 때문에 생겨나는 종속변인의 변화에 이름표를 붙여주는 것이라 생각할 수 있다. 예를 들어 독립변인인 특정 교재의 투여가 종속변인인 특정 영어 평가의 점수를 통계적으로 유의하게 향상시켰다면 독립변인과 종속변인 사이에 인과관계가 있다고 결론을 내릴 수 있을 것이다. 그렇다면 이 중간에는 어떠한 변화가 있었던 것일까? 연구자에 따라 각기 다를 수 있겠지만 일반적으로 '영어학습' 또는 '영어능력의 향상' 정도라도 이름 붙일 수 있을 것이다. 이와 같은 변화를 우리는 매개변인이라고 부른다.

매개변인이라는 것은 두 개의 변인 사이에 위치하기 때문이라 할 수 있다. 'A→B'가 'B→C'를 불러 일으켰다고 볼 수 있는데, '특정 교재의 사용'이 '영어능력의 향상'을 이끌었고, 이러한 '영어능력의 향상'이 '영어 평가 점수의 향상'이라는 변화를 이끌었다고 보는 것이다. 즉 독립변인과 종속변인의 중간에서 매개적 역할을 했으므로 우리는 '영어능력의 향상'과 같은 변화를 매개 변수라 부른다. 이처럼 매개변인은 추상적인 개념이기 때문에 타 변인과 달리 연구자의 주관이나 관점에 따라 각기 다르게 해석될 수 있다.

일반적인 연구에서 이와 같은 다섯 개의 변인의 관계를 도식화하면 다음과 같이 나타낼 수 있다(Brown, 1998; p. 13).

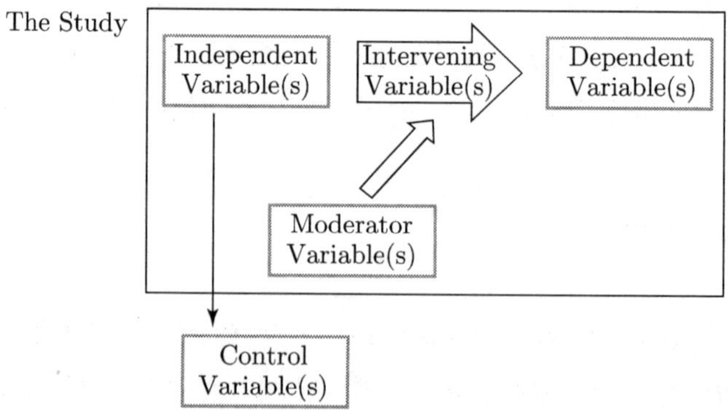

그림 2-1 변인들 사이의 관계

2.3 척도의 종류

앞서 살펴본 다양한 변인의 실체를 파악하고 조사하기 위해선 설문지, 평가지 같은 다양한 측정도구들을 사용하게 된다. 이러한 다양한 측정도구들은 각기 다양한 척도(scale)를 조사 및 관찰하도록 구성되어 있기 때문에 우리는 다양한 척도의 유형과 특성을 파악하고 있어야 한다. 그럼 척도의 네 가지 종류, 즉 명목척도, 서열척도, 등간척도, 비율척도를 각각 살펴보도록 하자.

1) 명목척도

명목척도(nominal scale)란 주어진 데이터에 특정 이름을 붙이거나 특정한 방법으로 분류할 때 사용하는 척도라고 할 수 있다. 예를 들어 성별이라는 변인이 있으면 남자 또는 여자라는 두 집단 중 하나에 속할 수 있을 것이다. 또 피험자의 모국어와 관련된 변인이 있다면 한국어, 영어, 독일어와 같이 특정 언어를 선택할 것이다. 이처럼 명목척도는 단지 기호, 또는 집단으로서의 의미만을 갖고 있을 뿐, 어떠한 수량적인 요인(크기, 평균 등)도 지니고 있지 않기 때문에 많고 적음으로 순서를 정하거나 사칙연산과 같은 산술적인 연산이 불가능하다. 자신이 좋아하는 교과목이 변인이고 만약 한 학생의 수학을, 다른 한 학생이 영어를 선택했다고 해서 수학을 좋아하는 학생이 영어를 좋아하는 학생에 비해 교과목에 대한 사랑이 더 크다던가 수학을 선택한 학생이 그 과목에 대한 애착도는 10점 만점에 9점이며, 영어를 선택한 학생은 5점이라고 양적으로 해석할 수 없는 것이다. 이러한 명목척도는 양에 대한 정보, 즉 크고 작음으로 해석할 수 없으므로, 주로 빈도(frequncy)를 통해 분석한다.

2) 서열척도

서열척도(ordinal scale)는 서열이라는 용어에서 유추할 수 있듯이, 이름이나 범주를 나타내는 명목척도의 특성에 더하여, 순서나 순위(ranking) 같은 정보가 함께 들어가 있는 척도를 나타낸다. 예를 들어 영어 시험을 보았는데 A라는 학생이 90점, B가 80점, C가 75점을 맞았다면 A가 1위, B가 2위, C가 3위라는 순위를 정할 수 있고, 이러한 순위 정보를 바로 서열척도라고 부른다.

서열척도는 이처럼 특정 변인 값이 많고 적음, 즉 대소를 나타낼 수 있는 척도이다. 하지만 서열척도는 순위만 나타낼 수 있을 뿐 각 수치 사이의 간격, 차이의 정도까지는 표현할 수 없다. 앞서 살펴본 예에서 A와 B의 차이와 B와 C의 순위 차이는 각각 하나씩이지만, 둘 사이의 점수 차이는 각기 10점과 5점으로 다르며 서열척도로는 이러한 차이의 정도를 표현할 수 없다는 것이 특징이다.

참고로 서열척도는 명목척도에 비해 더 많은 정보를 담고 있긴 하지만 실제 자료의 통계 처리가 쉽지 않다. 이는 양에 대한 정보를 갖고 있긴 하지만 사칙연산이 힘들기 때문이다. 따라서 양적 통계 처리가 필요한 연구라면 명목척도나 등간척도를 이용할 것을 추천한다.

3) 등간척도

등간척도(interval scale)는 서열척도의 단점, 즉 차이의 정도를 나타낼 수 없다는 점을 표현할 수 있는 척도이다. 즉 척도의 범주(이름), 순위는 물론 차이의 정도까지 나타내준다. 즉, 데이터 사이의 간격을 동일하게 가정한다는 점에서 등간척도라 부른다.

등간척도의 대표적인 예는 설문지에서 많이 활용하는 Likert 척도가 대표적이며, 시험 점수도 등간척도의 대표적인 예라고 할 수 있다. 즉 앞서 예로 들었던 A, B, C의 시험 점수가 바로 등간척도의 예이며, 각 간격 사이의 차이가 동일하다고 간주하기 때문에 'B와 C의 5점 차이에 비해 A와 B의 10점 차이가 두 배 더 큰 것이다'라고 해석할 수 있게 된다.

이처럼 간격이 동일하다는 전제 조건은 크다, 적다라는 판단 이외에 사칙 연산까지 할 수 있게 해준다. 따라서 등간척도부터는 평균과 표준 편차와 같은 기술통계값을 산출할 수 있다.

4) 비율척도

비율척도(ratio scale)는 등간척도와 매우 유사하지만, 절대적 영점(고정된 원점)을 갖고 있다는 데서 차이가 있다. 특히 과학 분야에서 많이 활용하는 길이(cm), 시간(sec), 질량(g) 등은 절대 영점을 갖고 있기 때문에 비율척도이다.

그렇다면 시험 점수는 등간척도일까, 아니면 비율척도일까? 이에 대해서는 학자들마다 각기 상이한 의견을 갖고 있지만 본질적으로 보았을 때 시험 점수는 등간척도로 분류하는 것이 옳다. 물론 시험 점수에 '0점'이 수치상으로는 존재하고 만약 '0점'을 받은 학생이 있다고 해도 그 학생이 해당 영역에 대한 능력이 전혀 없다고 판단할 수 없다. 예를 들어 어떤 학생이 영어 시험에서 0점을 받았다고 하더라도 최소한 인사할 때 쓰이는 기본적인 표현을 알고 있다거나 일부 기초적인 단어를 알고 있다면 그 학생의 영어능력이 0이라고 판단할 수 없기 때문이다. 따라서 인간의 능력을 탐구하는 교육 연구에서는 비율척도가 자주 활용되진 않는다.

지금까지 살펴본 네 개의 척도의 특징을 표로 정리하면 다음과 같다(Brown, 1998; p. 23).

표 2-1 다양한 척도의 특징

	제공되는 정보			
	범주 (이름)	순서 (순위)	간격 (거리)	절대 영점 (사용되지 않음)
명목척도	○	×	×	×
서열척도	○	○	×	×
등간척도	○	○	○	×
비율척도	○	○	○	○

5) 척도의 전환

위에서 살펴본 것처럼 네 개의 척도는 서로 동떨어져 있는 것이 아니라 제공하는 정보의 정도의 차이에 의해서 구분되는 것이다. 즉 비율척도가 가장 많은 정보를 담고 있으며, 명목척도가 범주 정보만을 제공하기 때문에 가장 적은 정보를 제공한다. 따라서 많은 정보를 담고 있는 척도는 보다 적은 정보를 가지고 있는 척도로 전환 또는 변환될 수 있다.

비율척도는 영어교육 연구에서 활용되지 않는다고 보는 것이 옳기 때문에(Brown, 1998) 등간척도를 예를 들어보자. 등간척도의 대표적인 예인 시험 점수를 가정해 보면, 한 집단에 속한 여러 학생들은 각기 시험 성적을 받았을 것이고 그 점수 자체가 등간척도가 된다. 이러한 시험 점수를 순위별로 나열해서 1위, 2위, 3위와 같은 방식으로 구별하면 그 순위는 서열척도가 된다. 또 30명의 학생 중 1위부터 10위까지를 '상' 수준 집단, 11위부터 20위까지를 '중' 수준 집단, 21위부터 30위까지를 '하' 수준 집단으로 나누었다면 이는 등간척도였던 원 자료를 가지고 명목척도로 변환한 것이다.

즉 연구의 목적에 따라 또는 통계 처리를 위해 척도를 변환할 필요가 있으며, 그때에는 보다 많은 정보를 가지고 있는 척도를 보다 적은 정보를 가지고 있는 척도로 전환할 수 있는 것이다. 하지만 원자료가 가지고 있는 정보를 누락하는 행위이기 때문에 꼭 필요한 경우가 아니라면 굳이 척도 변환을 할 필요는 없다.

하지만 반대로 보다 적은 정보만 가지고 있는 척도를 보다 많은 정보를 가지고 있는 척도로 변환하는 행위는 본인이 가지고 있는 정보를 가공하는 행위이기 때문에 권장될 수 없으며, 그러한 경우라면 논문이나 보고서에 그러한 척도의 변환을 실시하게 된 이유와 절차 등을 상세히 기술해야 할 것이다.

지금까지 연구 설계에서 꼭 고려해야 할 부분인 변인의 개념과 종류, 특징 등을 살펴봄과 동시에, 변인을 측정하고 처리할 때 꼭 알아두어야 할 사항인 척도에 대해 알아보았다. 실제 영어교육 연구에서는 비율척도가 사용되지 않으며, 서열척도는 통계 처리에 어려움이 있다. 따라서 영어교육에서 주로 활용되는 척도는 명목척도와 등간척도 두 가지이며, 이 두 가지 척도를 어떻게 조사하고 또 어떻게 처리할 것인가를 항상 염두에 두고 연구를 설계 및 실시해야 할 것이다.

3. 연구자료의 특성

연구는 인간의 행동이나 특성을 밝히고 표현하는 방법이라고 할 수 있다. 이와 같은 인간의 행동이나 특성을 표현하기 위해서는 보통 두 가지 방법이 사용된다. 첫 번째 방법은 시각적 표현을 통해 정보를 나타내는 것이고, 또 다른 방법은 집중 경향치(central tendency)와 분산(dispersion)을 제시하는 방법, 즉 점수 또는 정보의 기술통계값(descriptive statistics)을 통하는 것이다.

3.1 빈도

빈도(frequency)라는 것은 어떠한 행동이나 현상이 얼마나 자주, 빈번하게 일어났는가를 나타낸다. 예를 들어 '하루에 커피를 몇 번이나 마시는가?', '반장 선거에서 특정 후보가 몇 표씩을 받았는가?' 등은 빈도를 통해 계산할 수 있다. 이는 교육 통계에서 많이 다루는 시험 성적에도 적용될 수 있다. 15명으로 구성된 한 학급에 영어 평가를 실시하여 다음과 같은 시험 성적을 얻었다고 가정해보자.

55, 57, 57, 57, 59, 59, 59, 59, 59, 60, 60, 60, 62, 62, 63

우리는 이러한 결과로부터 각 점수를 얻은 학생이 몇 명인지 셀 수 있고 이러한 결과는 다음과 같은 표로 제시될 수 있다.

표 3-1 빈도의 분포

점수	빈도
55	1
56	0
57	3
58	0
59	5
60	3
61	0
62	2
63	1

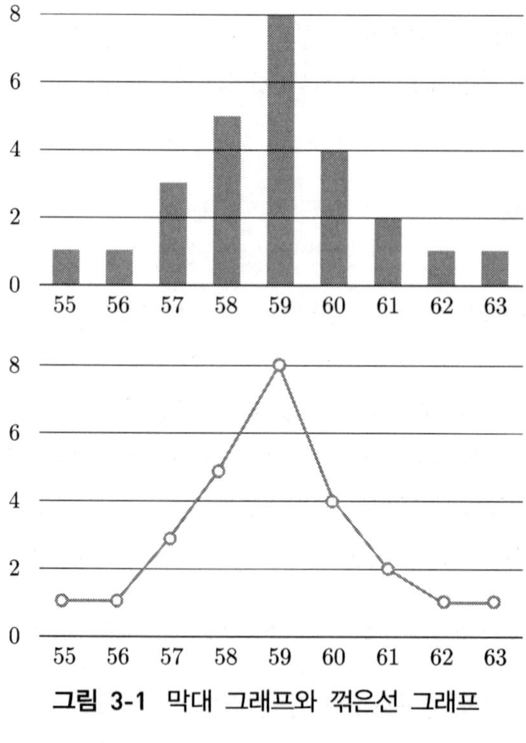

그림 3-1 막대 그래프와 꺾은선 그래프

<표 3-1>과 같이 시험 성적과 같은 특정한 부류의 빈도를 정리하여 제시한 표를 빈도표(frequency table)이라고 하며, 실제 연구에서 실험결과나 조사결과, 설문결과 등을 제시할 때 자주 사용한다. 이는 특정 정보의 분포를 정리하여 보여주는 데 효율적인 방법이기 때문이다.

이러한 빈도의 분포를 제시하기 위해서는 앞서 살펴본 빈도표 외에 그래프나 차트 같은 시각적 표현 방법을 이용할 수도 있다. 이러한 시각적 표시 방법은 자료 분포의 특성을 한눈에 파악할 수 있게 하는 장점이 있다. 하지만 공간을 많이 차지하기 때문에 학술지, 논문처럼 지면에 제한이 있는 경우는 사용에 보다 주의를 기울여야 한다. 또 하나의 자료를 설명하는 데 빈도표와 시각적 표현 방법을 모두 사용하는 것도 효율적이지 않다. 빈도의 제시에 많이 사용되는 그래프의 형태에는 <그림 3-1>과 같은 것들이 있다.

3.2 집중 경향치와 분산

앞서 살펴본 빈도표, 또는 그래프나 차트와 같은 시각적 표현 방법은 사칙연산이 불가능한 명목척도와 사칙연산이 가능한 등간척도 모두에 사용될 수 있다. 하지만 시험 성적과 같은 등간척도는 집중 경향치나 분산과 같은 기술통계값으로 나타내면 얻어진 자료의 특성 및 분포를 보다 간략하고 명확하게 제시할 수 있다. 그럼 기술통계값을 제시할 때 꼭 필요한 두 가지 요소인 집중 경향치와 분산을 차례로 살펴보자.

1) 집중 경향치

집중 경향치(central tendency)란 수집된 데이터가 가장 몰려있는 부분이 어디인지 알려주는 값이다. 집중 경향치의 대표적인 예는 우리가 학생일 때부터 많이 들어왔던 평균(mean)이며, 그 외에도 최빈값(mode), 중간값(median) 등이 있다.

① 평균

평균(mean)은 가장 널리 알려져 있고, 일반적으로 사용되고 있는 집중 경향치이다. 평균을 구하는 공식은 매우 간단한데, 수집한 점수의 각 값을 모두 더한 후, 이를 점수의 개수로 나누면 된다. 보통 이를 공식으로 표현하면 다음과 같다.

$$\overline{X} = \frac{\sum X}{N}$$

예를 들어 다음과 같은 시험 점수를 얻었다고 가정하자.

50, 57, 60, 67, 75

이 점수의 평균을 얻기 위해서는 각 점수를 더한 후(50 + 57 + 60 + 67 + 75 = 309), 이 값을 점수의 개수로 나누어주면 평균을 얻을 수 있다(309 ÷ 5 = 61.8).

② 최빈값

최빈값(mode)이란 얻어진 자료에서 등장한 횟수가 가장 많은, 다시 말해 빈도수가 가장 높은 점수를 의미한다. 앞에서 제시했던 〈표 3-1〉을 기준으로 한다면 최빈값은 5번으로 가장 빈도가 높았던 59이다. 최빈값은 별도의 계산 절차를 거치는 것이 아니기 때문에 최빈값을 구하는 공식은 존재하지 않으며, 데이터의 빈도를 세는 방법으로 구할 수 있다.

앞서 살펴본 평균은 하나의 자료 세트에서 하나의 평균만이 도출되지만 최빈값은 빈도수에 따라 결정되기 때문에 경우에 따라 두 개, 또는 그 이상일 수 있다. 그와 같은 분포는 최빈값의 수에 따라 bimodal distribution이나 trimodal distribution 등으로 불린다.

③ 중앙값

중앙값(median)은 수집된 데이터를 크기별로 순서대로 늘어놓았을 때 정중앙에 위치하는 값을 의미한다. 만약 50, 60, 70, 80, 90이라는 다섯 개의 점수를 얻었다면 가운데에 위치한 70이 중앙값이 된다. 이처럼 얻어진 자료의 수가 홀수일 경우에는 중앙값을 구하는 작업은 매우 간단하다.

하지만 자료의 수가 짝수일 경우에는 약간의 계산이 필요하다. 결론부터 이야기하자면 중앙에 위치한 두 개의 값을 더한 후, 이를 2로 나누어 주면 중앙값을 얻을 수 있다. 50, 55, 60, 65의 네 개의 점수가 있다면 중앙에 위치한 두 개의 값인 55와 60을 더한 후 (60 + 70 = 115), 이를 2로 나누어 준 57.5가 중앙값이 된다. 따라서 특정 자료의 경우에는 중앙값이 소수의 형태일 수 있다.

이와 같은 집중 경향치는 변수의 종류에 따라(사칙연산이 가능한가의 여부), 또는 연구자의 목적에 따라 각기 다른 목적으로 활용될 수 있다. 참고로 정규분포를 이루고 있는 자료라면 위의 세 개의 지수가 유사하며, 정규분포에서 멀어질수록 지수의 차이가 커지는 경향성을 보인다.

2) 분산

앞서 살펴본 집중 경향치가 특정 자료들의 분포가 어디에 집중되어 있는지(보통 중앙)를 알려주는 수치, 다시 말해 사람들의 전형적인 행동이나 특성이 어느 부분인지 밝히기 위한 것이라면, 분산

(dispersion)은 개인의 행동이나 특성에 어느 정도 차이가 있는가, 또는 집중 경향치에서 얼마나 떨어져 있는가를 나타내는 수치이다. 일반적으로 분산에는 범위(range)와 표준 편차가 있다.

① 범위

범위(range)는 주어진 점수에서 최솟값과 최댓값의 간격을 나타냄으로써 얻어진 자료의 값이 얼마나 다양한가를 파악할 수 있게 해주는 수치이다. 만약 특정 시험에서 가장 높은 점수가 95점이고, 가장 낮은 점수가 55점이라면, 범위는 최댓값에서 최솟값을 뺀 값에 1을 더한 41(95 − 55 + 1 = 41)이 범위가 된다.

범위는 이처럼 자료가 얼마나 다양하게 분포해 있는가, 또는 평균과 같은 집중 경향치에 비추어 볼 때 어느 정도 자료의 값이 떨어져 있는가를 파악할 수 있게 해준다. 하지만 범위는 특별하게 높은 점수나 낮은 점수 하나에 크게 영향을 받을 수 있다는 단점이 있다.

② 표준 편차

표준 편차(standard deviation)는 범위와 마찬가지로 자료가 얼마나 다양하게 분포해 있는가를 파악하기 위한 수치이지만, 평균과의 차이를 합산한 후 이것의 평균을 낸 값이기 때문에 범위처럼 한두 개의 자료에 큰 영향을 받지 않는, 보다 표준화된 수치이다.

표준 편차를 구하는 단계를 살펴보기 위해 점수의 평균이 70인 50, 60, 70, 80, 90의 다섯 개의 점수를 얻었다고 가정해 보자.

i) 평균에서 각 점수를 모두 뺀다. 그러면 −20, −10, 0, 10, 20의 수치를 얻을 수 있을 것이다.

ii) 이 차이를 더해야 하는데 양수와 음수가 있고, 평균에서 뺀 값이기 때문에 그대로 더하면 0이 된다. 따라서 부호를 제거하기 위해 평균에서 뺀 값을 제곱한다. 제곱을 하면 400, 100, 0, 100, 400과 같은 5개의 값을 얻을 수 있다.

iii) 제곱하여 얻어진 5개의 값을 모두 더한다($400+100+0+100+400=1,000$).

iv) 얻어진 값을 자료의 수로 나눈다. 지금은 다섯 개의 점수를 더했으므로 5로 나눈다. 따라서 200을 얻을 수 있다.

v) 여기서 얻은 200이란 값은 평균에서의 차이를 제곱해서 얻은 값이기 때문에 실제 평균에서의 차이가 아니다. 따라서 이 값에 루트를 씌우면 우리가 구하고자 했던 표준 편차를 얻을 수 있다($\sqrt{200}=14.14$).

vi) 다시 말해 주어진 각 값은 평균으로부터 약 14.14 정도 떨어진 모습을 보여주고 있다.

이를 공식으로 나타내면 다음과 같다.

$$\sqrt{\frac{\sum(X-\overline{X})^2}{N}}$$

이처럼 표준 편차는 평균으로부터의 차이를 표준화해서 나타내기 때문에 하나의 극단적인 자료에 영향을 받을 가능성이 비교적 적은 안정된 수치라고 할 수 있다. 그래서 기술통계값을 제시할 때 등간척도, 즉 사칙연산이 가능한 경우에는 대부분 분산의 정도를 제시하기 위해 표준 편차를 사용한다.

3.3 정규분포

대학 시절, 교육 평가나 교육 연구와 같은 교과목에서 정규분포(standard distribution)라는 용어를 많이 들어보았을 것이다. 정규분포란 특정한 인간 행동이나 사건 등이 발생할 때 나타나는 일반적인 경향성을 나타내기 위한 개념이며, 많은 양적 통계 기법들은 수집한 자료들이 정규분포를 이루었다는 전제를 염두에 두고 진행된다. 그럼 정규분포가 무엇이고 어떠한 특성을 지니는지 살펴보기 전에 확률(probability)에 대해 살펴보자.

1) 확률과 정규분포

확률이란 특정한 사건이나 행동이 발생할 가능성을 지칭한다. 동전을 던졌을 때 앞면이 나올 가능성은? 주사위를 던졌을 때 1이 나올 가능성은? 이러한 것들이 바로 확률의 간단한 예라고 할 수 있으며, 확률의 수치는 얻고자 하는 결과의 수(expected outcomes)를 발생할 수 있는 모든 경우의 수(possible outcomes)로 나누어 주면 얻을 수 있다. 즉 동전의 경우는 얻고자 하는 결과인 1(앞면)을 동전을 던졌을 때 나올 수 있는 모든 경우의 수인 2(앞면과 뒷면)로 나눈 0.5가 동전 앞면이 나올 수 있는 확률이다(주사위의 경우 1을 주사위를 던져서 나올 수 있는 경우의 수 6으로 나누어준 0.166이 주사위 1이 나올 수 있는 확률이 된다). 여기서 동전을 던지는 횟수를 10회로 늘린다면 항상 앞면 5번, 뒷면 5번은 아니지만 대체적으로 비슷한 등장 횟수를 보일 것이다.

다음으로 동전을 2개로 증가시켜 보자. 앞면이 한 번도 등장하지 않을 경우, 하나만 앞면이 나올 경우, 두 개 모두 앞면이 나올 3개의 경우가 있다. 그 경우를 그래프로 나타내면 다음 〈그림 3-2〉와 같다.

마지막으로 동전의 개수를 10개로 증가시키면 앞면이 하나도 나오지 않을 가능성에서 10개 모두 앞면이 나올 가능성까지 총 11개의 경우가 있을 것이다. 이때 여러 번 동전 10개를 동시에 던지고 몇 개의 동전 앞면이 나왔는가를 세어본다면 다음 그래프와 같은 모습,

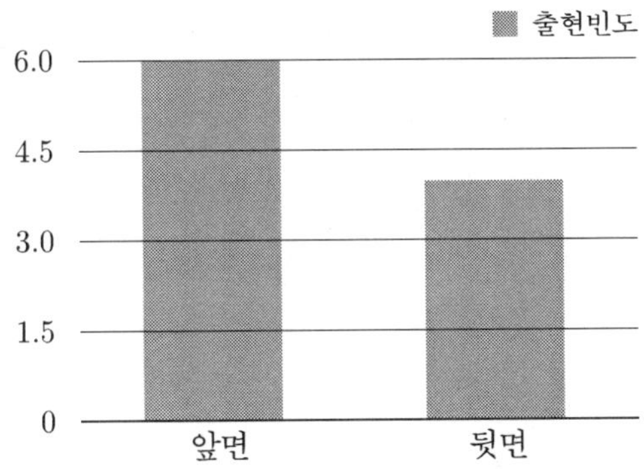

그림 3-2 동전 1개를 던졌을 때의 앞-뒷면 등장 횟수의 예

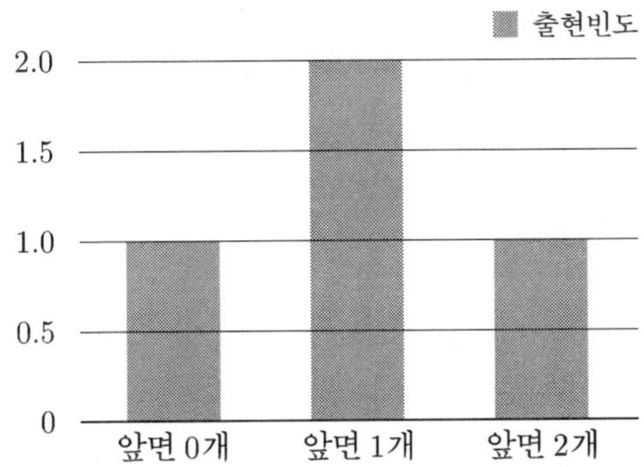

그림 3-3 동전 2개를 던졌을 때의 앞-뒷면 등장 횟수의 예

즉 정규분포에 가까운 모습을 보일 것이다. 당연히 동전의 개수와 동전을 던지는 횟수를 더욱 증가시킨다면 정규분포의 양상을 띠게 된다.

정규분포의 양상을 평균과 표준 편차를 통해 제시하면 다음과 같은 모습을 보인다. 즉 평균이 50, 표준 편차가 10인 정규분포가 있다면 전체의 34% 가량이 40 ~ 50점 사이에, 또 다른 34%는 50점과 60점 사이에 위치하게 된다. 또한 30 ~ 40점 사이와 60 ~ 70점 사이에도 각각 14% 가량이 위치한다. 나머지 2% 가량은 20 ~ 30점 사이와, 70 ~ 80점 이상에 위치하게 된다.

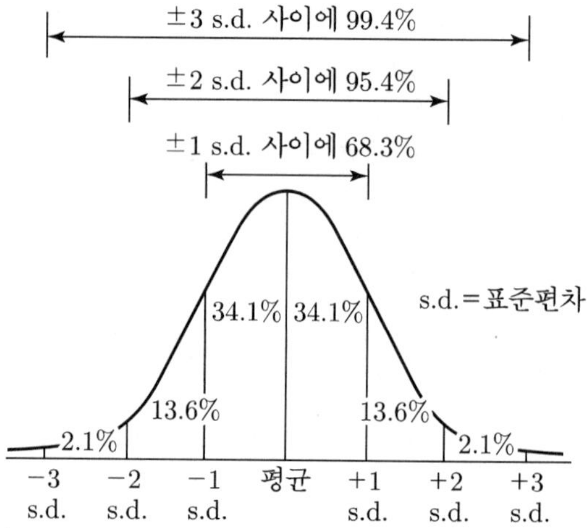

그림 3-4 정규분포의 모습

2) 정규분포의 특성

실제 데이터를 수집했을 경우 그 자료들이 완벽한 정규분포를 이루는 경우는 많지 않지만, 대체적으로 위와 같은 정규분포적인 특성을 지니고 있다. 이와 같은 정규분포에는 매우 중요한 특징 세 가지가 있다. 그것은 앞서 살펴보았던 집중 경향치와 분산이며, 또 다른 특징은 비율을 통해 특정 점수의 분포를 계산할 수 있다는 점이다.

① 집중 경향치

앞서 살펴본 것처럼 집중 경향치란 특정 집단에서 가장 전형적으로 나타나게 되는 특성이나 행동을 지칭한다. 보통의 경우 평균을 많이 사용하며 그 외에도 최빈값이나 중앙값과 같은 집중 경향치가 있었다. 완벽한 정규분포의 경우에는 이 세 가지 집중 경향치가 모두 일치한다(그림의 경우 50).

② 분산

분산에는 범위와 표준 편차가 있었다. 위의 예의 경우 최댓값이 80, 최솟값이 20이므로, 61(80 − 20 + 1)이 범위가 된다. 또한 평균으로부터 30(3SD)씩 떨어져 있는 모습을 보이고 있기 때문에, 평균을 중심으로 할 때 분포가 대칭적이다.

또 다른 분산을 나타내는 지수이며, 더 자주 사용되는 것은 바로 표준 편차이다. 미리 앞에서 살펴본 것처럼 정규분포는 평균과 표준 편차를 통해 그 분포를 파악할 수 있으며, 특히 표준 편차가 특정 점수의 상대적 위치를 알 수 있게 하는 중요한 기준이 된다.

우리가 친숙한 지능지수(IQ) 역시 정규분포를 가정하고 만들어진 평가이다. 지능지수는 평균 100에 표준 편차를 15로 설정하였기 때문에 최소 55(표준 편차를 3번 뺀 수치)에서 145(표준 편차를 3번 더한 수치)까지를 범위로 하여 정규분포를 그릴 수 있다. 따라서 내 지능지수가 100이라면 전체 지능지수 분포에서 정확히 중간에 위치하며, 130의 지능지수라면 대략 상위 2% 정도에 속한다고 볼 수 있다.

③ 비율

앞서 살펴본 것처럼 정규분포는 집중 경향치와 분산이 매우 중요한 개념이며, 여기서 각 표준 편차 사이에 항상 일정한 비율(percentages)의 케이스가 위치한다는 것이다. 즉 표준 편차를 한 번 더한 수치와 뺀 수치 사이에 각각 34%, 두 번 뺀 수치 사이에 14%, 세 번 뺀 수치 사이에 2% 가량이 위치하는 것이다. 이러한 비율은 얻어지는 자료의 수가 증가하면 증가할수록 더 정확해진다. 다른 측면에서 본다면 정규분포를 가정한 통계 기법을 사용하는 경우에는 일정 수 이상의 자료가 수집되어야 한다.

3.4 표준 점수

정규분포와 관련하여 마지막으로 살펴볼 부분은 표준 점수이다. 표준 점수를 이야기하기 전에 우리가 일반적으로 많이 사용하는 점수 중에 한 가지는 원 점수(raw score)이다. 여기서 원 점수는 올바르게 답한 문항 수의 총합을 나타낸다. 또 다른 방법으로는 중요도에 따라 문항마다 점수에 가중치를 다르게 두는 것(weighted score)으로, 중·고등학교 시절 학교 시험에서 많이 사용되었을 방법이다. 이러한 두 가지 방법 외에 점수를 표현할 수 있는 또 다른 방법이 바로 표준 점수이다. 표준 점수는 만점이나 문항 수에 상관없이 특정 점수가 전체 점수와 비교해 어느 정도의 위치에 있는지 알려주는 방법이다. 어떤 시험인지와 상관없이 동일한 기준을 통해 보고되기 때문에 표준화된 점수라 할 수 있고, 그렇기 때문에 표준 점수라 불린다.

① z 점수

앞서 살펴본 것처럼 정규분포에서 상대적인 위치는 표준 편차로 구분되고 표현될 수 있다. 이처럼 표준 편차를 기준으로 특정 점수의 상대적 위치를 보여주는 점수가 z 점수이다. 그 공식은 다음과 같다.

$$z = (\text{점수} - \text{평균}) / \text{표준 편차}$$

앞서 살펴본 예는 평균을 50, 표준 편차를 10으로 가정했었다. 이러한 정규분포를 지닌 평가에서 70점을 맞았다고 공식에 대입해 보자.

$$z = (70 - 50)/10 = +2.0$$

이 경우 70점을 맞은 학생의 z 점수는 +2.0이다. 다음으로 40점을 맞은 학생을 가정해 보자.

$$z = (40 - 50)/10 = -1.0$$

이 경우에는 -1.0이라는 z 점수를 얻을 수 있다. 이처럼 z 점수는 평균과 표준 편차를 통해 특정 점수의 상대적 위치를 밝혀준다는 장점이 있다. 하지만 보통 -3에서 $+3$ 정도에 위치하고 소수로도 표현되기 때문에 시험 성적처럼 보이지 않으며, 음수로 표현되기도 한다는 단점이 있다. 한 학부모가 교사에게 자신의 자녀의 영어성적을 물어왔을 때, -2.2점이라고 이야기하기는 힘들 것이다. 그래서 나온 표준 점수를 계산하는 방법이 T 점수이다.

② T 점수

앞서 언급한 z 점수의 단점을 극복한 T 점수는 일반적인(비표준화된) 시험 점수와 유사한 형태로 특정 점수의 상대적 위치를 알려준다. T 점수를 구하는 공식은 다음과 같다.

$$T = 10z + 50$$

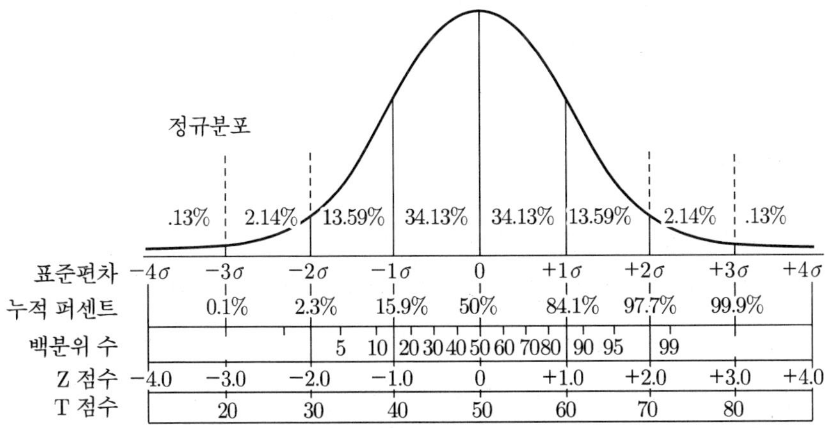

그림 3-5 정규분포와 표준 점수

즉 z 점수에 10을 곱하고 거기에 50을 더하면 T 점수가 도출된다. 앞서 z 점수를 구할 때 예를 들었던 두 경우 +2.0과 −1.0을 여기에 대입시켜 보면 각각 70과 40이 나오며, 이는 원래 예로 들었던 점수이다. 다시 말하면 다양한 평균과 표준 편차를 갖고 있는 모든 자료(시험)를 평균이 50, 표준 편차가 10인 표준화된 점수로 변환시켜주는 것이 T 점수이며, 우리가 처음에 예로 들었던 경우가 바로 평균 50, 표준 편차 10이었으므로, T 점수와 원 점수가 동일하게 도출된 것이다.

3.5 비대칭 분포

지금까지 우리는 정규분포의 다양한 특징들에 대해 살펴보았으며, 정규분포를 통해 다양한 정보를 추론해 낼 수 있다는 것도 확인했다. 하지만 모든 자료의 분포가 정규분포를 보여주는 것은 아니다. 어떤 분포가 정규분포인지 또는 정규분포에서 어느 정도 벗어나 있는 분포인지를 판단하는 작업은 보통 두 가지 지표를 통해 이루어지는데 하나는 왜도(skewness)이고 또 하나는 첨도(kurtosis)이다.

1) 왜도

먼저 왜도는 특정한 이유에 의해 분포가 한 쪽으로 치우쳐져 있는, 다시 말해 기울어져 있는 경우를 의미한다(Popham, 1981). 이러한 비대칭적인 분포는 〈그림 3-6〉에서 볼 수 있는 것처럼 변인값이 높은 점수에 몰려있는 경우(negative skew)와 낮은 점수에 몰려있는 경우(positive skew)로 구분할 수 있다. 이때 분포의 꼬리 방향이 높은 쪽(positive side) 또는 낮은 쪽(negative side) 중 어느 곳에 위치

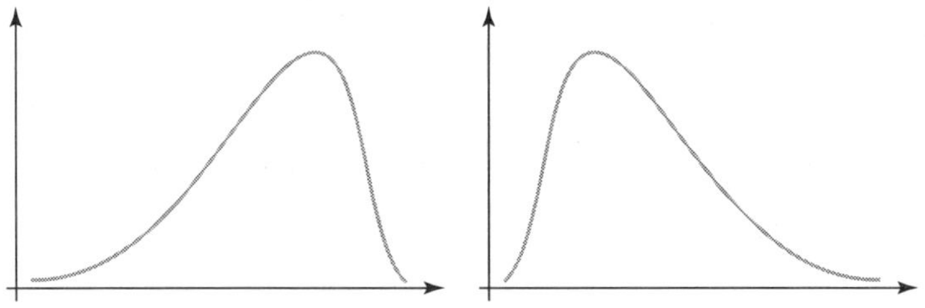

음의 왜도(Negative Skew) 양의 왜도(Positive Skew)

그림 3-6 왜도

했느냐에 따라 왜곡의 명칭을 판단할 수 있다. 일반적으로 영어교육 분야에서 이러한 비대칭 분포가 나타나는 경우는 투입된 평가가 너무 쉬워서 대부분의 학생들이 고득점을 했거나, 너무 난이도가 어려워 대다수의 학생들이 낮은 점수를 얻었을 경우 등이 있다.

이러한 왜도는 SPSS와 같은 통계 처리 프로그램에서 특정 데이터의 기술통계값(descriptive statistics)을 실행하면 그 값을 얻을 수 있는데, 왜도가 정확히 0이라면 완벽한 정규분포를 나타내며, 그 값이 양수이면 좌측으로 분포가 쏠려 있는 것(positive skew)이며, 그 값이 음수이면 우측으로 쏠려 있는 것(negative skew)을 나타낸다. 자연적으로 얻어진 데이터라면 어느 정도의 비대칭성이 있기 때문에 왜도가 완벽하게 0인 경우는 거의 없지만 보통 그 절댓값이 2를 넘지 않아야 분포의 정규성이란 조건을 충족하는 것으로 판단하며(김계수, 2008), 이 조건을 어길 경우 통계결과의 해석에 매우 주의를 기울여야 한다.

2) 첨도

첨도는 특정 지점(보통 중앙)에 점수가 집중되어 있는 정도를 나타내는 지표이다. 다시 말해 분포의 모양이 얼마나 뾰족한가, 또는 평평한가를 나타내주는 지수이다. 이러한 첨도 역시 그 분포가 정규성을 가지고 있는가, 즉 정규분포의 특성을 지니고 있는가를 판단하는 데 사용하며, 보통 첨도가 3이면 완벽한 정규분포, 3보다 크면 분포가 뾰족한 경우, 3보다 작으면 평평한 분포를 지니고 있는 것으로 판단한다. 이러한 첨도가 7보다 작으면 정규성을 지니고 있는 것으로 판단하는데(김계수, 2008), 일부 통계 프로그램에서는 왜도와 유사하게 0을 기준점으로 계산하여 제시하는 경우도 있으니 이 경우 해석에 주의해야 한다.

지금까지 인간의 행동과 같은 데이터 및 자료에서 나타날 수 있는 분포의 특성을 살펴보기 위해 집중 경향치와 분산, 정규분포, 표준점수, 비대칭 분포 등을 차례차례 살펴보았다. 특히 대부분의 통계 기법들은 정규분포를 전제 조건으로 하고 있기 때문에 자신의 얻은 데이터를 분석하기 전에 그 자료들이 지니고 있는 분포의 특성을 확인하는 절차를 잊지 말아야 한다. 그럼 다음 장에서는 자신이 세운 가설을 검증하기 위해, 또는 연구목적을 달성하기 위해 실시하는 실험을 설계, 검증하는 절차에 대해 살펴보도록 한다.

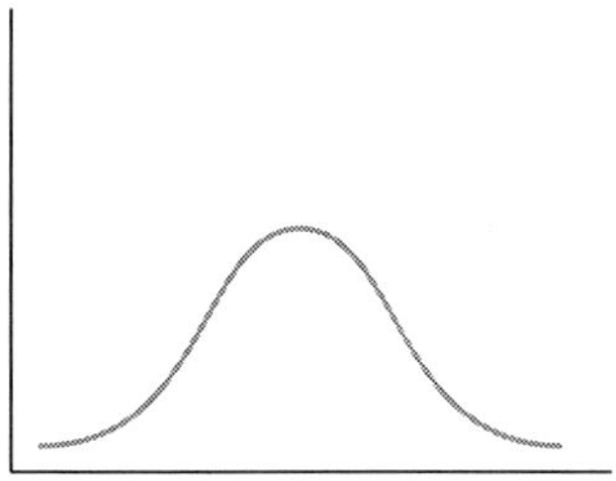

중첨(Mesokurtic Curve)

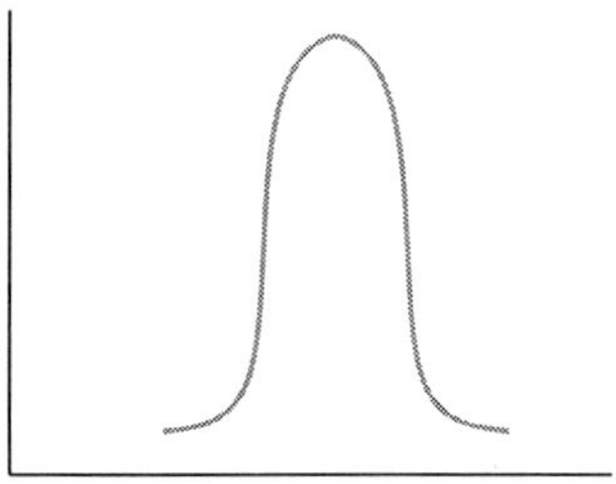

급첨(Leptokurtic Curve)

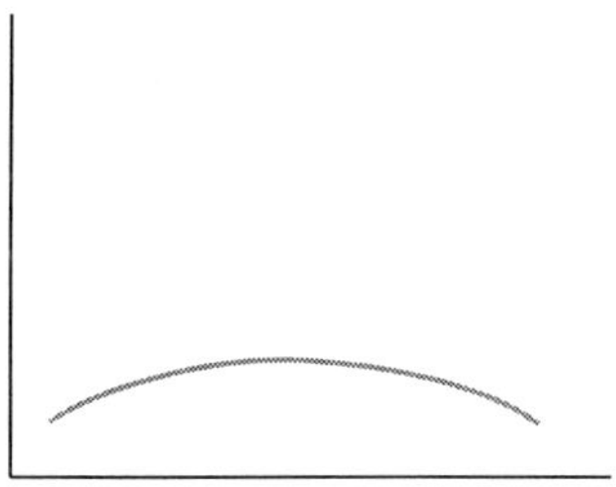

완첨(Platykurtic Curve)

그림 3-7 첨도

4. 실험의 설계

지금까지 연구를 이해하기 위한 기본적인 사항을 다룬 후(1장), 실험을 설계하기 위해 알아두어야 할 기본적인 내용인 변인과 척도(2장), 연구 데이터의 특성(3장)을 차례로 살펴보았다. 이번 장에서는 실험을 실시하기 위해 꼭 필요한 내용, 즉 연구주제 및 가설 설정, 연구대상의 표집, 통계적 판단 등에 대해 다루어 보고자 한다. 이를 위해 이론적인 설명과 함께 임남희(2008)의 연구를 토대로 실험 및 연구설계 과정을 예시하고자 한다.

4.1 연구주제 및 가설 설정

영어교육에서의 연구는 교실 또는 기타 교육 상황에서 영어교수 또는 영어학습과 관련하여 발생하고 있는 다양한 문제들 또는 현상들에 대해 의문을 품고 이를 해결하기 위한 과정이다. 특히 실험 연구는 이러한 문제들을 통계적인 방법, 즉 양적으로 해결하고자 하는 접근 방법이다. 이러한 실험 연구의 과정은 보통 다음과 같은 과정을 통해 설계할 수 있다(Brown, 1988).

① 문제의 발견 및 인식
② 탐구하고자 하는 구인(construct)을 결정하고 조작적으로 정의

③ 연구문제 및 가설 설정

그럼 3단계로 이루어진 연구문제 및 가설 설정 과정에 대해 살펴보자.

1) 문제의 발견 및 인식

연구주제를 발견하고 인식하게 되는 과정은 매우 다양할 수 있다. 먼저 학교 현장에서 영어를 가르치거나 학생들의 영어학습 과정을 관찰하는 도중 어떠한 문제점을 발견하여 연구를 삼을 수 있을 것이다. 또 영어교육 관련 서적이나 논문을 읽다가 관심이 가는 분야나 주제를 찾을 수도 있다.

경로를 불문하고 본인이 연구하고 싶은 주제를 찾았다면 다음은 그 주제가 연구할만한 가치가 있는 주제인가를 확인해 보아야 한다. 우선 주제에 대한 해답이 나왔을 경우 그 결과가 관련 이론 형성에 도움을 줄 수 있을 것인가, 또는 실제 영어를 가르치는 데 있어서 뭔가 실질적인 도움을 줄 수 있을 것인가에 대해 고민해 보아야 할 것이다. 또 주제와 관련된 선행 연구에는 어떠한 것들이 있는지, 또 선행 연구의 흐름이나 동향에 비추어 자신의 연구는 어떠한 의의가 있는지, 어떠한 위치에 있는지를 살펴봄으로써 본인의 연구가 기존 연구에 비추어 어떠한 의미와 위치를 가질 수 있을지 고민해 보아야 한다.

임남희(2008)의 연구를 보면 다음과 같이 연구의 필요성을 언급하고 있다.

> 하지만 최근까지의 연구들은 주로 이론적인 문제에 대한 논의가 많았으며 각 학년 수준에 적합한 통합교육의 모델 제시에

> 있어서도 주로 고학년(5, 6학년)에 국한되어 있다(이희숙, 최지은, 2000; 정혜영, 최민주, 2003). 하지만 언어교육에서의 '시작'의 중요성은 아무리 강조해도 지나치지 않을 만큼 중요한 시기이므로 본 연구는 초등 3학년 수준에 맞는 통합 영어교육에 초점을 맞추어 연구하는 것이 필요하다. (중략…) 이를 위해 초등 3학년 교육과정을 분석하여 다른 교과로부터 추출한 화제를 영어교육과 통합하는 내용 중심, 특히 화제중심의 영어통합교육에 대해 연구하고자 다음과 같이 구체적인 연구내용들을 설정하였다. (p. 50)

이처럼 초등학교 영어교육 현실에 대한 이해와 더불어 선행 연구의 동향을 파악하여 화제중심의 통합영어교육이라는 주제를 이끌어 냈음을 파악할 수 있다.

2) 구인의 조작화

연구주제를 파악하고 설정하는 과정은 연구의 시작일 뿐이며, 결정한 주제 역시 추상적인 형태로 존재할 것이다. 따라서 연구주제를 실제 연구를 행할 수 있는 형태로, 다시 말해 보다 구체적인 형태로 전환시키는 과정이 필요하다. 이를 위해서는 제기된 문제를 해결하는 데 필요한 구인들을 파악하고, 그러한 구인들을 변인으로 조작화(operationalizing)해야 한다.

영어교육 분야에서는 추상적인 개념을 다루는 경우가 많고, 매우 많은 수의 구인이 다루어지기 때문에 구인을 변인으로 변환하는 데에는 많은 사고 과정을 필요로 한다. 예를 들어 학생의 성격 유형이 영어능력에 차이가 있을 것이란 주제로 연구를 진행한다면, 성격과 영어능력이라는 구인을 객관적으로 측정할 수 있는 변인으로 조작화해야 할 것이다. 이때 성격을 구성하고 있는 각각의 변인들이 무엇이며(예를 들자면, 내향/외향, 숙고/직관 등) 그중 어떠한 변인들을 채택하고 어떠한 도구로 측정할 것인가 등에 대해 연구자는 선행 연구에 대한 면밀한 분석이나 본인의 성찰 등을 통해 결정해야 한다. 또 영어능력이라는 구인에도 영어의 네 기능을 모두 평가할 것인지 아니면 특정 기능만 평가할 것인지, 지필 시험 형태를 사용할 것인지 수행 평가 형식을 따를 것인지 등에 대해 결정하여 본래 추상적인 특징을 지니고 있는 구인을 실제 연구에서 사용할 수 있는, 보다 실질적인 형태로 조작화해야 한다.

임남희(2008)의 연구에서는 독립변인이 '화제중심 영어지도', 종속변인은 '영어능력 및 태도'이다. 먼저 독립변인에 해당하는 '화제중심 영어지도'는 선행 연구와 교육 과정의 분석 등을 통해 아래 〈표 4-1〉과 같이 화제중심 초등영어지도의 수업모형을 제시함과 동시에 〈표 4-2〉에서처럼 기존의 의사소통 중심 수업모형과 화제중심 수업모형을 비교하여 화제중심 모형의 차별성을 부각하였다. 또한 학생들에게 실시한 화제 요구분석을 통해 수업모형에 적용할 주제를 선정하여 〈표 4-3〉과 같은 화제별 활동과 언어 계획을 제시하였다. 즉 기존의 수업 방식에 비해 화제중심 영어지도의 차이점이 무엇이고 어떤 절차를 따랐는지, 또 어떤 화제나 활동, 언어내용이 지도되었는지 파악할 수 있도록, 또 다른 연구자가 이러한 실험을 다시 시행한다면 이를 최대한 유사하게 반복할 수 있도록 화제중심 영어지도에 대해 설명하였다.

다음으로 종속변인인 '영어능력과 태도'에서 영어능력이라는 구인을 어떻게 조작했는지 살펴보자. 임남희(2008)의 연구에서는 듣기와 말하기 평가를 통해 영어능력을 측정하였다. 다시 말하자면 듣기와 말하기 기능의 평가로 그 학생의 영어능력을 측정할 수 있다고 가정한 것이다. 읽기나 쓰기 기능은 측정할 필요가 없는 것인지, 또는 측

표 4-1 화제중심 초등영어지도의 수업모형 (임남희, 2008; p. 56)

<table>
<tr><td>1, 2차시
(80')</td><td>Look and Think
Let's Talk
(brainstorming)
Present words
Look and Listen
Listen and Repeat
Let's explore 1</td><td>Greetings
Introduction of the Topic
Sharing the Experiences
Brainstorming
Presentation of Languages
Language Practice
Topic Exploring Tasks 1
(individual work - building concepts)
Closing</td></tr>
<tr><td>3, 4차시
(80')</td><td>Listen and Repeat
Look & Say
Let's explore 2
Let's Share

Let's Review
Let's Share 2</td><td>Greetings
Practice of Languages
Production of Languages
Topic Exploring Task 2
(Group work: making table, story, chart, or craft etc.)
Presentation or Show and Tell
Practice of Languages and Checking the Content
Closing & Display</td></tr>
</table>

표 4-2 의사소통, 화제중심 수업모형 비교 (임남희, 2008; p. 56)

	CLT Model	TBI Model
Opening	Introducing situations	Introducing the topic
Development	Presentation of target language Practice of target language Production of target language - game, task	Brainstorming of the topic Presentation of target language Practice of target language Tasks for topic exploring (Building conceptsm Making a table, Drawing a chart, Making a craft…)
Closing	Checking of target language	Checking of target language and the content

표 4-3 화제별 활동과 언어 계획 (임남희, 2008; p. 58)

화제	활동 내용	언어 내용	관련 교과
Family	가족신문 만들기 (소개, 좋아하는 것, 취미…)	rice - soup - side dishes - meat… I like sports. My father is a police officer.	국어 사회
School Life	학교에서 쓰는 물건 분류하기 학교생활 규칙 정하기 좋아하는 과목 조사하기 시간표 만들기	What's this/that? This is a pencil. Don't run in the classroom. Be quiet, please. What's your favorite subject?	도덕 수학 사회 국어
Job	직업의 종류 알기 부모님들의 직업 조사하기 장래희망 포스터 만들기 고마우신 분들(경찰, 청소부…)	What does your mother do? She is a doctor. What do you want to be in your future? I want to be a …	도덕 사회 국어 수학
Weather & Seasons	날씨 조사표 만들기 계절(봄)에 대한 책 만들기 계절별 동물의 특징 알기 (곤충, 개구리의 한 살이)	How's the weather? What's the temperature? It's - degree. egg - caterpillar - cocoon - butterfly (life cycle)	과학 사회 수학 국어

정하지 않은 특별한 이유가 있었는지 등에 대해 자세히 기술되어 있다면 구인 타당도를 더 높일 수 있었을 것이다.

영어능력 평가에 대한 부분은 다음과 같이 기술되어 있으며, 평가에 사용된 유형은 다음 〈표 4-4〉에 제시되어 있다.

> 영어-타 교과의 화제 통합교육이 아동들의 영어능력 향상에 유의한 영향을 미쳤는가를 알아보기 위해 듣기는 PELT(한국외국어평가원 초등영어자격검정)의 유형과 문항을 차용하여

화제와 관련된 어휘와 표현위주로 사실 확인, 간단한 의사표현 등 3학년 수준과 화제에 관련된 내용으로 각각 10개 문항으로, 다음과 같은 구성을 가지고 있다. (임남희, 2008; p. 54)

표 4-4 듣기, 말하기 평가 구성 (임남희, 2008; p. 55)

듣기	말하기
단어 듣고 알맞은 그림 찾기	묻는 말에 알맞은 답을 영어로 말하기
문장 듣고 알맞은 그림 찾기	그림에 맞는 영어로 말하기
그림에 맞는 문장 고르기	영어로 바꾸어 말하기

이처럼 실험 연구에서는 실험에 채용된 각 변인이 무엇이며, 이를 측정하기 위해 어떻게 조작화했는지 자세하고 명확하게 기술해야 한다.

3) 연구가설의 설정

연구할 가치를 지닌 문제를 발견하고, 그 문제에 관련이 있는 구인들을 찾아 조작화했다면 이제 연구가설을 세워야 한다. 연구에서 밝히고자 하는 내용을 객관적이고 명료하게 설명하는 형태로 기술하는 연구가설은 연구의 목적을 진술하는 한 가지 방법이라고 할 수 있다. Brown(1988)은 연구의 목적을 제시하는 방법으로 (1) 연구목적과 (2) 연구문제, 또는 (3) 연구가설을 제시하는 3가지 방법이 있으며, 가능한 세 가지 방법 모두를 포함시킬 것을 추천하였다. 또 만약 세 가지 방법 중 하나만 제시해야 한다면 연구가설을 제시해야 한다고 주장하였다. 그럼 연구가설을 설정하고 제시하는 방법을 살펴보자.

가설이란 연구가 실제로 실시되었을 때 예상할 수 있는 결과를 진술한 것이다. 앞서 살펴본 예를 통해 가설을 검증해 보자. 성격에 따라 영어능력에 차이가 있을 것이란 연구문제를 좀 더 구체화하여 외향적(extroversion)인 성격과 영어 말하기 능력 사이에 관련이 있는가를 살펴보는 연구를 실시한다고 가정해 보자. 이 연구는 두 변인, 즉 독립변수인 외향적 성격과 종속변수인 영어 말하기 능력 사이에 상관관계(correlation)가 존재하는가를 밝히는 연구가 될 것이다.

연구가설에는 크게 영가설(null hypothesis)과 대립가설(alternative hypothesis)로 구별할 수 있다. 먼저 영가설은 두 변인 사이에 의미 있는 차이가 존재하지 않는다고 판단하는 경우의 가설이며, 보통 실험 연구의 경우 이 영가설이 맞는가 맞지 않는가를 통계적 증거를 통해 검증하는 과정이라고 할 수 있다. 보통 연구는 유의한 차이를 찾기 위한 과정으로 볼 수 있으므로 귀무가설(歸無假說)이라고도 불리는 영가설은 채택하지 않을 것을 가정하고 세운 가설이라고 할 수 있다. 외향적 성격과 영어 말하기 능력 사이의 상관관계를 살펴보는 연구가 있다면 영가설은 다음과 같이 진술될 수 있다.

> H_0 : 외향적 성격과 영어 말하기 능력 사이에는 상관관계가 존재하지 않는다($r = 0$).

상관 계수(r)가 0으로서 유의한 상관관계가 존재하지 않았을 경우에는 위의 영가설이 채택되겠지만 두 변인 사이에 상관관계가 존재했다면(r이 0이 아닌 경우) 영가설은 기각될 것이며, 대신 대립가설이 채택될 것이다. 여기서 대립가설은 상관관계의 방향을 나타내느냐 나타내지 않느냐에 따라 부등가설(directional hypothesis)과 등가설(nondirectional hypothesis)로 구분할 수 있다.

먼저 등가설은 상관관계의 방향을 포함하고 있는 가설이다. 차후 8장의 상관관계 부분에서 자세히 다루겠지만, 상관관계에는 정적 상관관계(positive correlation)와 부적 상관관계(negative hypothesis)가 있다. 부등가설은 이처럼 정적인가 부적인가의 방향성이 포함되어 있는 가설이다.

H_1 : 외향적 성격과 영어 말하기 능력 사이에는 정적 상관 관계가 존재한다($r > 0$).

H_2 : 외향적 성격과 영어 말하기 능력 사이에는 부적 상관 관계가 존재한다($r < 0$).

한편 이 두 가지 가설은 하나의 가설, 즉 등가설로 표현할 수 있다.

H_1 : 외향적 성격과 영어 말하기 능력 사이에는 상관관계가 존재한다($r \neq 0$).

다시 한번 정리하자면 연구가설에는 영가설과 대립가설이 있으며, 대립가설은 다시 방향성을 표시하고 있는 부등가설과 두 가지 부등가설을 하나의 가설로 표현한 등가설로 나눌 수 있다. 이때 부등가설은 하나의 가설이 하나의 방향(상관관계의 경우 정적 혹은 부적)만을 검정할 수 있다고 하여 일방적 검정(one-tailed test), 등가설은 양쪽 방향 모두를 검정한다는 의미에서(전문적으로는 기각역이 양쪽으로 존재한다고 표현할 수 있다) 양방적 검정(two-tailed test)이라고도 한다.

이처럼 실험 연구는 영가설과 대립가설을 연구가설로 설정한 후, 통계적으로 유의한 결과가 나왔을 경우 영가설을 기각하고 대립가설을 채택하는 방식으로 진행된다.

임남희(2008)의 연구에서는 연구목적, 연구문제, 연구가설 중 두 번째에 해당하는 연구문제를 제시해서 연구의 목적을 설명하였다. 그 내용은 다음과 같다.

첫째, 초등 3학년에 알맞은 화제 중심의 통합 수형 모형은 어떠한가?

둘째, 영어-타 교과의 화제중심 통합교육이 아동들의 듣기·

말하기 능력 향상에 어떠한 영향을 미치는가?

셋째, 영어-타 교과의 화제중심 통합교육이 아동들의 영어교과에 대한 흥미, 태도, 수업참여도에 어떠한 영향을 미치는가? (임남희, 2008; p. 54)

4.2 표본 추출

연구가설을 설정하여 그 가설을 검증하려면, 이제 실험이나 설문 등의 과정을 통해 정보를 얻어 분석하는 절차가 필요하다. 여기서 정보를 얻는 다양한 소스 중 가장 많이 사용되는 것은 영어를 배우고 있는 학생 또는 영어를 가르치고 있는 교사와 같이 영어교육과 관련된 사람에게서 다양한 데이터를 얻게 된다. 실험 또는 설문에 참가하는 대상자, 즉 표본을 추출하는 과정이 꼭 필요하고 이를 표본 추출(sampling)이라고 한다.

표본 추출이란 모집단에서 연구에 참여할 인원을 체계적으로 선발하는 과정이다. 모집단(population)이란 일정한 속성을 지니고 있는 집단 전체를 가리키는 용어이며, 표본(sample)은 모집단의 특성을 밝히기 위해 선발 또는 추출한 모집단의 일부를 지칭한다. 만약 우리나라 중학교 3학년을 대상으로 실험 또는 설문을 실시해야 한다고 가정해보면, 모집단에 해당하는 전국 각 지역의 모든 학생들을 대상으로 하는 것은 사실상 불가능하며, 따라서 모집단에 비해 훨씬 작은 수이지만 모집단의 특성을 그대로 간직하고 있는 체계적인 방법으로 표본을 선정해야 한다.

그럼 표본을 선정하는 데 대표적 방법이라고 할 수 있는 무선 표집, 유층 표집, 군집 표집, 의도적 표집과 함께 표본의 크기를 결정하는 절차에 대해 차례로 살펴보자.

1) 단순 무선 표집

단순 무선 표집(simple random sampling)은 모집단의 모든 구성원들이 표본으로 선발될 확률은 동일하게 유지하면서 표본을 선택하는 방법이다. 표본의 크기가 크면 클수록, 단순 무선 표집 방법은 대표성이 가장 강한 표본을 뽑을 수 있다.

단순 무선 표집은 선정한 모집단의 모든 구성원에게 개별 단위의 일련번호를 부여한 다음 난수표(table of random numbers)나 주사위와 같이 실험자의 판단이나 선호와 같은 요소가 반영되지 않는 무작위적인 방법, 다시 말해 확률에만 기초한 방법으로 표본을 선출하는 방법이다. 예를 들어, 30명으로 구성된 학급에서 학급 위원 세 명을 선정할 경우, 모든 학생들이 학급 위원으로 뽑힐 확률은 10%로 동일하다는 가정하에서 표본을 선정하는 방법이다. 만일 담임교사가 평소에 관심을 가지고 있었던 학생들을 교사의 판단에 의해 선정했다면, 선발된 학생들이 해당 학급을 대표한다고 할 수 없게 된다. 따라서 무선 표집은 고의성 없이 모집단의 모든 구성원들이 확률에만 근거하여 선발된다는 전제 조건을 지키는 것이 무엇보다도 중요하다.

2) 유층 무선 표집

유층 무선 표집(stratified random sampling)은 단순 무선 표집과 약간 차이가 있는 표집 방법으로, 모집단 내에 별도의 하위집단(subgroups/strata)이 존재하고 표집 시 하위집단의 비율까지 고려하는 방법이다. 만약 중학교 학생 자녀가 있는 학부모들의 학교 영어교육에 대한 인식을 조사하는 경우라면, 학부모의 성별이나 거주 지역, 학력, 경제적 위치 등이 설문결과에 영향을 미칠 수 있을 것이고 표집 시 이러한 요소들을 고려하여 표집할 수 있다.

유층 무선 표집 시 유의할 점은 우선 집단을 구분할 때, 더이상 집단을 구분할 수 없을 때까지 하위 집단을 나누어야 한다는 점이 있다. 또 표집을 마친 표본에서 각 집단의 비율이 원 모집단에서의 비율과 동일해야 한다. 예를 들어 학부모의 남녀 비율이 50%라면 표본에서의 남녀 비율도 50%로 유지되어야 한다. 즉 학부모의 성별을 고려하여 유층 무선 표집을 한다면 먼저 전체 표본의 50%에 해당하는 수만큼 남자 학부모에 대해 무선 표집을 실시하고, 나머지 수만큼 여자 학부모에 대해 무선 표집을 시행하는 방식으로 이루어지게 된다.

3) 군집 표집

군집 표집(cluster sampling)은 표집의 단위가 하나의 집합체이거나 덩어리로 되어 있는 경우의 표집 방법을 의미한다. 즉 어떤 실험이나 설문 등을 위해 한 명 한 명을 무선 표집하는 것이 아니라 학교나 학급과 같이 미리 구성되어 있는 집단 전체를 표집하는 것이다.

특히 교육 현장에서는 군집 표집을 매우 자주 사용하게 된다. 만약 한 학급이 있다면 그 학급의 구성원들 개개인은 인지적 영역이나 정의적 영역 등에서 정규분포의 특성, 즉 개개인 사이에는 차이가 존재한다. 하지만 학급과 학급 사이에는 큰 차이를 보이지 않는 특성이 있다. 따라서 표집의 편이성과 경제성을 위해 군집 표집을 많이 활용하게 된다.

교육 현장에서 군집 표집을 선호하는 또 다른 이유는 교육과정의 운영과 연관되어 있다. 만일 한 학년의 학생들 중 100명을 무선 표집하여 실험이나 조사 등을 실시할 경우 그 기간 동안은 그 학년의 학생 전체가 정상적인 교육 활동을 하기 어렵다. 하지만 두 개 학급을 집단으로 선정하여 조사할 경우, 나머지 학급의 학생들은 정상적인 교육 활동이 가능하기 때문이다. 이와 같은 장점에도 불구하고 군집 표집은 무선 표집에 비해 표집 오차가 커지는 단점이 있다는 것을 항상 유념해야 한다.

4) 의도적 표집

의도적 표집(purposive sampling)은 어떤 소집단이나 특정 지역이 전체 모집단을 잘 대표할 수 있다는 생각 아래서 그 소집단 또는 지역을 의도적으로 표집하는 것이다. 따라서 의도적 표집을 하기 위해서는 특정 집단 또는 특정 지역이 전체를 잘 대표할 수 있다는 충분한 정보와 근거를 보유하고 있어야 한다. 만약 그렇지 못한 경우는 특정한 경향으로 편중된 표본을 얻을 가능성이 커지게 된다.

5) 표본의 크기 결정

가장 이상적인 연구, 특히 조사연구는 모집단 모두에게 실시하는 전수 조사라고 할 수 있다. 하지만 대부분의 경우 전수 조사는 불가능하기 때문에, 표본 조사를 하게 된다. 이러한 표본 조사를 실시할 경우에는 전수 조사를 한 결과와 약간의 오차가 발생하는 것은 필연적이며, 이 오차를 표본 오차라고 한다.

통계를 연구하는 학자들은 표본 조사에서 발생하는 표본 오차를 줄이기 위한 다양한 방법들을 모색하고 있다. 보통 표본 오차에 영향을 미치는 주요 요인으로 언급되는 것들은 표본의 정확성과 크기이다. 먼저 정확성 측면에서는 표본의 선정을 확률적으로 실시하는 방법, 즉 무선 표집과 같은 방법을 사용했을 때 선발될 표본이 모집단의 특성을 추리하는 데 있어 오차를 줄일 수 있다.

다음 측면은 표본의 크기를 늘리는 것이다. 표본의 크기를 충분히 크게 할수록 표본 오차는 줄어들기 때문이다. 그러나 표본의 크기를 필요 이상으로 크게 선정한다고 해서 표본 오차가 무한정 줄어드는 것이 아니기 때문에, 모집단의 크기에 따라 적절한 크기의 표본을 선정하는 것이 필요하다. 통계학적으로 모집단의 크기에 따른 적절한 표본의 크기를 제시하면 다음 〈표 4-5〉와 같다.

이 표를 살펴보면 모집단의 크기가 작으면 작을수록 표본의 크기가 모집단의 크기와 거의 동일하고, 모집단의 크기가 커지면 커질수록 증가하는 표본 크기의 수는 작아진다. 예를 들어 모집단의 크기가 100에서 200으로 증가할 경우 표본의 크기가 80에서 132로 52만큼 증가한다. 하지만 모집단의 크기가 10,000에서 1,000,000으로 증가할 경우 늘어나는 표본의 수는 370에서 384로 14에 불과하다. 따라서 교육 관련 조사 및 설문 연구를 수행할 경우에 표본 선정의

표 4-5 모집단의 크기에 따른 표본의 크기 (김정렬과 윤지여, 2004; p. 81)

모집단 크기	표본 크기	모집단 크기	표본 크기	모집단 크기	표본 크기	모집단 크기	표본 크기	모집단 크기	표본 크기	모집단 크기	표본 크기
10	10	85	70	220	140	440	205	1200	291	4000	351
15	14	90	73	230	144	460	210	1300	297	4500	354
20	19	95	75	240	148	480	214	1400	302	5000	357
25	24	100	80	250	152	500	217	1500	306	6000	361
30	28	110	86	260	155	550	223	1600	310	7000	364
35	32	120	92	270	159	600	234	1700	313	8000	367
40	36	130	97	280	162	650	242	1800	317	9000	368
45	40	140	103	290	165	700	248	1900	320	10000	370
50	44	150	108	300	169	750	254	2000	322	15000	375
55	48	160	113	320	175	800	280	2200	327	20000	377
60	52	170	118	340	181	850	285	2400	331	30000	379
65	58	180	123	360	186	900	289	2600	335	40000	380
70	59	190	127	380	191	950	274	2800	338	50000	381
75	63	200	132	400	198	1000	278	3000	341	75000	382
80	66	210	138	420	201	1100	285	3500	346	1000000	384

과정이 적정하다면 크기의 측면에서는 400 정도로 설정한다. 그래야 모집단의 특성을 추정하는 데에 아무런 문제가 없다. 즉 표본 오차를 줄이기 위한 목적으로 표본의 크기를 필요 이상으로 높이는 것은 시간과 노력을 허비할 뿐이고, 그에 따른 결과의 변화는 거의 없으며 무시할 수 있는 수준이라는 의미이다.

반면 모집단의 수가 100 이하라면 표본을 추출하여 조사하는 것보다는 전수 조사, 즉 모집단 전체를 조사하는 것이 바람직하다. 위의 표에서 볼 수 있는 것처럼 모집단의 크기가 100 이하일 경우에는 모집단과 표본의 크기가 거의 차이가 없기 때문이다. 다음으로 모집단이 300 ~ 500 정도라면 표본의 크기는 모집단의 약 50% 정도를 선정한다.

임남희(2008)의 연구에서는 위에서 언급한 표집 방법 중 군집 표집, 즉 별도의 무선 표집 과정을 거치는 것이 아니라 기존에 구성되어 있던 한 학급을 실험 집단으로 선정하였다. 앞서 언급했던 것처럼 학교 현장에서 이루어지는 연구는 여러 가지 사정상 무선 표집과 같은 방법을 사용하는 것이 힘들기 때문에 군집 표집이 많이 활용된다. 다만 임남희의 연구에서는 비교반을 설정하지 않고 실험반만 구성하였다. 비교 대상이 없는 것은 사전, 사후 평가 결과에 통계적으로 유의한 차이가 생겼다고 하더라도 그 원인이 독립변인(화제중심 영어지도) 때문이라고 주장하기가 힘들어지기 때문에 실험 연구로서의 설득력은 떨어지는 설계라고 할 수 있다. 한편 연구대상의 기술에 있어 단순히 학년, 인원과 같은 기본적인 사항 이외에 학생들의 전반적인 학력이나 영어 수준 등과 같이 연구결과에 영향을 줄 수 있거나 결과 해석 시 유의해야 할 사항들을 자세히 기술해 주는 것이 필요하다. 그럼 실제 연구대상의 기술 부분을 살펴보도록 하자.

서울 강남의 초등학교 3학년 1개 학급을 선정한다. 3학년을 선정한 이유는 아직은 통합교육과정에 익숙한 시기이며 분화적인 사고보다는 통합적인 사고 특성이 강하기 때문이다. 또 연구대상이 된 학급은 30명으로, 학부모의 학력수준은 대졸 이상이 25명으로 다른 지역에 비해 상당히 높은 편이며 영어 유치원을 졸업한 학생이 5명이며 1년 이상 해외체류 경험자는 5명, 유치원 이후 3학년까지 지속적인 영어 사교육을 받고 있는 경우가 28명으로 알파벳 쓰기가 되지 않는 경우는 단지 2명에 불과하며 대상 학생들의 영어 환경이 우수하여 기본적인 일상용어의 이해에 어려움을 느끼지 않으므로 통합에 무리가 없다고 판단하였기 때문이다. (임남희, 2008; p. 53)

4.3 측정도구 설정과 자료의 통계적 처리

연구, 특히 양적 연구는 연구자의 관심을 지닌 구인을 조작화한 변인을 측정한 후, 이를 통해 얻어진 결과인 데이터를 분석 및 처리하는 방식으로 이루어진다. 특히 영어교육 분야에서 관심을 가지고 있는 구인들 대다수는 객관적으로 관찰하기 힘든 것들(예를 들자면, 의사소통 능력, 지능, 성격 등)이기 때문에 이러한 구인들을 측정도구나 평가 도구를 통해 객관적으로 측정하기 위해 변인으로 조작화한다.

앞서 2장에서 설명했던 것처럼 변인의 유형은 사칙 연산의 가능 여부에 따라 비연산척도(non-metric scale)와 연산척도(metric scale)로 구분되며, 비연산척도에는 명목척도(nominal scale)와 서열척도(ordinal scale)가 있고, 연산척도는 등간척도(interval scale)와 비율척도(ratio scale)로 나뉜다. 측정도구를 선정하고 또 측정도구를 통해 얻어진 자료를 분석할 때 연구자가 조사 및 연구하고 있는 변인의 척도가 무엇인지 파악하는 것은 매우 중요하다. 왜냐하면 변인의

표 4-6 척도의 유형별 특성(김정렬과 윤지여, 2004; p. 82)

유형 \ 특성		특성: 유목	서열	등간격	절대영점	비교 방법	평균값 측정 기준	사례 (예)	빈도 분석 적용
비연산척도	명목	○	×	×	×	확인 분류	최빈값	성별, 객관식 시험	단순 막대 그래프
	서열	○	○	×	×	순위 비교	중앙값	석차, 선호도	
연산척도	등간	○	○	○	×	간격 비교	산술 평균	심리 측정 (흥미, 태도)	히스토그램 및 각종 통계량
	비율	○	○	○	○	절대적 크기 비교	기하 평균 조화 평균	나이, 체중	

척도가 무엇이냐에 따라 자료를 분석하고 해석하는 방법이 달라지기 때문이다. 먼저 척도의 유형에 따라 각 척도의 특성, 비교 방법, 평균값 측정의 기준 등을 정리해 보면 다음 〈표 4-6〉과 같다.

앞서 2장에서 언급했던 것처럼 위의 네 가지 척도 중 영어교육 분야에서 많이 활용되는 것은 명목척도와 등간척도이다. 따라서 자료의 통계적 처리 부분은 이 두 가지 척도를 중심으로 살펴보고자 한다.

먼저 자료의 통계적 처리 방법을 선택할 때에는 앞서 살펴본 것과 같이 측정하고자 하는 변인(척도)의 유형과 함께 연구 또는 실험에 참여한 집단의 수를 고려해야 한다. 즉 단순히 한 집단의 특성 또는 의견 등을 살펴보는 것이냐, 아니면 2개 이상의 집단 특성을 비교 및 대조하는 것이냐에 따라 통계적 처리 방법에 차이가 생기게 된다.

비연산척도 중 자주 사용되는 명목척도의 경우 집단이 하나일 경우에는 빈도 분석을 사용하게 된다. 마치 객관식 시험 또는 반장 선거와 같이 해당 집단이 특정 항목을 얼마나 많이 선택했는가를 살펴보게 된다. 집단이 두 개 이상이 되었을 경우에는 교차 분석을 실시하게 되는데, 특정 항목들을 선택한 비율에 있어서 집단 사이에 차이가 존재하는가를 살펴보는 방법이다. 이 두 가지 방법은 다음 5장에서 자세히 다루고자 한다.

다음으로 연산척도 중 영어교육 연구에서 자주 사용되는 등간척도의 경우에도 연구 또는 실험에 참여하는 집단의 수에 따라 자료의 처리 방법에 차이가 있다. 먼저 집단이 하나인 경우에는 그 집단의 특성을 기술통계값, 즉 중앙집중치와 분산을 통해 제시하게 된다. 예를 들어 한 집단의 영어능력을 특정 평가를 통해 측정했을 경우 그 집단의 영어능력은 평균적으로 어느 정도인지, 또 각 구성원들 사이의 차이는 어느 정도인지를 밝히는 것이다. 대체적으로는 평균과 표준 편차를 제시하는 방법으로 등간척도인 특정 변인에 대한 한 집단의 특성을 밝히게 된다.

등간척도인 변인에 대한 2개 이상 집단의 결과를 분석할 때에는, 해당 집단들의 평균 차이를 비교하게 된다. 평균 차이를 비교하는 방법에는 크게 T-검정과 분산 분석(ANOVA)이 있다. 보통 비교하려는 집단의 수가 2개일 경우에는 T-검정, 3개 이상일 경우에는 분산 분석을 사용하는데, 이와 같이 평균 차이를 통계적으로 살펴보는 방법들은 6장에서 다루게 된다. 이러한 내용을 정리해 보면 〈표 4-7〉과 같다.

임남희(2008)의 연구에서는 등간척도에 해당하는 영어능력 평가 점수를 실험 집단에 실험 전과 실험 후 2번 실시하여 두 점수를 비교하였다. 이 경우는 〈표 4-7〉에서 볼 수 있는 것처럼 T-검정이나 분

표 4-7 척도의 유형과 집단의 수에 따른 통계 처리 방법

점수(집단)의 수 / 척도의 유형	1개	2개 이상
명목척도	빈도 분석	교차 분석
등간척도	기술 통계	평균 차이 분석 (T-검정, 분산 분석 등)

표 4-8 사전·사후 듣기 검사 결과 (임남희, 2008; p. 58)

듣기	N	M	SD	t	df	p
사전 검사	30	9.4333	.9353	−2.408	29	.023
사후 검사	30	9.7667	.5040			

산 분석을 활용하게 된다. 임남희의 연구에서는 비교반이 없을 경우, 단일 집단의 점수 2개를 비교하는 대응 표본 T-검정을 활용하여 화제중심 초등영어지도가 아동의 영어능력에 유의한 영향을 미쳤는지 살펴보았다(참고로 평균 차이 분석에 대한 보다 자세한 내용은 6장에서 다룰 것이다). 그럼 영어 듣기 부분에 대한 실제 결과와 해석 부분을 살펴보도록 하자.

> 〈표 4-8〉에서처럼 실험 집단의 사전, 사후 듣기 평가 결과, 실험 집단의 사전 평균은 9.4333, 사후 검사의 평균은 9.7667로 평균값이 상승하였다. 사전, 사후 점수의 차를 이용한 대응 표본 t-검정 결과, t 값은 2.408이며, 유의확률(p) 값은 .023으로 나타나 유의수준(α)= 0.05에서 통계적으로 유의한 차이가 있는 것[$t(df=29)=-2.408$, $p=.023$]으로 나타났으나 평균의 차가 .3334점으로 10점 만점으로 미루어 볼 때 지극히 작은 값이다. 즉, 유의수준 .05 수준에서 두 집단 간의 차이가 존재한다고 하기엔 무리가 있다. 이는 듣기 능력 검증에서 사전, 사후 평가 간에 통계적으로 유의한 차이가 있다고 하여도 평균의 차가 거의 없다는 것을 고려하여 화제중심의 영어지도가 아동들의 영어 듣기 능력에 효과가 있다고 말하는 것은 무리가 있다. (임남희, 2008; p. 58)

위의 해석에서 한 가지 흥미로운 것은 통계적으로 유의한 차이가 생겼지만 그 결과의 해석에 있어 듣기 능력에 차이가 생겼다고 해석하기에는 무리가 있다고 한 점이다. 이는 통계적으로 유의한 것(statistically 'significant')과 현상의 이해나 교육현장에 주는 의미가 유의한가(meaningful)는 별개의 것이라는 사실을 보여주는 예이다. 다만 평균의 차가 0.3점 정도로 작은 수치인 것을 근거로 그러한 주장을 하는 것보다는 효과 크기(effect size)와 같은 보다 객관적인 수치를 근거로 제시했다면 더욱 설득력이 있었을 것이다. 효과 크기에 대한 내용은 6장에서 다루어지니 참고하기 바란다.

마지막으로 연구의 목적이 특정 집단의 특성을 밝히는 것이 아니라 변인과 변인 사이의 관계를 살펴볼 경우가 존재한다. 앞서 연구가설 설정 부분에서 다루었던 상관 분석이 바로 그것이다. 상관 분석은 보통 등간척도와 같이 연산이 가능한 변인인 경우에 실시하는데, 이때는 피어슨의 적률상관계수를 통해 상관관계를 검증한다. 상관 분석에 대해서는 8장에서 보다 자세히 살펴보겠다.

명목척도를 분석할 때 사용되는 통계 기법, 등간척도로 대표되는 연산척도를 분석할 때 사용하는 통계 기법, 또 변인 사이의 관계를 살펴보는 상관 분석에는 위의 언급된 경우 외에도 다양한 조건과 분석 방법이 있다. 이를 모두 다루기는 쉽지 않을뿐더러 입문 단계에서는 불필요한 일이기 때문에 간략화하여 설명했다는 것을 잊지 말아야 한다.

지금까지 연구문제 및 가설 설정에서 표본 추출, 마지막으로 자료처리 방법까지 간략하게 실험을 설계하고 운영하는 과정에 대해 살펴보았다. 특히 통계적 처리 부분은 실험 연구에 막 입문하려는 연구자를 위해 간략하게 소개하였다. 따라서 다음 장부터 다룰 빈도 분석, 평균 차이 분석, 상관관계 분석에 대해 보다 자세히 살펴보고 이해할 필요가 있으며, 보다 상급 과정에 대해 알고 싶을 경우 Brown (1988), Perry(2005), Larson-Hall(2010) 등과 같은 서적을 참고할 것을 추천한다.

5. 빈도의 분석

빈도(Frequency)를 분석하는 방법에는 크게 하나의 집단을 대상으로 얻어낸 결과를 분석할 때 사용하는 빈도 분석(Frequency Analysis)과 두 개 이상 집단의 결과를 비교할 때 사용하는 교차 분석(Crosstab)이 있다. 이번 장에서는 이 두 가지 방법을 차례로 살펴보기로 한다.

5.1 빈도 분석의 개요

빈도는 일상생활에서 자주 사용되고 있는 개념이다. 예를 들어, '하루 중 영어공부에 투자하는 시간은 얼마인가?' '선거에서 1번 후보와 2번 후보를 선택한 사람은 각각 어느 정도의 비율을 갖고 있는가?' 등과 같은 질문은 모두 빈도와 관련된 것들이라 할 수 있다. 이러한 빈도 분석은 앞서 3장에서 살펴보았던 명목척도(nominal scale)를 처리하는 데 사용된다. 즉 빈도 분석은 설문과 실험 등의 방법을 통하여 명목척도에 해당하는 자료를 수집한 후, 수집한 자료가 어떠한 분포를 지니고 있는지 파악하는 분석 방법이라고 할 수 있다.

분포의 특성을 밝히는 데 사용되는 빈도 분석을 통해 알 수 있는 통계량들로는 빈도(또는 도수), 비율(percent), 누적 빈도(또는 누적 도수) 등이 대표적이다. 예를 들어 좋아하는 과목을 하나씩 선택하라는 질문을 50명에게 했을 때 영어를 선택한 응답자가 10명, 수학이

5명이라면 영어의 빈도(도수)는 10, 비율은 20%이며, 영어와 수학의 누적 빈도는 15가 된다.

한 가지의 주의할 것은 설문에 사용된 척도가 리커트 척도(Likert Scale)일 경우에는 기술통계값을 통해 제시하는 것이 원칙이다. 일부 논문에서는 리커트 척도, 즉 등간척도를 처리할 때 빈도 분석 결과를 제시하는 경우가 많은데, 등간척도를 처리할 때에는 빈도 분석보다는 기술통계값(집중 경향값과 분포)이 훨씬 더 많은 정보를 제공할 수 있기 때문에 빈도 분석 결과만을 제시하는 것은 좋지 않다. 따라서 리커트 척도의 분석은 기술통계값을 제시하는 것을 원칙으로 하고, 빈도 분석 결과는 연구자의 판단에 따라 추가적으로 제시할 수 있다. 앞선 3장에서 살펴본 것처럼 집중 경향값에는 평균, 최빈값, 중앙값 등이 있으며, 분포를 나타내는 수치들로는 범위, 분산, 사분위수, 표준 편차 등이 있는데, 보통 평균과 표준 편차를 통해 등간척도의 기술통계값을 제시한다.

이와 같이 명목척도의 분석을 주목적으로 하는 빈도 분석과 관련된 용어를 간단히 정리해보면 〈표 5-1〉과 같다.

빈도 분석은 분류형(범주형) 변수에 대한 빈도표(frequency table)를 작성하는 방식으로 이루어지며, 필요한 경우 그 데이터에 대한 그

표 5-1 빈도 분석 관련 용어

변수	자료를 수량으로 나타낸 것
계급	분산을 나눈 구간
계급의 크기	구간의 너비
계급값	계급을 대표하는 값으로 계급의 중앙값
도수	각 계급에 속하는 자료의 개수
상대 도수	전체 도수에 대한 각 계급의 도수의 비율로 상대 도수의 총합은 반드시 1

표 5-2 빈도표의 예

대구분	중구분	소구분	N(%)
학생	지역별	대도시	115 (27.6)
		중소도시	219 (52.2)
		읍/면 지역	85 (20.2)
	성별	남	159 (37.9)
		여	250 (62.1)
	학년별	3학년	100 (23.8)
		4학년	109 (26.1)
		5학년	106 (25.3)
		6학년	104 (24.8)
	합계		419 (100)

래프(바 차트, 파이 차트)를 그리기도 한다. 이때 빈도표에는 변수의 빈도와 상대적 비율(relative percentage)을 모두 제시해야 하며, 그래프는 상대 비율을 이용해 그리게 된다.

이러한 빈도 분석은 실험 연구의 결과를 제시하는 경우에도 일부 사용되긴 하지만, 특히 설문이나 조사결과를 제시할 때 많이 이용된다. 특히 논문의 연구방법 부분에서 연구대상(Subject)을 일목요연하게 제시하려고 할 때 다음 〈표 5-2〉와 같이 많이 사용된다.

5.2 빈도 분석의 사용

빈도 분석은 특히 설문결과를 분석할 때 많이 사용된다. 설문의 상당 부분은 설문 응답자들의 의견이나 요구 등을 파악하는 문항으로 구성되어 있는데 이러한 설문결과를 분석하여 제시할 때 빈도 분석이 많이 사용되는 것이다. 또한 빈도 분석은 설문 응답자의 인구학적 분포를 파악하기 위한 목적으로도 활용되는데, 다시 말하자면 설문 응답자의 구성(남녀 비율, 연령 분포 등)이 어떻게 이루어졌는가를 파악하기 위한 목적으로 사용되는 것이다. 그 외에도 수업 분석이나 코딩 오류의 발견 등을 목적으로도 빈도 분석이 활용될 수 있다.

(1) 설문 문항의 분석

설문 문항의 응답 분포를 알아보기 위해 빈도 분석을 활용할 수 있다. 예를 들어, '영어의 네 가지 기능 중 가장 중요한 것은 무엇인가?'라는 문항이 있고 보기로 '듣기', '읽기', '말하기', '쓰기'가 각각 제시되어 있다면, 각 기능을 선택한 응답자는 몇 명이며 그 비율은 얼마나 되는가에 대해 분석한 후 그 결과를 빈도표로써 제시하게 된다.

이때 전체 응답자의 비율을 분석하면 빈도 분석이 활용되는데, 가끔은 표본의 특정 집단 사이에 응답 차이가 있는가를 분석해야 할 경우가 있다. 가령 위의 질문에 대해 교사와 학생의 응답에 통계적으로 유의한 차이가 있는가를 살펴봐야 하는 경우가 있을 수 있는데, 이런 경우에는 빈도를 분석하는 또 다른 방법인 교차 분석(Crosstabs)을 실시해야 한다.

(2) 인구학적 문항

설문지를 보면 보통 기초조사라는 이름으로 응답자의 성별이나 직업, 거주 지역과 같은 인구학적 문항이 포함되어 있다. 이러한 내용은 보통 연구방법의 연구대상에 제시되는데, 이 경우에도 빈도 분석 결과를 활용해 빈도표를 작성하거나 적절한 그래프를 그려 설문 응답자들의 분포를 나타낸다. 즉 빈도 분석을 통해 응답자들이 모집단과 유사하게 추출되었는지 알 수 있고, 응답자들의 인구학적 분포를 알아볼 수 있도록 하는 것이다.

(3) 수업 분석 및 관찰

수업 관찰(Classroom Observation)은 양적인 방법과 질적인 방법 모두 활용될 수 있다. 특히 관찰 계획표(Observation Scheme)를 활용하여 분석할 경우 수업에서 특정 행동이나 상황이 어느 정도 발생하는가를 실시간으로, 또는 녹화한 수업을 토대로 그 빈도를 체크하는 형태의 분석이 많이 이루어지는데, 그 결과는 빈도 분석을 통해 제시될 수 있다. 예를 들어, 특정 수업에서 교사의 발화 내용 중 긍정적 피드백(Positive Feedback)과 부정적 피드백(Negative Feedback)의 사용 정도를 빈도를 통해 분석할 수 있을 것이고, 그 결과를 빈도표를 통해 제시할 수 있을 것이다.

(4) 코딩 오류 발견

실제 통계 분석은 SPSS와 같은 통계 프로그램을 활용해 이루어지는 경우가 대부분이며, 이러한 프로그램을 사용하기 위해서는 연구결과를 해당 프로그램에서 활용할 수 있는 형태로 입력하는 코딩 작업이 필요하다. 이때 입력 오류가 있는지 알아보기 위하여 모든 문항에 대한 빈도 분석을 실시할 수 있다. 빈도 분석 결과, 문항의 보기 번호에 없거나 실제 등장하기 힘든 값이 출력되면 그 문항 자료에 오류가 있다는 것을 의미한다. 이 방법이 설문지와 입력 자료를 일일이 대조하는 것보다 자료의 코딩 오류를 발견하는 것에 더 효율적이고 더 정확하다. 그러므로 빈도 분석은 데이터 분석의 첫걸음이며 모든 폐쇄형 문항에 대해서는 반드시 실시해야 한다.

5.3 빈도 분석의 유의점

앞에서 살펴본 것처럼 빈도 분석은 다양한 상황에서 활용될 수 있지만, 실제로 활용할 때 다음과 같은 사항들을 유의해야 한다.

첫째, 빈도 분석은 명목척도(Nominal Scale)의 분석에 사용된다. 예를 들어, 성별을 묻는다면 설문지에서는 남자는 1, 여자는 2와 같은 임의의 숫자를 할당하겠지만, 실제로 숫자와 성별은 아무런 상관관계가 없다. 다시 말해 성별, 거주 지역, 종교와 같은 명목척도는 수치화하여 분석될 수 없다. 또한 명목척도는 본질적으로 범주(Category)에 해당하는 속성을 가지고 있다. 즉 연구대상 한 사람은 해당 범주의 한 영역에 속해야 한다. 만약 성별이라면 남성과 여성 중 한 영역에는 반드시 속해야 하며, 둘 모두에 해당할 수 없다. 또한 특정 범주가 누락되는 경우도 없어야 한다. 예를 들어 초등학교 교사에게 현재 어떤 유형의 교사를 담당하고 있는지 묻는 질문에서 '담임' '영어전담'의 두 가지 경우만 제시했다면, 타 교과 담임이나 영어회화 전문강사인 경우에는 해당되는 영역이 빠져있어 응답할 수 없는 경우가 생길 수 있다. 따라서 설문 작성 시 누락되는 부분이 없도록 주의를 기울여야 한다.

둘째, 빈도 분석은 서열척도(Ordinal Scale)나 등간척도(Interval Scale)를 분석할 수 없다. 이는 첫 번째 유의사항과 바로 연결되는 내용으로, 순서나 간격이라는 개념을 갖고 있는 서열척도나 등간척도는 빈도 분석 외의 방법을 통해 분석해야 한다. 만일 빈도 분석을 꼭 해야 하는 경우라면 서열척도나 등간척도를 명목척도로 변환해야 한다. 만약 교직 경력을 묻는 문항이 있었다면, 3년 7개월, 340일, 5년 반처럼 다양한 응답이 있을 것이고, 교직 경력은 등간척도에 해당한다. 이를 빈도 분석 자료로 활용하려면, 원 자료를 '(1) 5년 미만', '(2) 5년 이상~10년 미만', '(3) 10년 이상~15년 미만', '(4) 15년 이상'과 같이 범주화하여 명목척도로 바꿔주어야 한다. 단 이러한 경우는 빈도 분석을 실시할 수는 있지만, 원 데이터에 있었던 정보들, 즉 순서나 간격과 같은 요소들이 사라지게 된다는 점을 잊지 말아야 한다. 또한 범주화 기준을 선정하는 데 있어서도 (예를 들어 위의 경우 3년 간격으로 해야 하는가, 5년 간격으로 해야 하는가) 많은 고민이 있어야 할 것이다.

셋째, 리커트 척도는 등간척도이다. 실제 논문들을 보면 리커트 척도를 사용한 설문지를 분석할 때 빈도 분석만을 활용하는 경우를 자주 발견할 수 있다. 하지만 리커트 척도는 각 응답 사이의 간격이 동일하다고 가정하고 사용하는 등간척도에 해당한다. 다시 말해 '(3) 보통이다'와 '(4) 약간 그렇다'를 각각 선택한 두 사람의 의견 차이와 '(4) 약간 그렇다'와 '(5) 매우 그렇다'를 선택한 응답자 사이의 의견 차이가 동일한 크기라고 가정한 상태에서 척도를 사용한 것이다. 등간척도의 분포를 알기 위해서는 빈도 분석이 아닌 기술통계값을 제시하는 것이 정확한 방법이기 때문에, 리커트 척도는 평균과 같은 집중 경향치와 표준 편차와 같은 분산값을 제시해야 한다. 하지만 각 응답의 빈도수 역시 전혀 의미 없는 자료라고 할 수는 없기 때문에, 다음 예와 같이 빈도 분석 결과와 기술통계값을 하나의 표에 함께 제시하는 것을 추천한다.

표 5-3 학생들의 상호작용 참여도 (정숙경, 2010; p. 236)

응답 / 질문	전혀 그렇지 않다	그렇지 않다	보통이다	그렇다	매우 그렇다	평균 (표준 편차)	합계
15. 화상수업 시 활발한 상호 작용을 한다.	5 (4.1)	18 (13.8)	52 (40.7)	42 (33.8)	11 (7.6)	3.27 (.937)	128 (100)

5.4 빈도 분석의 실례

먼저 이보림과 정경미(2003)의 연구에서 빈도 분석을 사용한 연구의 예를 설명하고자 한다. 이 연구는 중학교 교과서의 연음 현상에 관한 사례 분석과 이에 대한 학생들의 이해도에 관해 살펴본 논문으로, 여기에서는 중학교 교과서에 실린 연음 현상 사례의 빈도 분석 부분만을 제시하고자 한다.

1) 연구분야 및 대상

중학교 교과서에 실린 연음 현상 사례의 빈도를 알아보았다.

2) 연구절차 및 분석 방법

중학교 5종 교과서에서 소개된 이어읽기 부분에서 수집한 연음 사례들을 다섯 가지 현상으로 분류하여 학년별로 그 결과를 빈도 분석하였다. 조사한 다섯 가지 연음 현상은 음성적 음절화, 자음군 단순화, 구개음화, 설탄음화, 동사와 to의 축음 현상이다.

3) 분석 결과

이 연구에서 조사한 5종 교과서의 연음 사례를 빈도 분석한 결과 〈표 5-4〉를 종합해 보면, 학년별 연음 현상의 등재 사례가 48건에서 54건으로 전체 학년에 걸쳐 비슷한 양상을 보이고 있다는 것을 알 수 있다.

구체적인 현상들을 살펴보면, 모든 학년에 걸쳐 가장 많이 사용되고 있는 연음 현상은 음성적 음절화로 전 학년을 종합한 비율이 38.7%이다. 각 학년별로 보아도 3학년 과정에서 46.2%, 1학년 과정에서 38.9%, 2학년 과정에서 31.3%로 모든 학년에 걸쳐 가장 큰 비중을 차지하고 있다.

표 5-4 중학교 교과서에 실린 연음 현상 사례 수와 비율

(이보림과 정경미, 2003; p. 184)

	1학년	2학년	3학년	전학년
음성적 음절화	21 (38.9%)	15 (31.3%)	24 (46.2%)	60 (38.7%)
자음군 단순화	11 (20.4%)	11 (22.9%)	9 (17.3%)	31 (20.0%)
구개음화	9 (16.7%)	8 (16.7%)	8 (15.4%)	25 (16.1%)
설탄음화	10 (18.5%)	9 (18.7%)	9 (17.3%)	29 (18.7%)
동사와 to의 축음	3 (5.5%)	5 (10.4%)	2 (3.8%)	10 (6.5%)
전체	54 (100%)	48 (100%)	52 (100%)	155 (100%)

다음으로는 자음군 단순화, 구개음화, 설탄음화 현상들이 각각 20%에 조금 못 미치는 정도로 서로 엇비슷한 비율을 보여주고 있다. 마지막으로 동사와 to의 축음 현상의 비율은 전학년 평균 6.5%에 불과하다.

다음은 정숙경(2010)에 제시된 온라인 화상 수업 방법에 대한 조사결과를 보도록 하자. 이 역시 빈도 분석이 사용된 경우이지만 빈도표가 아닌 막대그래프를 통해 결과를 제시하고 있다는 점에서 차이를 보이고 있다.

마지막으로 이승민(2000)은 문자 언어 학습의 초기 단계로서 낱말 읽기에 대한 학생들의 흥미를 유발하고, 문자 언어에 대한 부담을 줄일 수 있는 방법을 CD-ROM 타이틀 학습 자료로 구현하는 연구를 진행하였다. 연구자는 초등학교 4학년과 5학년 318명을 대상으로 설문 조사를 진행하여, 영어 낱말 읽기 학습에 대한 학생들의 요구를 살펴보았다.

영어 학습에 대한 흥미도, 영어 학습에 대한 자신감, 영어 학습 교재에 관한 선호도 등 다양한 항목에 대한 설문이 진행되었는데, 여기에서는 영어 학습 교재의 활용도에 관한 부분을 살펴보도록 한다.

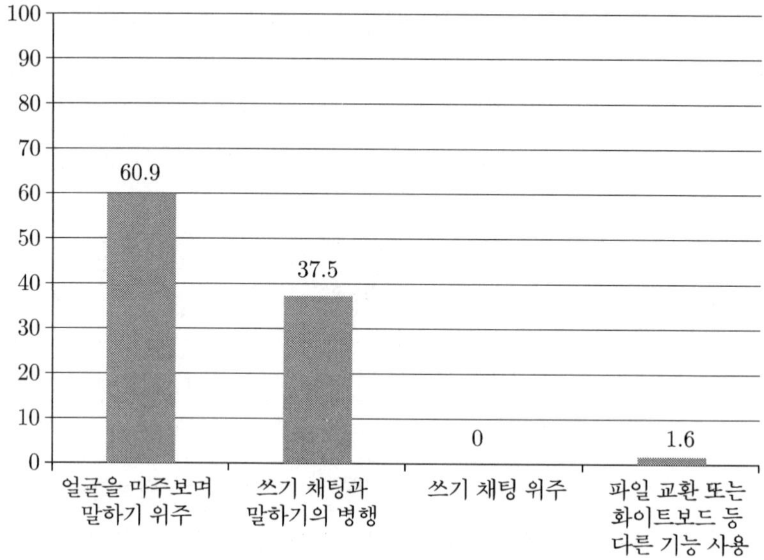

그림 5-1 화상 수업 방법 (정숙경, 2010; p. 232)

표 5-5 영어 학습 교재의 활용도 (이승민, 2000; p. 70)

내용	학년	4학년			5학년		
	활용도	적극 활용	보통	활용 안함	적극 활용	보통	활용 안함
녹음테이프	응답자	122	86	95	102	96	105
	비율	40.3	28.4	31.4	33.7	31.7	34.7
교과서	응답자	146	93	64	163	83	57
	비율	48.2	30.7	21.1	53.8	27.4	18.9

'여러분이 영어 공부를 하는데, 다음 교재를 얼마나 활용합니까?' 라는 질문에 대해 다음 〈표 5-5〉에서처럼 녹음테이프를 적극 활용한다는 응답은 4학년이 40.3%, 5학년이 33.7%로 나타났고, 교과서를 적극 활용한다는 응답은 4학년이 48.2%, 5학년이 53.8%로 나타났다. 5학년의 경우 녹음테이프를 적극 활용한다는 응답보다는 활용 안

한다는 응답이 많아, 학습용으로 개발된 녹음테이프의 활용도를 높이기 위한 방안이 필요함을 알 수 있다고 결과를 해석하고 있다.

5.5 교차 분석의 개요

교차 분석은 기본적으로 명목척도를 분석한다는 면에서는 빈도 분석과 동일하다. 다만 빈도 분석은 한 집단의 특성이나 의견을 밝히는 데 목적이 있다면 교차 분석은 2개 이상의 집단의 명목척도에 대한 조사결과를 비교하는 데 목적이 있다. 다시 말해 여러 개의 집단이 각각 어떠한 성향을 나타내는가, 또 집단들 사이에 성향의 차이가 있는가를 밝히기 위한 것이다.

이를 좀 더 전문적인 용어로 설명하면 둘 이상의 유목변인을 교차시켜 각각의 값에 해당하는 사례를 차례로 분할하여 그 빈도를 표시하는 것을 교차 분석이라고 한다. 이때 각 변인의 빈도는 하나 이상의 변수에 따라 나누어지며, 둘 이상 변인들의 변수를 조합하여 이루어진 칸(셀)들은 전체적인 분할표를 구성한다. 교차 분석은 각 칸의 사례수 만으로 자료를 분석할 수 있으며, 특정한 유의도 검증을 통하여 통계적인 분석을 하는데 활용될 수도 있다.

통계적인 유의도 검증, 통계적으로 유의미한 차이가 있는가는 카이자승(x^2)값을 통해 분석할 수 있다. 카이자승값은 독립성 검증을 위한 통계값으로, 독립성이란 두 변인 간에 관계가 있는지 없는지를 보여주는 것이다. 카이자승값이 통계적으로 유의한 결과를 얻지 못한다면 두 변인 간에는 아무런 관계가 없는 독립적인 관계란 것을 의미한다. 반대로 카이자승값이 통계적으로 유의한 차이가 있다면, 두 변인은 각각 독립적인 것이 아니라 서로 연관이 있다고 해석할 수 있다. 그러나 이 경우에도 두 변인이 독립적이지 않다는 정보만 제공할 뿐이지 두 변인이 서로 얼마나 관계가 있는지를 보여주는 것은 아니다. 참고로 두 변인의 관계의 정도를 살펴보기 위해서는 상관 분석을 통해 상관 계수를 살펴보아야 한다.

5.6 교차 분석의 실제

교차 분석은 두 변인이 명목척도로 측정되었을 때 가장 많이 사용하는 비모수적 통계 방법이다. 물론 서열척도일 경우에도 불가능한 것은 아니나 서열척도는 통계 처리 및 해석에 있어 어려움이 많으므로 특별한 경우가 아니라면 사용하지 않는 것을 추천한다.

일반적으로 교차 분석은 교차표를 그린 후에 교차표에서 각 응답의 수가 분포하고 있는 정도를 가지고 분석하게 된다. 즉 두 변인의 각 범주가 지니는 값을 교차시켜서 두 변인 간의 관계를 나타내게 된다. 교차표의 가장 단순한 형태는 2×2 교차표로, 두 변인이 각각 두 개의 변수를 갖고 있을 경우에 해당한다.

예를 들어, 지역에 따른 영어 과외 여부를 조사할 때, 지역이라는 변인에는 '도시', '농촌'이라는 변수가 있고, 영어 과외 여부라는 변수에는 '한다', '하지 않는다'라는 두 개의 변수가 있다면 다음과 같은 형식의 2×2 교차표를 만들 수 있을 것이다.

표 5-6 2×2 교차표의 예

		지역	
		도시	농촌
영어 과외 여부	한다	①	②
	하지 않는다	③	④

위와 같은 경우 교차표의 각 칸에는 다음과 같은 경우의 사례수가

들어가게 될 것이다.

① 도시에서 영어 과외를 하는 경우
② 농촌에서 영어 과외를 하는 경우
③ 도시에서 영어 과외를 하지 않는 경우
④ 농촌에서 영어 과외를 하지 않는 경우

표에서 보는 것과 같이 두 변인의 값의 조합에 의해 그에 해당하는 사례수를 가지고 교차표가 만들어 지게 되며, 그 사례수를 가지고 빈도에 대한 분석을 하게 된다. 또 앞서 언급한 것처럼 유의성 검증을 위해 카이자승값을 구해 변인들이 통계적으로 독립성을 이루는지를 살펴볼 수 있다.

만약 앞서 예를 들었던 지역과 영어 과외 여부의 조사결과가 다음과 같다고 가정해 보자.

표 5-7 지역과 영어 과외 여부

		지역		
		도시	농촌	합
영어 과외 여부	한다	55	5	60
	하지 않는다	15	25	40
	합	70	30	100

〈표 5-7〉과 같은 결과가 나왔다면 도시 지역에서 영어 과외를 하는 비율이 농촌 지역에 비해 매우 높으며, 따라서 지역에 따라 영어 과외 여부가 매우 다르다고 해석할 수 있다. 이를 통계적으로 분석하기 위해 카이자승값을 구하려면 다음과 같은 공식을 사용하면 된다.

$$x^2 = \sum \frac{(f_O - f_E)^2}{f_E}$$

이 공식에서 f_O는 관측 빈도(observed frequency), f_E는 기대 빈도(expected frequency)를 나타낸다. 관측 빈도는 실제 조사된 결과이므로 〈표 5-6〉에 값을 넣으면 되며, 기대 빈도는 약간의 계산 과정이 필요하다. 기대 빈도의 계산은 다음과 같다.

(각 값이 해당하는 가로 행의 합×각 값이 해당하는 세로 열의 합)
/전체의 합

따라서 각 셀의 기대 빈도는 다음과 같다.

① 도시에서 영어 과외를 하는 경우: $(60 \times 70)/100 = 42$
② 농촌에서 영어 과외를 하는 경우: $(60 \times 30)/100 = 18$
③ 도시에서 영어 과외를 하지 않는 경우: $(40 \times 70)/100 = 28$
④ 농촌에서 영어 과외를 하지 않는 경우: $(40 \times 30)/100 = 12$

각 칸에 해당하는 기대 빈도를 구했으므로 관측 빈도에서 기대 빈도를 빼고 그 값을 제곱해 보자.

① 도시에서 영어 과외를 하는 경우: $(55 - 42)^2 = 169$
② 농촌에서 영어 과외를 하는 경우: $(5 - 18)^2 = 169$
③ 도시에서 영어 과외를 하지 않는 경우: $(15 - 28)^2 = 169$
④ 농촌에서 영어 과외를 하지 않는 경우: $(25 - 12)^2 = 169$

이를 다시 각 칸에 해당하는 기대 빈도로 나눈 후 (카이자승 공식에서 분모에 해당), 각 값을 모두 더하면 카이자승값을 얻을 수 있다.

① 도시에서 영어 과외를 하는 경우: $169/42 = 4.02$
② 농촌에서 영어 과외를 하는 경우: $169/18 = 9.39$
③ 도시에서 영어 과외를 하지 않는 경우: $169/28 = 6.04$
④ 농촌에서 영어 과외를 하지 않는 경우: $169/12 = 14.08$

$$4.02 + 9.39 + 6.04 + 14.08 = 33.53$$

이러한 과정을 통해서 33.53이라는 카이자승값을 얻을 수 있다.

다음은 이 값이 기존의 연구가설에서 결정했던 연구가설의 유의도에서 통계적으로 유의한지를 살펴봐야 하는데, 위의 경우(자유도 = 1) 3.8415 이상의 카이자승값은 .05의 유의수준에서 통계적으로 유의한 차이를 보이는 것이기 때문에 지역에 따라 영어 과외 여부에 차이가 있다고 결론을 내릴 수 있다.

교차 분석에서 자유도는 각 변인의 변수의 수에서 1을 뺀 값을 곱해주면 얻을 수 있다. 여기서는 각 변인이 모두 2개의 변수를 지니고 있으므로 '$(2-1)\times(2-1)=1$'로서 1이라는 자유도를 얻을 수 있다. 또한 자유도와 연구가설의 유의 수준에 따른 통계적 판단은 부록에 제시된 카이자승 분석의 임계값(critical values)을 참고하기 바란다. 참고로 SPSS와 같은 통계 프로그램을 활용하면 이와 같은 수학적 계산 없이 보다 손쉽게 카이자승값과 해당값의 유의도를 얻을 수 있다.

5.7 교차 분석의 유의점

표집의 문제나 낮은 응답률과 같은 기본적인 실험 및 조사연구의 문제점과 더불어 교차 분석의 실시와 해석에 있어서는 두 가지 측면에 대해 항상 유의해야 한다. 먼저 각 변인에 대한 조작화(operationalization)가 제대로 이루어 졌는가, 즉 각 변인의 범주화를 잘 해냈는가에 대해 항상 고민해야 한다. 위의 경우 예를 들자면, 지역의 변인을 '도시'와 '농촌'의 두 가지 범주로 나누었는데, 이것이 올바른 것인가에 대해 살펴보아야 할 것이다. '어촌은 어느 범주에 들어가야 할 것인가?', '대도시와 중소도시가 모두 도시의 범주에 들어가야 하는 것일까?' 등과 같은 고민이 있어야 하며, 도시와 농촌으로만 구분한 것이 옳지 않다면 다른 분류를 채택해야 할 것이다.

다음으로 두 변인 간의 관계 해석에도 주의를 기울여야 한다. 위 예의 경우 지역에 따라 영어 과외 여부가 차이가 있는 것으로 나타났다. 하지만 실제 현상은 학생 가정의 경제적 수준에 따라 영어 과외 여부에 차이가 생겼을 수 있으며, 또는 부모의 학력 수준이나 부모의 영어에 대한 중요성 인식의 차이 등이 영향을 미쳤을 수도 있다. 따라서 교차 분석의 결과 해석에 있어서 이러한 다양한 변수들에 대한 고려가 모두 이루어졌을 경우 실제 현상에 대해 보다 정확한 그림을 얻을 수 있을 것이다.

5.8 교차 분석의 실례

김장규와 윤지여(2002)의 연구를 예로 하여 교차 분석을 사용한 연구의 절차와 방법을 설명하고자 한다. 참고로 이 연구는 대응표본 t-검정(paired-sample t-test)과 교차 분석의 두 가지 통계 기법을 사용하고 있는데, 여기에서는 교차 분석을 사용한 항목 중 몇몇 항목만을 선택하여 다루려고 한다.

1) 연구의 목적

이 연구의 목적은 학생용 CD-ROM 타이틀의 효율적 활용에 관한 시사점과 교사용 CD-ROM 타이틀을 효과적으로 활용할 수 있는 방안을 모색하는 것이다.

2) 연구절차 및 내용

연구의 목적을 달성하기 위하여 조사 대상을 대도시(특별시와 광역시), 중소도시(시 지역), 읍·면 지역(군 지역)으로 유층화하여 유층별로 군집 표집한 설문지를 배부하였다. 조사 대상은 학생 420명, 교사 180명이었으며, 설문의 내용은 다음과 같은 내용을 중심으로 구성되었다.

① 학생들에게 교과서와 함께 나온 학생용 CD-ROM 타이틀을 가지게 된 이유를 먼저 알아보고, 사용 장소, 사용 빈도, 학습 시간을 알아보았다. 그리고 학생용 CD-ROM 타이틀을 주로 사용하는 영역과 가장 흥미로운 영역을 알아보았다.

② 교사에게는 교사용 CD-ROM 타이틀의 사용 여부, 사용 시간과 의존도, 편리성, 학생들의 흥미 유발 여부, 교수 활동과 영어학습의 도움 여부를 알아보고 주로 사용하는 영역도 알아보았다.

3) 분석 방법

학생들에게는 학생용 CD-ROM 타이틀을 가지게 된 이유, 사용 장소, 사용 빈도, 학습 시간, 학생용 CD-ROM 타이틀에서 주로 사용하는 영역, 가장 흥미로운 영역을 지역, 학년, 성별에 따라 교차 분석하여 알아보았다. 한편 교사에게는 교사용 CD-ROM 타이틀 사용 여부, 사용 시간과 의존도를 지역, 학년, 성별로 교차 분석을 실시하였다.

4) 결과 분석

결과 분석 부분에서는 교차 분석을 실시한 영역 중 지역별로 학생용

CD-ROM 타이틀을 가지게 된 이유와 교사용 CD-ROM 타이틀의 의존도 부분을 예로 들어 설명하고자 한다.

먼저 학생용 CD-ROM 타이틀을 선택한 이유를 교차 분석한 결과, 〈표 5-8〉과 같이 지역별로 통계적으로 유의한 차이를 보였다. 대도시는 학습자 본인이 원해서 CD-ROM 타이틀을 가진 비율이 86.4%로 가장 높았고, 중소도시에서는 선생님이 나누어 주셔서 가지게 된 비율이 91.4%로 가장 높았다. 그리고 읍·면 지역에서도 선생님이 나누어 주셔서 가지게 되었다는 응답이 69.0%로 나왔다. 따라서 대도시에서는 학습자가 원해서 CD-ROM 타이틀을 가지게 되었지만, 중소도시와 읍·면 지역은 학습자가 원해서 선택했다기보다는 학교에서 선정한 자료를 학생들에게 배부한 경우가 많았다는 것을 알 수 있다.

다음으로 교사용 CD-ROM 타이틀의 의존도를 알아본 결과 〈표 5-9〉와 같이 지역에 따른 구분에서 통계적으로 유의한 차이를 보였다. 대도시에서는 의존도가 보통이라고 응답한 비율이 45.5%로 가

표 5-8 지역별 학생용 CD-ROM 타이틀을 가진 이유 (김장규와 윤지여, 2002)

		내가 원해서	선생님이 나누어 주셔서	부모님이 선택하라고 하셔서	전체
대도시	빈도	51	8	-	59
	지역 내 %	86.4	13.6	-	100.0
중소도시	빈도	9	138	4	151
	지역 내 %	6.0	91.4	2.6	100.0
읍·면지역	빈도	6	10	-	16
	지역 내 %	37.5	62.5	-	100.0
전체	빈도	66	156	4	226
	지역 내 %	29.2	69.0	1.8	100.0
$x^2 = 133.822$ 자유도= 4 유의도= .000					

표 5-9 지역별 교사용 CD-ROM 타이틀의 의존도 (김장규와 윤지여, 2002)

		매우 낮다	보통 이다	높은 편이다	매우 높다	수업 내용이나 차시에 따라 다르다	전체
대도시	빈도	1	20	14	2	7	44
	지역 내 %	2.3	45.5	31.8	4.5	15.9	100.0
	항목 내 %	33.3	52.6	21.5	11.1	50.0	31.7
중소도시	빈도	3	17	33	13	5	71
	지역 내 %	4.2	23.9	46.5	18.3	7.0	100.0
	항목 내 %	66.7	44.7	50.8	72.2	35.7	51.1
읍·면지역	빈도	-	1	18	3	2	24
	지역 내 %	-	4.2	75.0	12.5	8.3	100.0
	항목 내 %	-	2.6	27.7	16.7	14.3	17.3
전체	빈도	4	38	65	18	14	139
	전체 %	2.9	27.3	46.8	12.9	10.1	100.0
$x^2 = 133.822$ 자유도=4 유의도=.000							

장 높았고, 중소도시에서는 46.5%가 의존도가 높은 편이라고 응답하였으며, 읍 · 면 지역에서는 75%가 의존도가 높은 편이라고 응답하였다. 그리고 전체적으로 수업 시간에 교사용 CD-ROM 타이틀을 의존하는 비율이 69.7%로 나타났다. 즉 지역 간 비교를 통하여 대도시 지역보다는 읍 · 면 지역의 교사들이 교사용 CD-ROM 타이틀을 의존한 교수 · 학습 활동을 많이 전개하고 있음을 알 수 있었다.

교차분석을 활용한 또 다른 연구로는 김미자(2001)의 연구가 있다. 이 연구에서는 6차 고등학교 영어과 교육과정의 고등학교 공통영어 교과서와 6차 교육과정이 적용된 1999년부터 2001년까지의 3년간 수능 외국어(영어) 영역의 문항유형을 분석하여 교차분석을 통해 비교하였다. 본 연구에서는 듣기, 읽기, 말하기, 쓰기의 네 가지 언어기능 중에서, 수능에서 간접 측정되는 표현기능은 제외하고 이해기능을 내용영역(듣기와 읽기)과 이해수준에 따른 행동영역(찾기, 재구성, 추론, 평가, 개별반응)으로 분류하여 교과서와 수능에서의 문항유형을 비교・분석하였다.

분석 대상은 1992년 10월에 공표된 6차 교육과정에 의거 검정에 합격한 고등학교 영어 교과서 18종 중 5종(지학사-이맹성 외, 중앙교육-배두본 외, 시사영어사-민재식 외, 교학사-심명호 외, 금성출판사-전상범 외)의 공동영어 이해기능 문항들과, 6차 교육과정이 적용된 1999년부터 2001년까지의 최근 3년간 수능의 외국어(영어)영역 문항들이다. 수능의 경우 표현 기능이 간접적으로 측정되고 있기 때문에 엄밀한 의미에서 이해기능을 측정하는 것으로 판단하여 모든 문항을 분석 대상으로 하였다.

본 연구에서는 이해기능 문항유형 비교, 듣기와 읽기 기능별 문항유형 비교, 세부영역별 문항유형 비교 등이 이루어졌는데, 여기에서는 이해기능 문항유형 비교와 듣기 및 읽기 기능별 문항유형 비교 부분을 이용해 교차분석의 실례를 살펴보도록 한다.

먼저 이해기능의 문항유형을 비교해보면, 수능과 교과서의 이해기능 문항이 이해수준(찾기, 재구성, 추론, 평가, 개별반응)에 따라 어떻게 분포되어 있는가를 살펴본 결과 〈표 5-10〉에서처럼 수능과 교과서 간에 통계적으로 유의한 차이가 있었다($x^2 = 199.96$, $p < .01$). 즉, 교과서와 수능이 강조하는 이해도 수준이 서로 다르게 나타난 것으로, 교과서의 문항은 찾기를 강조하는 반면, 수능의 이해기능 문항은 이해수준에 있어 그보다 높은 단계인 추론을 강조하고 있다.

이를 구체적으로 살펴보면 교과서의 경우 분석대상 1,690개 문항 중에서 찾기가 71.01%, 추론이 26.57%이며 나머지 재구성, 평가, 개별반응 문항의 비중이 매우 적은 반면, 수능의 경우 찾기에 해당하는 문항은 21.25%에 불과하고, 대신 추론에 해당하는 문항이 76.88%

표 5-10 수능과 교과서의 이해기능 문항유형 비교 (김미자, 2001; p. 359)

( ) : %

	수능	교과서	합계
찾기	34 (21.25)	1200 (71.01)	1234 (66.70)
재구성	3 (1.88)	1 (0.06)	4 (0.22)
추론	123 (76.88)	449 (26.57)	572 (30.92)
평가	0 (0.00)	5 (0.30)	5 (0.27)
개별반응	0 (0.00)	35 (2.07)	35 (1.89)
합계	160 (8.65)	1690 (91.35)	1850 (0.00)

($x^2 = 199.96,\ p < .01$)

표 5-11 수능과 교과서의 듣기 문항유형 비교 (김미자, 2001; p. 359)

( ) : %

	수능	교과서	합계
찾기	22 (43.14)	513 (94.48)	535 (90.07)
재구성	3 (5.88)	0 (0.00)	3 (0.51)
추론	26 (50.98)	30 (5.52)	56 (9.43)
평가	0 (0.00)	0 (0.00)	0 (0.00)
개별반응	0 (0.00)	0 (0.00)	0 (0.00)
합계	51 (8.59)	543 (91.41)	594 (100.0)

($x^2 = 147.76,\ p < .01$)

를 차지하여 대학수학능력시험은 단순한 기억력이나 암기력 평가를 지양하고 사고력을 평가하도록 출제한다는 원칙을 반영한 것으로 나타났다.

다음으로 듣기 영역의 문항유형을 비교해 본 결과 〈표 5-11〉에서 알 수 있는 것처럼 수능의 경우 찾기와 추론이 43.14%와 50.98%로 그다지 큰 차이를 보이지 않는데 반해, 교과서에서는 찾기 94.48%, 추론 5.52%로 찾기가 훨씬 많아서 수능보다 상대적으로 2배 이상 많은 비율을 차지했다($x^2 = 147.76,\ p < .01$).

표 5-12 수능과 교과서의 읽기 문항유형 비교 (김미자, 2001; p. 360)

( ) : %

	수능	교과서	합계
찾기	12 (11.01)	687 (59.90)	699 (55.65)
재구성	0 (0.00)	1 (0.09)	1 (0.08)
추론	97 (88.99)	419 (36.53)	516 (41.08)
평가	0 (0.00)	5 (0.44)	5 (0.40)
개별반응	0 (0.00)	35 (3.05)	35 (2.79)
합계	109 (8.68)	1147 (91.32)	1256 (100.00)

($x^2 = 113.32$, $p < .01$)

마지막으로 읽기 문항유형을 비교 · 분석한 〈표 5-12〉를 참고하면, 교과서의 경우 찾기 유형이 59.90%를, 추론을 묻는 문항이 36.53%였다. 반면 수능의 경우는 약 90%가 추론을 묻는 문항이었으며, 찾기에 해당되는 문항은 11.01%에 불과했다. 이러한 차이는 통계적으로도 유의하여, 수능과 교과서 간에는 읽기의 이해도 수준에서도 큰 차이가 있는 것으로 나타났다($x^2 = 113.32$, $p < .01$).

5.9 다중 응답 분석의 개요

지금까지 설문과 실험 등의 방법으로 수집한 자료가 명목 척도일 경우 수집한 자료가 어떠한 분포를 지니고 있는지 파악하는 데 사용하는 분석 방법인 빈도 분석과 교차 분석에 대해 살펴보았다. 하지만 특히 설문을 작성할 때 "자신이 선호하는 영어 학습 교재의 유형을 모두 고르시오"와 같은 문항과 같이 하나의 문항에 대하여 두 개 이상의 응답을 요구하는 경우가 종종 있다. 이러한 문항 유형에는 빈도 분석의 일종이라고 할 수 있는 별도의 처리 방법, 즉 다중 응답 분석

(multiple responses)을 사용해야 한다.

다중 응답 분석은 설문의 제작이나 자료의 처리, 결과의 해석, 유의점 등과 같은 일반적인 절차는 빈도 분석에서 언급한 내용이 그대로 적용된다. 하지만 통계 자료의 입력과 통계 처리를 위한 변수군 정의의 과정, 다시 말해 통계 처리 프로그램에서의 처리 방법에 있어 다소간의 차이가 있다.

다중 응답을 SPSS 프로그램을 통해 분석하기 위해서는 다중 이분법(multiple dichotomy method)과 다중 응답법(multiple response method)의 두 가지 방법이 있다. 두 방법 중 어떠한 방법을 사용하던지 간에 생성되는 결과는 동일하지만, 코딩 방법에 있어 차이가 있다. 그럼 여기에서는 다중 이분법과 다중 응답법을 기초로 한 다중 응답 분석 방법을 살펴보도록 하자.

5.10 SPSS를 이용한 다중 응답 분석

1) 다중 이분법을 이용한 분석

① 먼저 SPSS에서 다중 이분법을 사용해 자료를 코딩해야 한다. 이해를 돕기 위해 다음과 같은 문항이 제시되었다고 가정해 보자.

> 1. 다음에 제시된 영어 기능 중 본인이 자신 있는 항목을 모두 고르시오.
>
> (1) 듣기 (2) 말하기
>
> (3) 읽기 (4) 쓰기

다음으로 위 설문의 결과로 세 명의 설문 응답자가 다음과 같이 답하였다고 가정해 보자.

- 응답자 1 : (1) 듣기, (3) 읽기
- 응답자 2 : (2) 말하기
- 응답자 3 : (1) 듣기, (2) 말하기, (3) 읽기, (4) 쓰기

위와 같이 응답 결과가 나왔을 경우, SPSS에서 최대 응답 개수인 4개의 변수를 지정하고(그림 5-2), 각 보기에 응답한 경우는 ‘1’로, 응답하지 않은 경우는 ‘0’으로 코딩한다. 이러한 방법을 적용해 보면 응답자 1은 ‘1010’, 응답자 2는 ‘0100’, 응답자 3은 ‘1111’로 코딩해야 할 것이다. 그 결과는 〈그림 5-3〉과 같다.

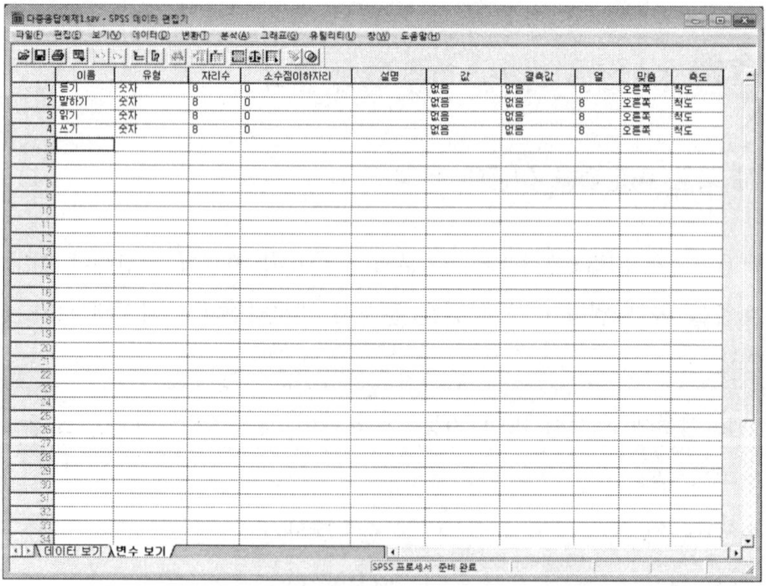

그림 5-2 다중 응답 분석을 위한 변수 지정

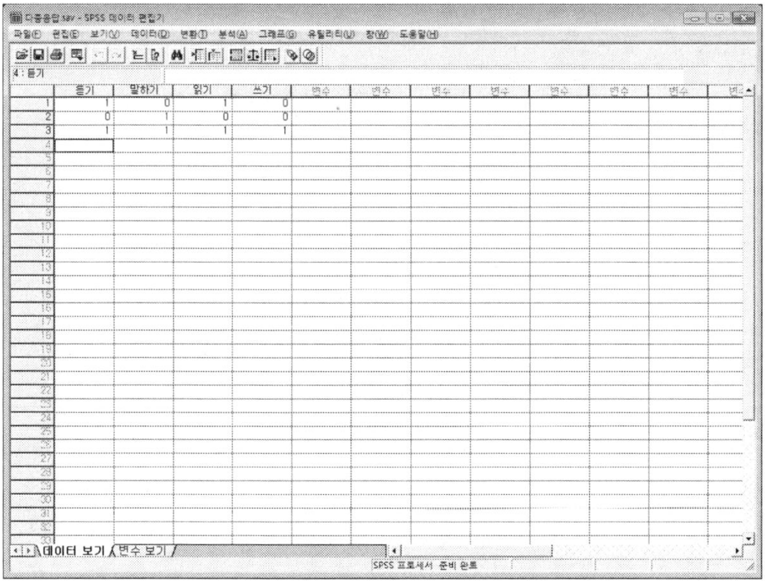

그림 5-3 다중 응답 분석을 위한 자료 입력

② 코딩이 다 이루어졌으면, 다음 단계로서 다중 응답에 사용할 변수군을 지정해 주어야 한다. 다시 말해 문항 하나에 4개의 변인을 사용했으므로, 4개의 변인을 하나의 변수군으로 묶어 주어야 SPSS 프로그램에서 하나의 변수로 인식해 처리할 수 있게 된다. 이를 위해 〈그림 5-4〉처럼 SPSS의 메뉴에서 '분석 → 다중응답 → 변수군 정의 …'를 선택한다.

③ 등장하는 대화상자에서 우선 좌측 상단에 위치한 '변수군'에 위치한 변수 중 다중 응답 변수군에 추가시킬 변인들을 모두 선택한다. 다음으로 '▶' 버튼을 클릭하여 선택한 변인들을 우측의 '변수군에 포함된 변수'로 이동시킨다. 다음으로 '변수들의 코딩형식'은 다중 응답 코딩 방법을 묻는 부분으로 현재는 다중 이분법으로 코딩했기 때문에 '이분형'을 선택하고, '빈도화 값'란에는 '1'을 입력한다. 이는 앞에서 언급한 것처럼 해당 영어 기능에 자신이 있다고 응답했

그림 5-4 변수군 설정 메뉴 선택

을 경우 '1'이라고 입력했기 때문이다. 마지막으로 맨 아래에 '이름'에는 적절한 변인명을, '설명'에는 본인이 확인할 수 있는 적절한 명칭을 입력한다.

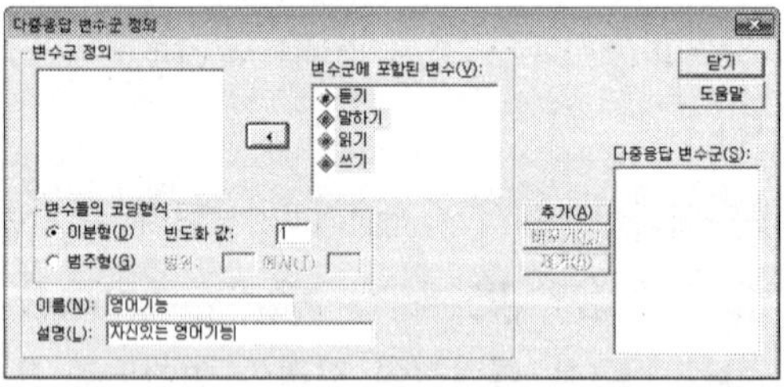

그림 5-5 다중 응답 변인 생성 화면

④ 위의 절차를 다 마쳤으면 우측 중앙에 위치한 '추가' 버튼을 클릭해 다중 응답 변인을 생성시킨다. 지금까지의 절차에 이상이 없

을 경우 대화 상자 우측의 '다중응답 변수군'에 새로운 다중 응답 변수군(변수 이름 앞에 $가 있음)이 생성되었을 것이다.

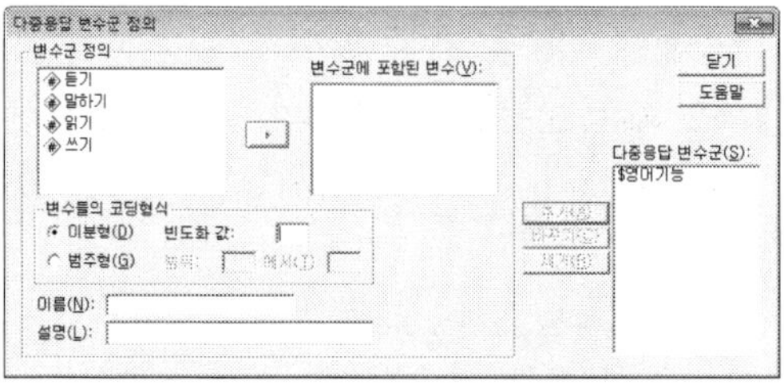

그림 5-6 다중 응답 변인의 생성

⑤ 이제 다중 응답 변수군이 만들어졌기 때문에 분석을 위한 준비가 모두 끝났다. 다시 한 번 상단 메뉴에서 '분석 → 다중응답'을 선택해면 〈그림 5-4〉와는 달리 '빈도 분석'과 '교차 분석'이 활성화되

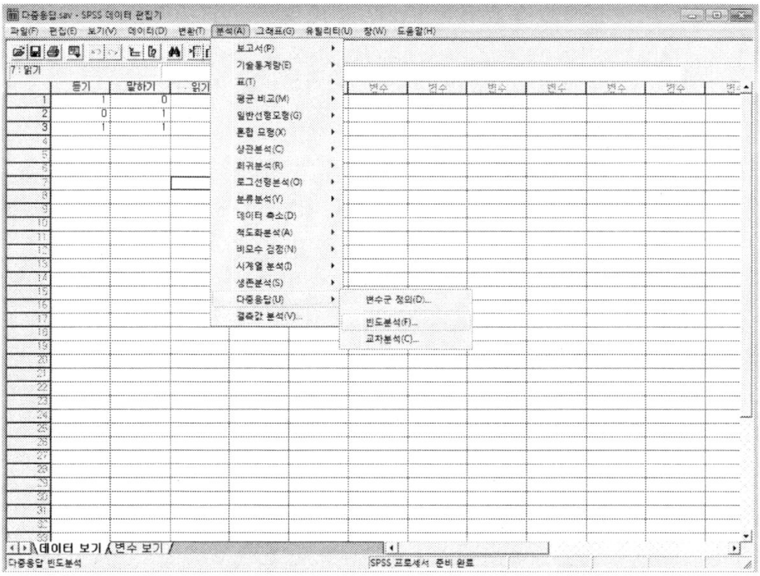

그림 5-7 다중 응답 변수군 설정 후 메뉴 선택 화면

어 있을 것이다. 바로 이 부분에서 '빈도 분석'을 선택하면 빈도 분석, '교차 분석'을 선택하면 다중 응답 변수군을 분석할 수 있다. 지금은 '빈도 분석'를 선택해 빈도 분석을 실시해 보자.

⑥ 좌측 '다중응답 변수군'에서 앞서 생성한 다중 응답 변수군을 선택한 후 '▶'을 클릭해 해당 변수군을 우측 '표작성 응답군'으로 이동시킨다. 이제 '확인' 버튼을 누르면 빈도 분석이 실시된다.

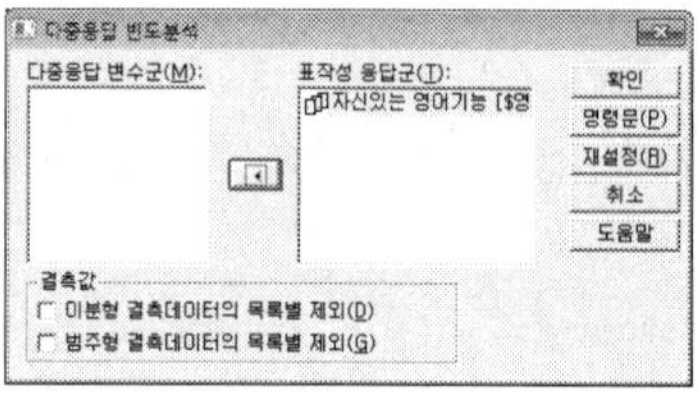

그림 5-8 다중 응답 변수군에 대한 빈도 분석

⑦ 다음과 같이 다중 응답 분석 결과가 'Output' 창에 제시된다.

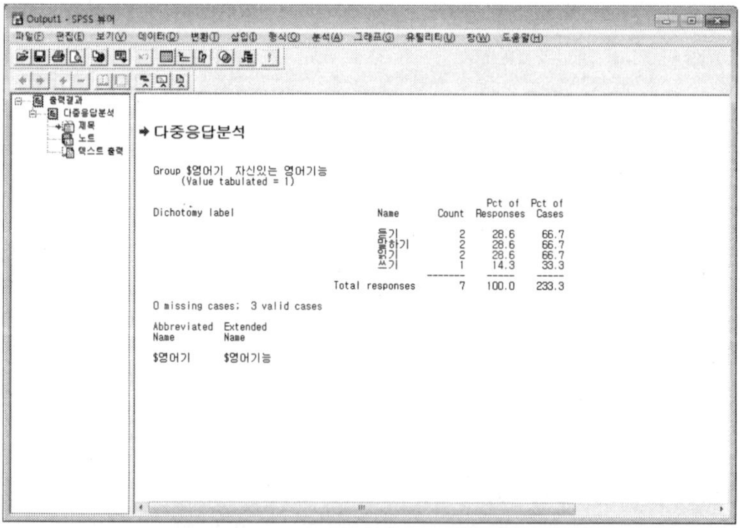

그림 5-9 다중 응답 분석 결과 화면

⑧ 'Output' 창에 나온 결과들을 표로 만들어 제시한다.

표 5-13 다중 응답 빈도 분석 결과

N = 4

	듣기	말하기	읽기	쓰기	합계
빈도	2	2	2	1	7
응답 중 비율	28.6%	28.6%	28.6%	14.3%	100.0%
응답자 중 비율	66.7%	66.7%	66.7%	33.3%	233.3%

2) 다중 응답법을 이용한 분석

① 다중 응답법은 다중 이분법과 비교해 코딩 방법에는 차이가 있지만 그 결과는 동일하다. 먼저 위에서 예로 들었던 동일한 문항과 결과가 있다고 가정해 보자.

1. 다음에 제시된 영어 기능 중 본인이 자신 있는 항목을 모두 고르시오.

(1) 듣기　　(2) 말하기

(3) 읽기　　(4) 쓰기

- 응답자 1 : (1) 듣기, (3) 읽기
- 응답자 2 : (2) 말하기
- 응답자 3 : (1) 듣기, (2) 말하기, (3) 읽기, (4) 쓰기

다중 응답법에서도 위 문항의 최대 응답 개수인 4개의 변수를 지정하는 절차는 동일하다. 하지만 각 보기에 응답 결과에 따라 '0'과

‘1’로 코딩했던 이분법과는 달리, 다중 응답법에서는 응답 결과를 그대로 각 셀에 입력한다. 따라서 응답자 1은 ‘13’, 응답자 2는 ‘2’, 응답자 3의 결과는 ‘1234’로 코딩한다. 이처럼 응답 개수가 4개 미만인 경우에 남는 셀은 공란으로 남겨둔다. 그 결과는 〈그림 5-10〉과 같다.

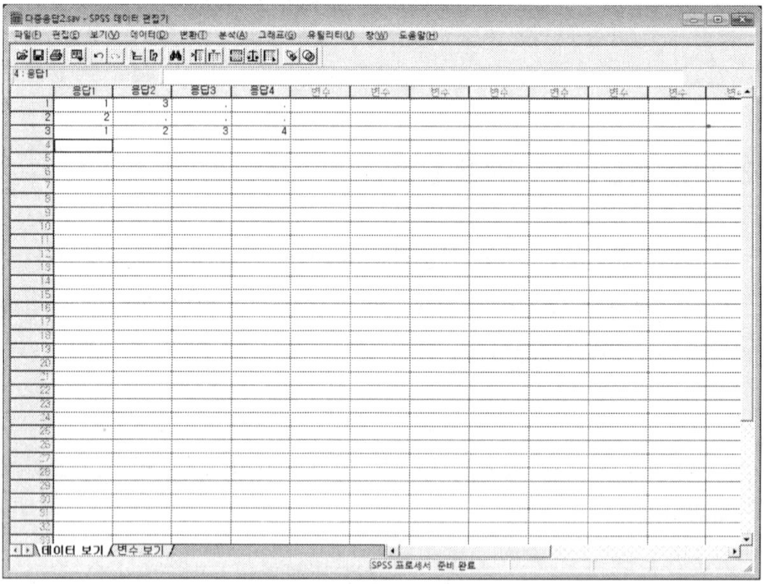

그림 5-10 다중 응답법을 통한 응답 결과 입력

② 결과 입력을 마쳤으면 다중 응답 변수군을 생성하기 위해 ‘분석 → 다중 응답 → 변수군 정의’를 선택한다.

③ 대화상자에서 우선 좌측 상단에 위치한 ‘변수군 정의'에 위치한 변수 중 다중 응답 변수군에 추가시킬 변인들을 모두 선택한 후, ‘▶’ 버튼을 클릭하여 선택한 변인들을 우측의 ‘변수군에 포함된 변수’로 이동시키는 과정까지는 다중 이분법의 절차와 동일하다. 차이가 있는 부분은 ‘변수들의 코딩형식’에서 다중 이분법에서 선택했던 ‘이분법’

그림 5-11 다중 응답 변수군 설정 후 메뉴 선택 화면

이 아니라 '범주형'을 선택한다. 바로 옆에 '범위: ( ) 에서 ( )'는 응답값의 범위를 묻는 부분으로, 문항의 보기가 (1)번에서 (4)번까지이므로 앞의 칸에는 '1', 뒤의 칸에는 '4'를 입력한다. 만약 선택할 수 있는 보기가 7번까지 있다면 1에서 7로 입력하면 될 것이다. 마지막으로 맨 아래에 '이름'에는 적절한 변인명을, '설명'에는 본인이 확인할 수 있는 적절한 명칭을 입력한다.

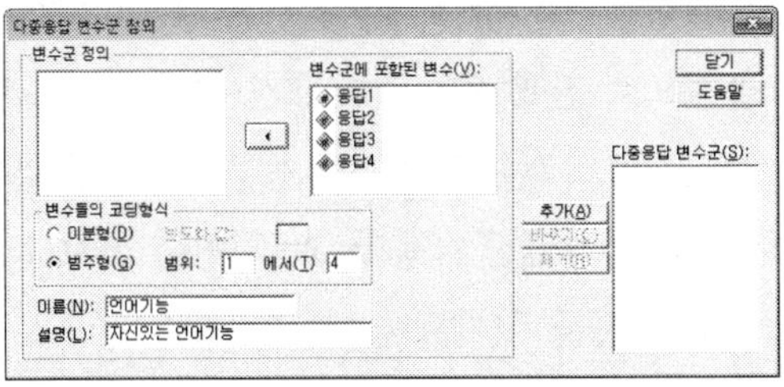

그림 5-12 다중 응답 변인 생성 화면

④ 위의 절차를 다 마쳤으면 'Add' 버튼을 눌러 다중 응답 변수군을 생성한다.

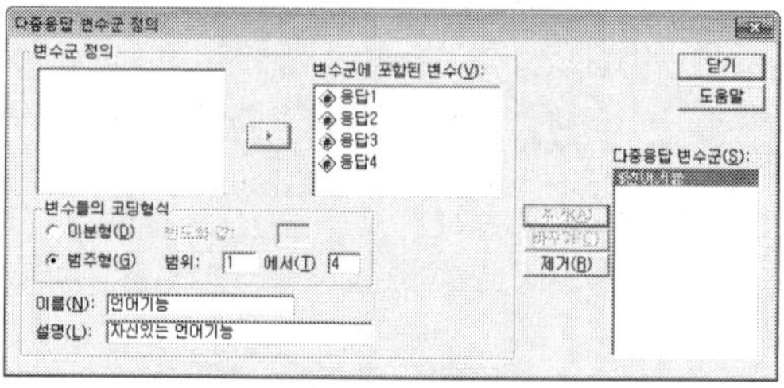

그림 5-13 다중 응답 변인의 생성

⑤ 이하 절차는 다중 이분법과 동일하다. 즉 다중 이분법과 다중 응답법은 자료의 입력 방법이 가장 큰 차이이며, 다중 응답 변수군 생성 과정에서 'Dichotomies'와 'Categories' 중 어느 방법을 선택하는가에서 차이를 보이며, 나머지 분석 과정은 동일하다.

5.11 다중 응답 분석의 실례

다중 응답 분석은 자료의 코딩 방법을 제외하고는 실행 과정과 해석 방법이 빈도 분석과 교차 분석과 동일하다. 여기에서는 이충현과 한종임(2000)의 연구를 예로 하여, 다중 응답 분석을 사용한 연구의 절차와 방법을 설명하고자 한다. 이 연구는 멀티미디어 활용 영어교육을 보다 효율적으로 진행하기 위한 교사 연수 프로그램 모형을 개발하기 위한 논문으로, 교원 연수에 참여한 교사들을 대상으로 컴퓨터 및 인터넷 활용에 관련된 내용과 교원 연수 프로그램에 대한 요구에 대하여 설문 조사를 실시하여 그 결과를 바탕으로 바람직한 교사 연수 모형을 개발하였다. 여기에서는 교사 설문 문항 중에서 다중 응답 분석을 사용한 문항을 예로서 살펴본다.

1) 연구 대상

1999년 10월 이화여자대학교 영어교육과가 주최한 멀티미디어 영어교육 워크샵과 2001년 1월 서울특별시 교원 연수원의 컴퓨터 및 인터넷 활용 연수 프로그램에 참여한 서울 소재의 중·고등학교 교사 101명을 대상으로 설문 조사를 실시하였다.

2) 자료 수집 절차 및 자료 분석

본 연구를 위해 제작된 설문지는 1999년 10월과 2000년 1월에 실시된 두 차례의 교사 연수 마지막 시간에 배포한 후 결과를 수집하였다. 전체 설문 대상자는 106명이었으며, 총 101명의 설문 결과를 회수하여 분석하였다.

설문지로 얻어진 자료는 SPSS를 사용하여 빈도 분석을 실행하였고, 성별 또는 교사 경력에 따라 의견에 차이가 있는지를 조사해보기 위해 변인에 따라 Chi-Square 혹은 Kendall's tau를 사용하여 유의도 검증을 실시하였다.

3) 결과 및 논의

학교 수업 현장에서 컴퓨터 및 인터넷을 활용하기 원하는 이유를 묻는 설문 문항에 대한 결과를 다중 응답 분석하였고, 그 결과는 〈표 5-14〉와 같다.

즉, 교사들은 멀티미디어나 인터넷을 영어교육에서 활용하기 원하는 이유로 (1) 21세기 정보화 시대의 사회적 요구에 부응하는 필수

표 5-14 멀티미디어를 활용한 영어교육을 실시하기 원하는 이유

(이충현과 한종임, 2000; p. 173)

순위	멀티미디어를 활용한 영어교육을 실시하기 원하는 이유
1	정보화 시대에 필수적이라 생각되기 때문에
2	언어 교수를 비교적 쉽게 해 주기 때문에
3	다양하고 풍부한 연습 기회를 제공하기 때문에
4	실제 생활에서 쓰이는 영어를 제공하기 때문에
5	교실에 영어가 씌는 실제 상황을 끌어들일 수 있기 때문에
6	학생들의 네 가지 언어 기능 향상에 도움이 되기 때문에

적 교수 · 학습 매체로 인식하고 있으며, (2) 학교 현장에서 멀티미디어를 활용함으로써 영어 교수를 쉽게 해줄 뿐 아니라, (3) 현행의 교사 중심 교육에서 벗어나서 학생들 개개인의 수준에 맞는 다양하고 풍부한 학습 기회를 제공하고, (4) 실제 생활에서 쓰이는 영어 자료(authentic materials)를 제공하며, (5) 학교 교실 상황에 영어가 쓰이는 실제 상황을 도입할 수 있으며, (6) 멀티미디어라는 매체를 활용하여 학생들에게 유의미한 의사소통 활동을 할 수 있는 기회를 제공함으로써 네 가지 언어 기능을 효과적으로 신장시킬 수 있기 때문이라고 응답하였다. 따라서 이러한 교사와 학습자의 기대치를 충족시킴과 동시에 멀티미디어를 활용한 영어교육의 학습 효과를 최대한 살릴 수 있는 방향으로 멀티미디어 소프트웨어가 개발되고 교사 연수 프로그램 내용이 구성되어야 할 것이다.

6. 평균 차이의 분석

이번 장에서는 평균 차이를 분석하는 다양한 통계 기법에 대해 살펴보고자 한다. 앞서 살펴보았던 빈도의 분석은 주로 명목척도를 분석할 때 사용되지만, 평균의 비교는 등간척도 또는 비율척도를 처리할 때 사용되는 방법이라는 것을 염두에 두면서 다음 내용을 접하도록 하자.

6.1 평균 차이 분석의 개요

평균 차이 분석은 설문이나 실험 등의 방법을 통하여 수집된 자료들의 평균을 비교하여 처치의 효과가 있었는지 파악하는 분석 방법이라고 할 수 있다. 평균 차이 분석을 할 때 가장 어려운 점은 연구에 가장 적합한 통계 분석 방법이 무엇인지 파악하는 것이다(Crawley, 2007). 통계 분석 방법은 연구자가 대답하려고 하는 연구문제와 자료의 속성에 따라 달라지기 때문에 연구자는 이 점에 유의해야 할 것이다.

보통 통계 분석 방법은 연구와 관련된 집단의 수, 자료(척도)의 종류, 각 집단의 사례 수에 따라 달라진다(Brown, 1988). 평균 차이 분석의 경우, 보통 연구와 관련된 집단을 명목척도로 하고, 연구에서 비교하고자 하는 값(설문결과나 평가 점수 등)을 등간척도로 하여 분석을 하게 된다. 대표적인 평균 차이 분석 방법으로는 t-검정(단일표

표 6-1 일반적인 평균 차이 분석 방법

<table>
<tr><td colspan="2" rowspan="3"></td><td colspan="3">독립변인 (명목척도)</td></tr>
<tr><td colspan="2">독립변인 1개</td><td rowspan="2">독립변인
2개 이상</td></tr>
<tr><td>집단 2개
이하</td><td>집단 3개
이상</td></tr>
<tr><td rowspan="2">종속변인
(등간척도)</td><td>종속변인
1개</td><td>t-검정
(t test)</td><td>일원분산분석
(ANOVA)</td><td>다원분산분석
(two-way ANOVA, etc)</td></tr>
<tr><td>종속변인
2개 이상</td><td colspan="3">다변량분산분석
(MANOVA)</td></tr>
</table>

본 t-검정, 대응표본 t-검정, 독립표본 t-검정), F 검정(일원분산분석, 다원분산분석, 반복 설계, 공변량분산분석, 다변량분산분석 등)이 있다. 이는 집단의 개수, 변인의 개수 등 연구의 설계에 따라 달라진다. 그러므로 연구자는 자신의 연구 설계를 잘 살펴보고 이에 가장 적합한 평균 차이 분석 방법을 선택해야 한다. 〈표 6-1〉은 일반적인 평균 차이 분석 방법을 집단의 개수와 변인의 개수를 기준으로 분류한 것이다.

먼저 t-검정의 경우, 한 집단의 평균과 특정한 값을 비교할 때 단일표본 t-검정을 사용하고, 같은 모집단에서 추출된 두 표본의 평균을 비교하는 경우(같은 모집단의 사전, 사후 평가 결과 등)에는 대응표본 t-검정을 사용한다. 마지막으로 t-검정 방법 중 가장 많이 사용되는 독립표본 t-검정의 경우 다른 모집단에서 추출된 두 표본의 평균을 비교할 때 사용한다.

일원분산분석은 독립표본 t-검정과 기본 가정이 같으나, 집단이 3개 이상일 때 사용한다. 반면 독립변인이 2개 이상일 때는 다원분산분석을 사용한다(2개일 때는 이원분산분석, 3개일 때는 삼원분산분석 등). 마지막으로 다변량분산분석은 종속변인이 2개 이상일 때 사용한다. 이 밖에 공변량분산분석(ANCOVA)은 각 집단의 사전 수준이 동일하지 않을 때 사용하며, 반복 설계(Repeated Measure)는 동일 대상에게 다른 처치를 반복적으로 가한 후 처치 효과를 알아볼 때 사용한다.

6.2 평균 차이 분석 방법의 기본 가정

t-검정이나 일원분산분석, 이원분산분석 등의 일반적인 평균 차이 분석 방법을 수행하기 위해서는 개요에서 밝힌 변인의 종류를 제외하고 지켜야 할 기본 가정들이 있다. 우선 개요부분에서 밝혔듯이 종속변인은 등간척도로서 양적 변수여야 한다. 이를 제외한 기본 가정은 정규분포의 형성과 집단 간의 등분산 여부이다(Larson-Hall, 2010). 이를 충족하지 못할 경우, 비모수통계를 사용하여야 한다. 여기에서는 비모수통계는 다루지 않는다.

1) 정규분포의 형성

정규분포의 형성 정도를 보는 방법은 매우 많으나, 여기에서는 평균 차이 분석 방법을 사용한 연구에서 최소한 제시해야 할 수치화된 데이터와 그림을 설명할 것이다. 불행히도 많은 연구에서 이러한 전제조건을 제시하지 않고 있는데 이는 사실 실험결과의 신빙성을 떨어뜨리는 주된 요인이 된다.

(1) 정규성 검정 (SPSS: 분석 → 기술통계)

SPSS의 분석항목에서 기술통계를 실행하면, 연구자의 자료에 대한 일반적인 기술통계값이 나온다. 이 중에서 정규성 검정표를 살펴보면 정규분포의 정도를 알 수가 있다.

표 6-2 정규성 검정표

	Kolmogorov-Smirnov			Shapiro-Wilk		
	통계	자유도	유의도	통계	자유도	유의도
통제사전	.229	25	.002	.843	25	.001
통제사후	.154	25	.128	.895	25	.015
실험사전	.188	25	.023	.892	25	.012
실험사후	.101	25	.200	.949	25	.238

정규분포의 정도를 나타낸 수치로 Kolmogorov-Smirnov와 Shapiro-Wilk가 있는데 사례 수가 50 이하일 경우, Shapiro-Wilk가 더 강력한 방법으로 알려져 있다(Larson-Hall, 2010). 이 값의 유의도(p)값을 보면, 실험사후 그룹의 경우만 0.05보다 크다는 것을 알 수 있다. 이 값이 0.05보다 크다는 것은 정규분포를 이루고 있음을 의미한다. 하지만 이 값은 설명력이 강하지 않으므로 이 값만 가지고 확실하게 정규분포를 이룬다고 말할 수 없으니 아래의 히스토그램과 왜도 정도를 같이 제시하는 것이 좋다.

(2) 히스토그램 (SPSS: 분석 → 기술통계)

정규성 검정과 마찬가지로 분석의 기술통계를 보면 연구에서 제시된 자료에 대한 히스토그램을 얻을 수 있다. 이 히스토그램에 정규분포선을 삽입해 놓으면 집단이 어느 정도 정규분포를 이루고 있는지 알 수 있다. 그림은 위의 정규성 검정값에 비해 자료의 정규분포 형성 정도를 쉽게 보여줄 수 있는 방법이다. 아래 그림은 히스토그램에 정규분포선을 삽입해 놓은 예시이다.

(3) 왜도 (SPSS: 분석 → 기술통계)

불행히도, 현실적으로 샘플 수가 30 이하일 경우에는 정확히 연구

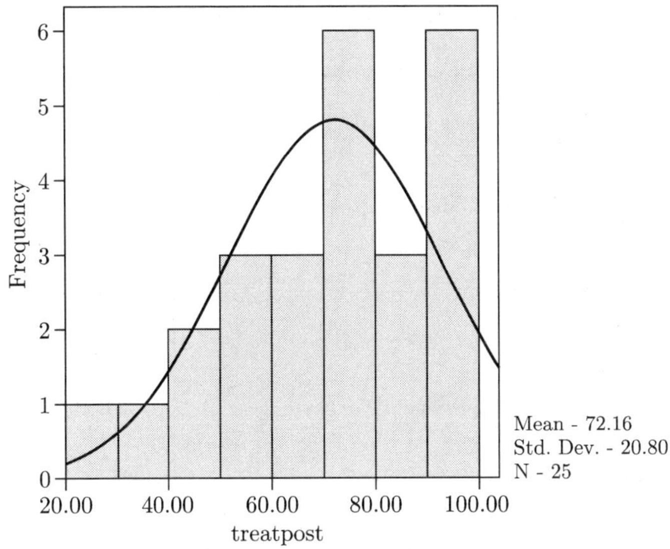

그림 6-1 정규분포선이 삽입된 히스토그램

의 데이터가 정규분포에서 나왔는지 알 수가 없는 경우가 있다. 실제로 샘플수가 적을 경우, 정규분포를 이루기 힘들기 때문이다. 이럴 때 가장 좋은 방법은 자료의 왜도 정도를 보는 것이다. 일반적으로 왜도가 +, −1 이상이면, 정규분포에서 유의하게 떨어져 있다고 볼 수 있고, +, −1 이하이면, 정규분포에서 유의하게 떨어져 있지 않다고 가정할 수 있다.

〈표 6-3〉를 살펴보면, treatpost 그룹의 경우 왜도가 −.446으로 나타나고 있다. 왜도의 값이 +일 경우, 양의(positive) 왜도로서 왼쪽으로 히스토그램이 기울어지게 되며, −일 경우, 음의(negative) 왜도로서 오른쪽으로 기울어지게 된다(꼬리 부분을 기준으로 생각하면 쉽다). 위와 같은 경우, 오른쪽으로 −.446만큼 기울어진 상태로 −1을 넘지 않았으므로 정규분포에서 유의하게 떨어지지 않은 것으로 가정할 수 있다.

표 6-3 왜도 등의 기술통계값이 나타난 표

			Statistic	Std. Error
	Kurtosis		.213	.902
treatpost	Mean		72.1600	4.16000
	95% Confidence Interval for Mean	Lower Bound	63.5742	
		Upper Bound	80.7458	
	5% Trimmed Mean		72.9778	
	Median		76.0000	
	Variance		432.640	
	Std. Deviation		20.80000	
	Minimum		28.00	
	Maximum		100.00	
	Range		72.00	
	Interquartile Range		34.00	
	Skewness		-.446	.464
	Kurtosis		-.542	.902

결론적으로, 위의 Shapiro-Wilk 또는 Kolmogorov-Smirnov값과 히스토그램의 정규분포 그림을 제시하여 정규분포가 이루어져 있음을 보이는 것이 맞으나, 사례 수가 적을 경우, 실제 수집된 데이터는 정규분포를 이루기가 현실적으로 어려울 수 있으므로, 왜도를 통해 정규분포를 가정할 수 있다. 이 밖에도 데이터를 변형시켜 정규분포를 이루도록 하는 방법도 있으나 여기에서는 생략하도록 한다.

2) 등분산 여부

등분산 여부도 많은 방법으로 알 수 있지만, 정규분포와 마찬가지로 최소한 제시해야 할 것으로 여겨지는 표준편차값과 박스 그래프, 그리고 가장 많이 사용되고 있는 Levene의 검정값 결과를 설명하도록 하겠다.

(1) 표준 편차의 제시 (SPSS: 분석 → 기술통계)

등분산 여부를 판단하는 가장 간단한 방법은 직접 그룹별 표준 편차를 확인해서 비슷하거나 같으면 동질하다고 보는 것이다. 이때 평균은 샘플링 할 때의 에러(통계에서의 에러는 설명할 수 없다는 것을 의미)만큼 집단 간 다를 수 있으나 표준 편차가 다르면 동질하다고 보기가 힘들다. 동질하다는 의미는 같은 모집단으로부터 왔다는 의미로, 에러만큼 평균은 달라질 수 있으나 분포를 이루는 모양을 나타내는 표준 편차는 현재 통계에서 동질성을 나타내는 거의 유일한 방법으로 사용되고 있다. 그러므로 사전 평가 결과에서 평균 차이가 통계적으로 유의하지 않게 나왔다고 해서 집단 간 동질성이 확보되는 것이 아니라, 표준 편차로 동질성 여부, 즉 등분산 여부를 판단해야 함을 기억해야 할 것이다. 표준편차값도 기술통계값이므로, SPSS의 기술통계에서 확인할 수 있다.

(2) 박스 그래프 (SPSS: 그래프 → 박스 그래프)

등분산 여부를 보기 위해 분산이 같음을 확인하고자 할 때, 보통 박스 그래프를 많이 본다. 박스 그래프의 길이가 비슷할수록 분산이 동일하다고 가정한다. 연구에서 얻어진 자료의 박스 그래프를 보기 위해서는 SPSS에서 그래프의 박스 그래프를 설정하면 된다. 표준편차값이 같음을 직접 제시하는 것이 가장 강력한 방법이지만, 이와 같이 그림을 같이 제시하는 것도 좋다. 〈그림 6-2〉은 박스 그래프의 한 예시이다.

(3) Levene의 검정 (SPSS: 평균차이 분석 시 자동으로 제시됨)

Levene의 검정값은 등분산 여부를 나타내는 값으로, 정규분포의 여부를 알아보기 위한 Kolmogorov-Smirnov, Shapiro-Wilk의 값과 마찬가지로 유의도(p)값이 0.05보다 클 경우, '분산이 같다'라는 영가설을 수락하게 되므로 분산이 동질하다고 가정한다.

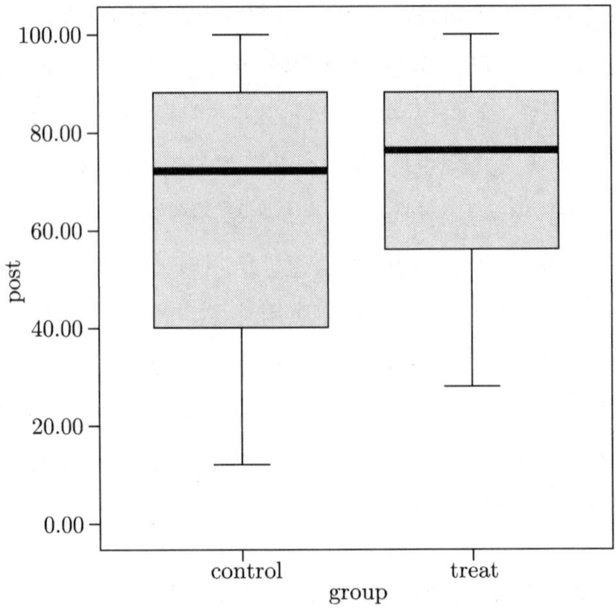

그림 6-2 박스 그래프

표 6-4 Levene의 등분산 검정

F	df1	df2	Sig.
.277	2	90	.759

위의 표에 나타난 Levene의 값을 살펴보면, 유의도(p)값이 0.05보다 크므로, 등분산을 가정할 수 있다. 하지만, Levene의 값은 만약에 샘플의 수가 적을 경우에는 변량의 차이가 크더라도 문제가 없다고 볼 수 있으며, 반면 샘플의 수가 많을 경우에는 변량의 작은 차이에도 문제가 있다고 볼 수 있는 한계가 있으므로(Clark-Carter, 2005), 위에서 밝힌 박스 그래프와 표준편차값을 같이 사용하여 등분산 여부를 확인하는 것이 좋다.

6.3 t-검정

t-검정의 기본 가정은 다음과 같다:

1. 종속변수는 양적 변수이어야 한다. (등간척도)
2. 자료가 독립적이어야 한다. (자료의 독립성)
3. 모집단의 분포가 정규분포를 이루고 있어야 한다. (정규분포 가정)
4. 모집단들의 분산이 동일해야 한다. (등분산 가정)

1번 가정인 '종속변수는 양적 변수이어야 한다'는 앞에서 설명한 대로, 종속변인이 등간척도이어야 함을 의미한다. 2번 가정인 자료의 독립성은 각 집단별로 실험에 참여한 학생들이 다르다는 것을 의미한다. 만약, 같은 학생들이 두 개 이상의 시험을 받았을 경우(같은 집단에게 사전, 사후 검사를 본 경우 등)에는 산출된 점수가 비독립적이므로 2번 가정을 위배하는 것이다. 이때는 특별히 변형된 통계 기법을 써야 한다. t-검정의 경우, 같은 집단에게 사전, 사후 검사를 실시했을 때(자료의 독립성을 위배했을 때) 대응표본 t-검정을 사용해야 한다. 3번 가정인 정규분포 가정을 충족시키지 못하면 비모수통계를 사용하거나, 자료를 변형시키는 등의 방법을 사용해야 하나 여기에서는 다루지 않는다. 참고로 중심극한 정리에 의하면, 정규분포를 이루기 위해서는 t-검정의 사례 수가 최소 30개 이상이어야 한다. 물론 30 이하의 사례 수를 가지고도 t-검정을 하는 경우도 있으나 이론상 30개 이상의 표본을 필요로 한다. 4번 가정인 등분산 가정을 충족시키지 못할 경우에는 두 독립표본 t-검정 대신에 Welch-Aspin 검정을 사용하여야 한다. 다행히도, Welch-Aspin검정의 경우 SPSS에서 제시해 주기 때에 t-검정을 실시한 후 이 값을 제시하면 된다. (결과표에서 등분산이 가정되지 않을 경우를 읽음)

1) 단일표본 t-검정 (SPSS: 분석 → 평균 비교 → 단일표본 T-검정)

단일표본 t-검정은 모집단에서 추출된 표본의 평균과 연구자가 이론적 배경이나 경험적 배경에 의하여 설정한 특정한 수를 비교하는 방법이다. 예를 들어, 어떤 연구자가 초등학교 고학년을 위한 새로운 교수법을 개발했을 때 이 교수법이 효과가 있는지 없는지를 검정하기 위하여 초등학교 고학년을 대표할 수 있는 표본을 추출하여 새로운 교수법을 실시하고 얻은 점수와, 경험적, 이론적 배경에 의해 얻어진 초등학교 고학년의 점수를 비교하는 방법이다. 즉, 연구자가 알고 있는 특정값과 표본에서 추출된 평균값의 차이를 비교하는 방법이다.

예제 우리나라 전국의 초등학교 6학년 학생들을 대상으로 한 영어성취도 평균은 65점이었다. 충북 지역 초등학교 6학년 학생들의 영어성취도 결과는 우리나라 전체 평균과 같은지 분석하시오.

위의 예제를 토대로 충북 지역 초등학교 6학년을 대표하는 100명을 대상으로 영어성취도를 봤다고 가정해보자. 이 결과를 토대로 SPSS의 분석, 평균비교에서 일표본 T-검정을 선택하여 분석한 결과가 다음과 같다면, 아래와 같이 설명할 수 있다.

100명의 학생을 대상으로 영어성취도를 평가한 결과, 평균은 69.90, 표준 편차는 14.86이며, t 통계값은 3.297, 이에 따른 유의확률은 .001로 유의수준 .05보다 작으므로 '우리나라 전체의 평균값과 같다'라는 영가설을 기각하게 된다. 그러므로 충북 지역 영어성취도의 평균(69.90)은 전체 평균인 65점과 통계적으로 유의하게 차이가 난다고 결론내릴 수 있다.

표 6-5 단일표본 기술통계량

	N	평균	표준 편차	평균의 표준오차
영어성취도	100	69.9000	14.86267	1.48627

표 6-6 단일표본 t-검정

	검정값 = 0					
	t	자유도	유의확률 (양쪽)	평균차	차이의 95% 신뢰구간	
					하한	상한
영어성취도	3.297	99	.001	4.90000	1.9509	7.8491

2) 대응표본 t-검정 (SPSS: 분석 → 평균 비교 → 대응표본 T-검정)

t-검정의 기본 가정을 충족시키되 두 집단이 독립적이지 않고 서로 종속적일 경우에 사용하는 방법이다. 예를 들어, 사전 검사를 실시하고 난 후 어떤 처치를 가하고 처치 효과를 알아보기 위하여 사후 검사를 실시하였을 때 사용한다. 이는 사전 검사 자료와 사후 검사 자료가 동일한 연구대상에게 검사를 두 번 실시하여 얻은 자료로서 서로 종속되어 있기 때문이다. 이와 같이 1개의 집단을 대상으로 자료를 2번 수집하여 그 2개의 자료를 비교할 때 사용하는 방법이다.

예제 영어읽기 능력을 향상시키기 위해 개발된 프로그램을 중학교 2학년 학생 40명을 대상으로 적용하였다. 새로운 프로그램을 사용하기 전과 후 학생들의 영어읽기 능력에 차이가 있는지 분석하시오.

위의 예제를 토대로 중학교 2학년 학생 40명을 대상으로 새로 개발된 프로그램을 적용했다고 가정해보자. 새로운 프로그램을 사용하기 전과 후의 영어읽기 능력 평가 결과를 대응표본 t-검정으로 분석한 결과가 다음과 같다면, 아래와 같이 설명할 수 있다.

표 6-7 대응표본 기술통계량

		평균	N	표준 편차	평균의 표준오차	
대응 1	pre	47.4333	40	5.94035	1.32830	
	post	53.7000	40	5.72764	1.28074	

표 6-8 대응표본 t-검정

<table>
<tr><th colspan="2" rowspan="3"></th><th colspan="5">대응차</th><th rowspan="3">t</th><th rowspan="3">자유도</th><th rowspan="3">유의확률 (양쪽)</th></tr>
<tr><th rowspan="2">평균</th><th rowspan="2">표준 편차</th><th rowspan="2">평균 표준 오차</th><th colspan="2">차이의 95% 신뢰구간</th></tr>
<tr><th>하한</th><th>상한</th></tr>
<tr><td>대응 1</td><td>pre－post</td><td>-6.2667</td><td>3.24731</td><td>.72612</td><td>-7.78646</td><td>-4.74688</td><td>-8.630</td><td>39</td><td>.000</td></tr>
</table>

프로그램을 적용하기 전의 평균은 47.43, 표준 편차는 5.94이며, 적용 후의 평균은 53.70, 표준 편차는 5.73이다. 프로그램 적용 전, 후의 차이에 대한 통계적 유의성을 검정한 결과 t통계값은 -8.63, 유의확률은 .000으로 유의수준 .05에서 새로 개발된 프로그램에 의한 학생들의 영어읽기 능력에 차이가 있는 것으로 분석할 수 있다.

실례

이어서 대응표본 t-검정의 예를 김정렬(2001)의 연구를 통해 살펴보도록 하자. 참고로 이 연구는 ICT를 활용한 초등 고학년 영어 학습 동기 유발 방안을 살펴보는 연구이다.

이 연구의 대상으로 서울 지역과 대전 지역에 위치한 두 개 학교를 선정하였다. 각 학교별로 초등학교 5학년과 6학년을 대상으로 영어 학습 태도 및 컴퓨터 학습 배경 조사를 실시하여 가장 근사한 동질 집단으로 판명된 5학년 두 개 학급씩 네 개 학급, 6학년 두 개 학급씩 네 개 학급을 학교별로 비교반 없이 실험반으로만 구성하였다.

실험 기간은 2000년 10월 1일부터 12월 16일까지 약 10주간 이루어졌는데, 처음 2주간은 ICT를 활용한 영어 교육의 내용과 방법에 관한 것을 현장의 실험 교사들에게 설명하고 관련 단원을 추출하여 재구성하고 검토하였고, 나머지 8주는 5, 6학년에서 실제 수업에 두 개 단원씩 적용하는 데 이용되었다.

이 연구가 진행되는 동안 학습자들은 자기 관찰 및 교사 관찰을 실시하였고, 설문 조사를 실시하여 사전 · 사후 비교를 하였으며, 학습자 자기 평가를 실시한 후에 자료를 수집하여 분석의 기본 자료로 삼았다.

ICT 활용 교육을 수업에 투입하기 전과 후의 학생의 동기 변화를 살펴보기 위하여 흥미도, 자신감 및 참여도로 구분하여 사전 · 사후 설문 조사를 실시한 후, 그 결과를 대응표본 t-검정을 이용하여 통계적으로 유의한 차이가 있는지를 살펴보았다. 여기에서는 흥미도에 대한 사항만을 살펴보고자 한다.

흥미도에 관한 설문 조사 문항은 5단계 리커트 척도를 사용하였다. 즉, '전혀 아니다', '아니다', '그저 그렇다', '그렇다', '아주 그렇다'의 다섯 가지 항목으로 구분하고, 각 항목에 대한 배점을 각각 1, 2, 3, 4, 5로 하여 결과를 분석하였다. 그 결과는 다음 〈표 6-9〉와 같다.

〈표 6-9〉에서 보는 바와 같이 5학년의 경우 실험 수업 후, 흥미도 향상 점수가 0.77로 약 15.4%의 증가가 일어났고, 유의도 역시 0.05 이하 통계적으로 유의한 차이를 보였다. 6학년의 경우 역시 21.6%의 향상이 있었으며, 유의도가 0.05 이하이므로 6학년 역시 사전과 사후 검사 사이에 유의한 차이가 있었다. 이는 ICT를 활용한 영어 학습이 학습자의 영어 수업에 대한 흥미도를 높이는데 긍정적

표 6-9 흥미도에 대한 사전 · 사후 비교 (김정렬, 2001; p. 236)

수업 집단		평균(M)	표준 편차 (SD)	향상 점수	t
5학년 ($n=182$)	사전	2.78	1.34	0.77 (15.4%)	2.330**
	사후	3.55	1.53		
6학년 ($n=190$)	사전	2.58	1.65	1.08 (21.6%)	2.530**
	사후	3.66	1.63		

**: $p < .01$

인 영향을 주었다는 것을 알 수 있게 한다.

3) 독립표본 t-검정 (SPSS: 분석 → 평균 비교 → 독립표본 T-검정)

각기 다른 두 모집단의 평균을 비교하기 위하여 두 집단의 표본 평균을 비교하는 방법이다. 즉, 2개 집단의 자료를 수집하여 비교할 경우 사용하는 방법으로서, 처치를 가한 실험 집단과 처치를 가하지 않은 통제 집단을 비교하거나, 하나의 프로그램에 대하여 2010년도와 2011년도의 자료를 비교할 때 사용할 수 있다. 앞서 t-검정의 기본 가정에서 밝혔듯이, 두 표본 집단의 정규분포 여부와 등분산성 여부를 확인해야 한다.

> **예제** 특정 교수법을 적용한 집단과 일반 수업을 적용한 집단의 비교를 통해 특정 교수법이 영어성취도에 미치는 효과를 분석하시오.

위의 예제를 토대로, 특정 교수법을 한 개 집단에 적용하고 다른 집단에는 일반 교수법을 적용했다고 가정해보자. 두 집단 간의 평균을 비교하기 위해 독립표본 t-검정을 실시한 결과가 다음과 같다면,

아래와 같이 설명할 수 있다.

표 6-10 독립표본 기술통계량

	집단	N	평균	표준 편차	평균의 표준오차
성취도	일반	30	75.27	13.467	3.477
	처치	30	84.00	9.008	2.326

표 6-11 독립표본 t-검정

		Levene의 등분산 검정		평균의 동일성에 대한 t-검정						
		F	유의확률	t	자유도	유의확률(양쪽)	평균차	차이 표준오차	차이의 95% 신뢰구간 하한	차이의 95% 신뢰구간 상한
성취도	등분산이 가정됨	2.474	.127	-2.08	58	.046	-8.73	4.183	-17.30	-.164
	등분산이 가정되지 않음			-2.08	54.43	.047	-8.73	4.183	-17.35	-.108

먼저, Levene의 등분산 검정결과를 살펴보면, 유의확률이 .127로 두 집단의 분산이 같다는 영가설을 기각하지 않으므로 등분산 가정을 충족시키는 것을 알 수 있다. 그러므로 독립표본 t-검정표에서 등분산이 가정되는 부분의 값을 가지고 결과를 해석할 수 있다. 만약 등분산 검정결과, 등분산성이 충족되지 않았다면 등분산이 가정되지 않은 경우의 통계값을 가지고 결과를 해석해야 한다. 이를 Welch-Aspin 검정이라 한다.

특정 교수법이 처치되지 않은 집단의 영어성취도 평균은 75.27, 표준 편차는 13.47이며, 처치된 집단의 영어성취도 평균은 84.00, 표준 편차는 9.01이다. 특정 교수법에 의한 영어능력에 차이가 있는

지에 대한 t 통계값은 -2.09, 유의확률은 .046으로 유의수준 .05에서 특정 처치에 따라 영어능력에 통계적으로 유의한 차이가 있는 것으로 분석할 수 있다.

실례

김복현(2000)의 연구를 토대로 독립표본 t-검정을 사용한 연구의 절차와 방법을 설명하고자 한다. 이 연구는 과제 수행을 통한 자기주도적 영어 의사소통 능력 신장 방안을 살펴보기 위하여 다른 점 찾기와 빠진 정보 찾기, 순서 정하기 등의 과제 유형을 개발하고 이를 수업에 적용한 후 언어 기능 평가와 학생 자기 평가를 실시하여 그 결과를 독립표본 t-검정을 통해 비교하였다.

본 연구의 대상은 서울시 모 초등학교 5학년 2개 반의 남자 41명, 여자 39명, 총 80명을 연구 대상으로 삼았으며, 1999년 3월부터 11월까지 9개월간 실시하였다. 두 개 학급을 대상으로 3차시에는 비교반에는 게임을 중심으로 제시하고, 실험반에는 과제 유형을 투입하였다. 평가는 면접법으로 실시하여 그 결과를 비교 분석하였다.

먼저 언어 기능 평가는 단계별로 과제를 제시하여 면접법으로 평가하였으며, 최고점은 9점(정확성 3점, 유창성 3점, 발음 3점)으로 하였다. 그 결과는 다음 〈표 6-12〉와 같다.

이를 보면 사전 검사의 경우 실험반의 평균이 6.20, 비교반의 경우

표 6-12 언어 기능 평가 비교 (김복현, 2000; p. 212)

시기	구분	학생수	평균	표준 편차	t	p	해석결과
사전 검사	실험반	40	6.20	.72	-.635	.529	동질집단
	비교반	40	6.33	1.14			
사후 검사	실험반	40	8.48	.72	5.51	.000	유의미함
	비교반	40	7.63	.77			

6.33으로 나타났으며, 이를 독립표본 t-검정한 결과 유의도가 .529로 신뢰도 95% 수준에서 두 집단을 동질집단으로 간주할 수 있다. 한편 사후 검사에서는 실험반의 평균이 8.48, 비교반이 7.63으로 나왔으며, 이를 독립표본 t-검정한 결과 실험반 학생들의 언어 사용 능력이 비교반과 비교해 볼 때 통계적으로 유의한 차이를 보였다. 따라서 과제 유형을 투입한 실험반 학생들이 게임을 중심으로 학습한 비교반 학생들보다 언어 사용 능력 향상에 도움을 받았다고 할 수 있다.

다음으로 학생 자기 평가는 이해 정도, 참여 정도, 흥미도, 자신감, 노력 정도의 5개 항목으로 구분하여 실시하였으며, 평가 기준은 매우 그렇다(4점)에서 전혀 그렇지 않다(1점)까지의 4단계 리커트 척도를 사용하였다. 그 결과는 〈표 6-13〉과 같다.

〈표 6-13〉의 자기 평가 분석 결과를 살펴보면, 사전 검사의 경우 실험반은 평균이 14.63, 비교반은 13.83으로 나왔으며, 독립표본 t-검정을 한 결과 두 집단을 동질 집단으로 간주할 수 있다. 사후 검사를 실시한 결과 실험반은 평균이 18.00, 비교반은 16.48로 나왔으며, 독립표본 t-검정 결과 유의도가 0.05 이하로 통계적으로 유의한 차이를 나타냈다. 따라서 과제 유형을 투입한 실험반 학생들이 게임을 중심으로 학습한 비교반 학생들보다 학습 태도와 정의적인 측면에서 향상을 보였다고 해석할 수 있다.

표 6-13 학생 자기평가 비교 (김복현, 2000; p. 213)

시기	구분	학생수	평균	표준 편차	t	p	해석결과
사전 검사	실험반	40	14.63	2.71	1.805	.079	동질집단
	비교반	40	13.83	2.57			
사후 검사	실험반	40	18.00	1.40	5.499	.000	유의미함
	비교반	40	16.48	1.36			

6.4 일원분산분석 (SPSS: 분석 → 평균 비교 → 일원배치 분산 분석)

일원분산분석은 세 집단 이상의 평균을 비교하는 방법이다. 일원분산분석을 위한 기본 가정은 t-검정의 기본 가정과 동일하다.

1. 종속변수는 양적 변수여야 한다. (등간척도)
2. 자료가 독립적이어야 한다. (자료의 독립성)
3. 모집단의 분포가 정규분포를 이루고 있어야 한다. (정규분포 가정)
4. 모집단들의 분산이 동일해야 한다. (등분산 가정)

1, 2번 가정의 경우, 연구를 설계할 때 충족시켜야 하는 가정이며, 3, 4번 가정의 경우는 표본에서 추출된 자료들의 정규분포 여부와 등분산 여부를 통해 모집단의 정규분포와 등분산 여부를 가정한다. t-검정과 마찬가지로 만약 정규분포 가정과 등분산 가정이 충족되지 않으면 비모수통계를 사용해야 한다.

예제 교수법에 의한 영어성취도 차이를 알아보기 위하여 고등학교 1학년 세 개 학급을 선정하고 각각 1 교수법, 2 교수법, 3 교수법을 적용하여 한 학기 동안 수업을 진행하였다. 교수법에 따른 영어성취도의 효과를 분석하시오.

위의 예제를 토대로, 1, 2, 3 교수법을 각각 다른 학급에 적용했다고 가정해보자. 세 집단 간의 평균을 비교하기 위해 일원분산분석을 실시한 결과가 다음과 같다면, 아래와 같이 설명할 수 있다. 이때 꼭 해석해야 하는 항목은 기술통계량, 개체-간 효과 검정(분산 분석), 사후 검정의 다중 비교와 동일 집단군이다. 독립변인의 레벨(집단)이 3개 이상일 경우 사후 검정이 필요한데 사후 검정에 대한 설명은 뒤

표 6-14 기술통계량

	N	평균	표준 편차	표준오차	평균에 대한 95% 신뢰 구간	
					하한값	상한값
1 교수법	31	18.1935	7.35944	1.32179	15.4941	20.8930
2 교수법	32	18.9375	5.80843	1.02680	16.8433	21.0317
3 교수법	30	23.2333	5.64882	1.03133	21.1240	25.3426
합계	93	20.0753	6.63200	.68771	18.7094	21.4411

표 6-15 Levene의 등분산 검정

F	df1	df2	Sig.
.277	2	90	.759

표 6-16 분산 분석

	제곱합	자유도	평균제곱	F	유의확률
집단-간	450.393	2	225.196	5.636	.005
집단-내	3596.080	90	39.956		
합계	4046.473	92			

에 하도록 하겠다.

먼저 기술통계량을 보면, 1 교수법으로 수업 받은 학생들의 평균은 18.19, 표준 편차는 7.36이고, 2 교수법으로 수업 받은 학생들의 평균은 18.94, 표준 편차는 5.81이며, 3 교수법으로 수업 받은 학생들의 평균은 23.23, 표준 편차는 5.65이다. 교수법에 따른 영어성취도의 차이가 있는지 알아보기 위하여 일원분산분석을 실시한 결과, 세 집단의 평균 차이에 대한 F 통계값은 5.64, 유의확률은 .005로서 유의수준 .05에서 교수법에 따른 학생들의 영어성취도는 통계적으로 유의한 차이가 있다고 분석할 수 있다. 만약 일원분산분석 결과 유의한 결과가 나오지 않는다면, 교수법에 따른 영어성취도의 차이가 없는 것으로, 사후 검정을 볼 필요가 없다.

본 예제의 일원분산분석 결과, 통계적으로 유의하게 나왔지만 이는 단지 세 집단 어딘가에 유의한 차이가 있다는 것을 의미하는 것으로, 집단 간의 차이를 정확하게 보여줄 수 없다. 예를 들어 A, B, C 세 집단 사이에 유의한 차이가 있다고 확인되었다 하더라도 A, B, C 사이 각각에 모두 유의한 차이가 있는 것인지, 또는 A, B 사이의 차이는 유의하지만 B, C 사이의 차이는 유의한 차이가 아닌 경우 등이 발생한다. ANOVA 결과는 위의 두 가지 예 모두 유의한 차이가 있다고 결과를 보여주기 때문에 사후 검정(Post-hoc)을 실시하여 각 집단 간의 차이를 보다 명확히 해주어야 한다.

사후 검정을 할 때 필요한 것은 Levene의 등분산 검정 결과와 연구의 성격에 따른 적절한 사후 검정 방법의 선택이다. 두 번째 표는 집단 간 분산의 동질성 여부를 판단하는 Levene의 통계값인데, 유의도가 .05보다 작을 경우, 집단 간 분산의 차이가 있는 것이므로 동질하다고 보기가 힘들다. 이럴 경우, 추후에 사후 검정 시 보정된 값을 보여주는 Games-Howell 또는 Dunnett's T3값을 제시해야 한다. 반대로 유의도가 .05보다 클 경우, 집단 간 분산의 차이가 없는 것이므로 동질하다고 가정할 수 있다. 이 경우, 추후에 사후 검정 시 Scheffe, Duncan, Tukey, Dunnett T3 등 연구의 성격에 따라 적절한 방법을 선택해야 한다.

사후 검정의 방법에는 Scheffe, Dunnett, Tukey, Duncan, Dunnett T3, Games-Howell 등 매우 다양하다. 이를 선택하는 기준으로 크게 세 가지를 들 수 있는데, 집단 비교 방법, 등분산 여부, 집단 간 사례 수의 동일 여부이다. 먼저 집단 비교 방법을 살펴보면, 일반적인 옴니버스(omnibus) F 검정(A-B, A-C, B-A, B-C, C-A, C-B 집단 비교)과 계획된 비교 방법이 있다. 계획된 비교방법으로 Scheffe의 경우, 일반적인 옴니버스(omnibus) F 검정 외에도 A 집단과 (B, C) 집단의 비교, B 집단과 (A, C) 집단의 비교, C 집단과 (A, B) 집단의 비교도 포함되기 때문에 매우 보수적이므로 통계적으로 유의하게 나올 가능성이 다른 방법에 비해 낮다. 또 다른 계획된 비교방법으로 Dunnett의 경우, A 집단이 통제 집단일 때 A 집단을 기준으로 A 집단과 B 집단, A 집단과 C 집단을 비교할 때 사용하는 사후 검정 방법이다. 두 번째, 등분산 여부는 위에서 말했듯이, Levene의 등분산 검정 결과에 따라 등분산을 가정하면, Tukey, Duncan, Scheffe 등의 방법을 사용하고, 등분산을 가정하지 않으면, Games-Howell, Dunnett T3 등을 사용한다. 마지막으로, 집단 간 사례 수가 동일하면 Tukey, Duncan, Dunnett T3 등을 사용하며, 다를 경우 Scheffe, Games-Howell 등을 사용할 수 있지만 다행히도 최근에는 샘플 크기와 상관

표 6-17 사후 검정의 다중 비교

	집단	집단	평균 차이	표준 오차	유의 확률	95% 신뢰 구간	
						하한값	상한값
Tukey HSD	1 교수법	2 교수법	-.74395	1.59297	.887	-4.5402	3.0523
		3 교수법	-5.03978	1.61889	.007	-8.8978	-1.1818
	2 교수법	1 교수법	.74395	1.59297	.887	-3.0523	4.5402
		3 교수법	-4.29583	1.60640	.024	-8.1240	-.4676
	3 교수법	1 교수법	5.03978	1.61889	.007	1.1818	8.8978
		2 교수법	4.29583	1.60640	.024	.4676	8.1240
Games-Howell	1 교수법	2 교수법	-.74395	1.67375	.897	-4.7716	3.2837
		3 교수법	-5.03978	1.67654	.011	-9.0759	-1.0037
	2 교수법	1 교수법	.74395	1.67375	.897	-3.2837	4.7716
		3 교수법	-4.29583	1.45532	.012	-7.7934	-.7983
	3 교수법	1 교수법	5.03978	1.67654	.011	1.0037	9.0759
		2 교수법	4.29583	1.45532	.012	.7983	7.7934

표 6-18 동일 집단군

	집단	N	유의수준 = .05에 대한 부집단	
			1	2
Tukey HSD	1 교수법	31	18.1935	
	2 교수법	32	18.9375	
	3 교수법	30		23.2333
	유의확률		.889	1.000

없이 다 보정이 된다. 〈표 6-17〉의 사후 검정의 다중 비교표는 Tukey와 Games-Howell을 사용한 결과표이다.

사후 검정은 Scheffe, Tukey 등 다양한 방법이 있지만 위의 예제의 경우, Levene의 검정에서 분산이 동일하다고 나왔고, 복잡한 비교가 불필요하므로(예, A vs B+C) Tukey나 Duncan으로 보는 것이 적합하다고 보인다. 이 중 Tukey 방법은 보수적(통계적으로 유의하게 나올 확률이 상대적으로 낮음)이며, 옴니버스 집단 비교를 하는 방법으로, 자연과학 분야에서 많이 사용되고 있다. 반면, Duncan의 경우 진보적(통계적으로 유의하게 나올 확률이 상대적으로 높음)이며, 옴니버스 집단 비교를 하는 방법으로, 사회과학 분야에서 많이 사용되고 있다. 본 예제에서는, 연구자가 예제의 연구를 보수적으로 검정할 필요가 있는 연구로 판단하여 Type I의 오류(집단 간 차이가 없는데 차이가 있다고 판단하는 오류)를 줄이기를 원한다는 가정 하에 Tukey를 사용하였다.

사후 검정 결과표에서 Tukey 부분을 보면(분산이 동일하기 때문에), 3 교수법과 1 교수법, 3 교수법과 2 교수법에서 유의도가 .05보다 작게 나온 것을 확인할 수 있다. 또한 95% 신뢰구간도 0을 포함하고 있지 않다. 이 또한 서로 유의한 차이가 났음을 보여준다. 마지막으로 동일 집단군(homogeneous subset)표를 보면, 사후 검정에서

Tukey를 보기로 했기 때문에 Tukey 검정 결과 평균의 차이를 보이는 집단은 총 2개로 나뉘어져 있음을 알 수 있다. 부집단 1, 즉 1 교수법 집단과 2 교수법 집단 간의 차이가 없어 하나의 그룹으로 표현되었다. 부집단 2, 3 교수법 집단의 경우 다른 두 그룹과 다른 그룹으로 나뉘었으므로, 통계적으로 다른 두 개의 집단과 통계적으로 유의하게 차이가 났음을 알 수 있다.

실례

일원분산분석의 실례를 한종임(2002)의 연구를 통해 연구의 절차와 방법을 살펴보자. 이 연구는 인터넷 기반 의사소통 과제의 내용 타당도 및 인터넷 사이트의 유용성을 검증한 연구로서, 이 글에서는 아래 세 가지의 연구 질문 중 1번에 해당하는 인터넷 사이트를 이용해 의사소통 과제를 학습한 후 과제 유형에 따라 학습자의 상호작용 유발도에 유의한 차이가 있는가를 검증하는 부분만 다루고자 한다.

① 학습자의 상호작용 유발도는 인터넷 기반 의사소통 과제의 유형에 따라 유의한 차이가 있는가?
② 인터넷 기반 의사소통 과제 수행이 학습자의 정의적인 측면에 미친 영향은 어떠한가?
③ 인터넷 기반 사이트의 유용성에 대한 학생들의 반응 및 평가는 어떠한가?

이 연구는 E대학에 다니고 있는 학생 중 영어 능숙도를 대표한다고 생각되는 학생 22명을 선정한 후, 학습자 2명을 한 조로 구성하여 총 11개 집단으로 나누고, 다섯 가지 유형의 인터넷 의사소통 과제를 수행하게 하였다.

실험 분석 자료를 수집하기 위하여, 실험 학생들이 인터넷 의사소통 과제를 수행하는 과정을 비디오로 촬영하였으며, 비디오로 촬영한 학생들의 과제 수행 발화 내용은 Duff(1993)의 방법에 따라 전사(transcription)하였다. 그리고 전사된 학생들의 과제 수행 발화 내용은 Foster와 Tonkyn, Wigglesworth(2000), Foster와 Skehan(1996), Scotillo(2000)의 언어 분석 도구에 의거해 분석하였다. 상호작용 유발도를 측정하기 위하여 말바꾸기(turn-taking)를 산출하고, 과제 난이도의 지표가 되는 AS-단위(analysis of spoken language unit), 발화의 복잡성(complexity) 및 AS-단위 길이(AS-unit length)를 산출하였다.

인터넷 기반 의사소통 과제의 내용 타당도를 검증하기 위한 과제 유형별 말바꾸기, 유효 단어 수, 총 단어 수, AS-단위, 전체 절에 대한 기술 통계의 평균과 표준 편차는 다음 〈표 6-19〉와 같다.

표 6-19 과제 유형별 상호작용 유발 및 AS 단위 기술 통계 (한종임, 2002; p. 148)

		역할 놀이	가상 여행	그림 차이점	지도 정보차	온라인 충고	평균 합계
말바꾸기	평균	55.63	39.38	58.63	64.75	18.75	47.43
	표준 편차	18.58	17.15	18.81	32.19	8.31	25.68
유효 단어	평균	485.63	439.38	365.00	608.88	420.50	463.88
	표준 편차	101.72	133.26	113.99	167.60	176.93	138.64
총 단어	평균	603.23	534.00	461.00	756.88	508.00	572.63
	표준 편차	100.37	171.27	128.46	194.30	208.50	160.58
AS-단위	평균	87.75	61.25	86.25	112.25	49.00	78.90
	표준 편차	18.78	21.37	27.71	38.55	11.28	32.71
전체 절	평균	90.388	61.88	86.38	128.38	59.75	85.45
	표준 편차	19.04	21.58	28.06	53.71	10.87	38.24

〈표 6-19〉 중 학습자의 상호작용 유발도 지표인 말바꾸기 횟수에 대한 과제 유형 전체의 평균은 47.43이다. 이것을 과제 유형별로 살펴보면, 지도 정보차 활동(64.75), 그림 차이점 찾기(58.63), 역할 놀이(55.63), 가상 여행(39.38), 온라인 상담 충고 결정 과제(18.75)의 순으로 나타났다. 특히 말바꾸기 횟수가 가장 높은 지도 정보차 활동의 상호작용 횟수는 64.75로 가장 낮은 온라인 상담 충고 결정 과제(18.75)의 약 3.5배에 달하였다. 이러한 결과는 상호작용 유발에 가장 효과적인 과제가 지도 정보차 활동임을 의미한다.

한편, 다섯 가지 과제 유형의 난이도를 나타내는 말바꾸기 당 평균 단어수, 구두언어 단위 길이(AS-unit length), 발화의 복잡성 측정 결과는 〈표 6-20〉에 제시되어 있다.

다섯 가지 과제 유형(역할 놀이, 가상 여행, 그림 차이점, 지도 정보차, 온라인 충고)에 따른 각각의 말바꾸기 당 평균 단어수, 발화의 복잡성, 그리고 AS-단위 길이에 대한 유의한 차이가 있는지를 검증하기 위하여 일원분산분석(one-way ANOVA)을 실시하고 그에 따른

표 6-20 과제 유형의 난이도 분석 (한종임, 2002; p. 149)

		역할 놀이	가상 여행	그림 차이점	지도 정보차	온라인 충고	평균 합계
말바꾸기	평균	9.66	11.93	6.29	11.92	27.79	13.52
	표준 편차	3.56	3.03	0.81	6.94	18.05	11.30
AS-단위	평균	1.06	1.01	1.00	1.14	1.23	1.09
	표준 편차	0.04	0.02	0.03	0.30	0.09	0.16
전체 절	평균	5.78	7.41	4.29	5.82	8.53	6.37
	표준 편차	1.10	1.40	0.69	1.81	2.26	2.09

표 6-21 과제 유형에 따른 상호작용 유발 및 발화 질에 관한 결과

(한종임, 2002; p. 150)

분석 항목		제곱합	자유도	평균 제곱	F	유의 확률
말바꾸기	집단 간	11039.150	4	2759.788	6.577	.000
	집단 내	14686.625	35	419.618		
	합계	25725.775	39			
AS-단위	집단 간	19349.600	4	4837.400	7.569	.000
	집단 내	22370.000	35	639.143		
	합계	41719.600	39			
단어수/ 말바꾸기	집단 간	2208.206	4	552.051	6.955	.000
	집단 내	2278.208	35	79.377		
	합계	4986.414	39			
복잡성	집단 간	.309	4	7.717E-02	3.949	.000
	집단 내	.684	35	1.954E-02		
	합계	.993	39			
AS-단위당 평균 단어	집단 간	85.600	4	21.400	8.879	.000
	집단 내	84.360	35	2.410		
	합계	169.960	39			

사후 검정을 실시하였다. 그 결과는 다음 〈표 6-21〉과 같다.

〈표 6-21〉에서 볼 수 있듯이 과제 유형에 따른 말바꿈, AS-단위, 말바꾸기 당 평균 단어수, 복잡성, AS-단위 길이에 대한 일원분산분석 결과, 모든 항목에서 통계적으로 유의한 차이가 나타났다. F값도 복잡성을 제외한 나머지 항목에서 모두 6 이상의 아주 높은 값이 산출되었는데, 이것은 과제 유형이 학습자의 상호작용 유발과 발화의 질에 큰 영향을 미친다는 것을 시사한다.

이러한 분석 결과가 과제 유형 별로 동질한지의 여부를 검증하기 위해 Tukey 사후 검정을 실시하였고, 그 결과는 〈표 6-22〉와 같다.

표 6-22 과제 유형별 동질 집단 사후 검정 결과 (한종임, 2002; p. 150)

분석 항목	역할 놀이	가상 여행	그림 차이점	지도 정보차	온라인 충고
말바꾸기	A 55.63	B 39.38	A 58.63	A 64.75	B 18.75
AS-단위	A 85.75	B 61.25	A 86.25	A 112.25	C 49.00
단어수/ 말바꾸기	A 9.66	A 11.93	A 6.29	A 11.93	B 27.79
복잡성	A 1.06	B 1.01	A 1.00	B 1.24	B 1.23
AS-단위 길이	B 5.78	C 7.42	A 4.29	B 5.83	C 8.53

결과의 일부를 살펴보면, 말바꾸기에서는 역할 놀이, 그림 차이점 찾기, 지도 정보차 활동이 동질 집단(A)이며, 가상 여행과 온라인 상담 충고 과제가 또 다른 동질 집단(B)인 것으로 분류되었다. 한편 AS-단위에서는 그림 차이점 찾기, 역할놀이와 지도 정보차 활동이 동질 집단(A)이며, 가상 여행이 또 다른 집단(B)을 형성하고, 마지막으로 온라인 상담 충고가 또 다른 집단(C)으로 분류됨으로써, 서로 다른 세 개의 집단으로 분류되었다.

6.5 이원분산분석 (SPSS: 분석 → 일반선형모형 → 일변량)

이원분산분석은 독립변인이 2개인 경우에 집단 간 평균비교를 위한 분석방법이다. 이원분산분석을 위한 기본 가정은 t-검정과 일원분산분석의 기본 가정과 동일하다.

1. 종속변수는 양적 변수이어야 한다. (등간척도)

2. 자료가 독립적이어야 한다. (자료의 독립성)
3. 모집단의 분포가 정규분포를 이루고 있어야 한다. (정규분포 가정)
4. 모집단들의 분산이 동일해야 한다. (등분산 가정)

1, 2번 가정의 경우, 연구를 설계할 때 충족시켜야 하는 가정이며, 3, 4번 가정의 경우는 표본에서 추출된 자료들의 정규분포 여부와 등분산 여부를 통해 모집단의 정규분포와 등분산 여부를 가정한다. t-검정, 일원분산분석과 마찬가지로 만약 정규분포 가정과 등분산 가정이 충족되지 않으면 비모수통계를 사용해야 한다.

예제 교수법과 학생 수준에 따른 영어성취도의 차이를 알아보기 위하여 중학교 3학년 세 개 학급을 선정하여 각각 1 교수법, 2 교수법, 3 교수법을 적용하여 한 학기 동안 수업을 진행하였다. 학생 수준은 상위 그룹과 하위 그룹으로 나누었다. 교수법과 학생 수준에 따른 영어성취도의 효과를 분석하시오.

위의 예제를 토대로, 1, 2, 3 교수법을 각각 다른 학급에 적용했다고 가정해 보자. 교수법과 학생 수준에 따른 집단 간 영어성취도 평균을 비교하기 위해 이원분산분석을 실시한 결과가 다음과 같다면, 아래와 같이 설명할 수 있다. 이때 꼭 해석해야 하는 항목은 일원분산분석과 마찬가지로 기술통계량, 개체-간 효과 검정(분산 분석), 사후 검정의 다중 비교와 동일 집단군이다.

기술통계량을 살펴보면, 1 교수법에 의한 영어성취도의 평균과 표준 편차는 18.33, 9.43이고, 2 교수법에 의한 영어성취도의 평균과 표준 편차는 19.83, 7.76이며, 3 교수법에 의한 영어성취도의 평균과 표준 편차는 23.86, 6.84이다. 한편, 상위 그룹 학생들의 평균과 표준 편차는 27.30, 3.74이고, 하위 그룹 학생들의 평균과 표준 편차는 13.2, 4.99이다. 영어성취도가 가장 높은 집단은 3 교수법을 받은 상위 집단으로 평균과 표준 편차는 30.13, 3.09이다. 반면, 영어성취도가 가장 낮은 집단은 1 교수법을 받은 하위 집단으로 평균과 표준 편차는 10.33, 6.08이다.

다음으로 교수법의 효과, 학생 수준의 효과, 교수법과 학생 수준의 상호작용 효과에 대한 분산 분석 결과를 살펴보면, 먼저 교수법의 효과에 대한 F 통계값이 10.96, 유의확률이 .000으로 유의 수준 .05에서 교수법에 따라 영어성취도에 차이가 있는 것으로 나타났다. 또한 학생 수준에 대한 F 통계값이 185.72, 유의확률이 .000으로 유의 수준 .05에서 학생 수준에 따라서도 영어성취도에 통계적으로 유의한 차이가 있는 것으로 나타났다. 반면, 교수법과 학생 수준 간의 상호작용 효과는 없는 것으로 나타났다. 이때, 만약 상호작용 효과가

표 6-23 기술통계량

집단	수준	평균	표준 편차	N
1 교수법	상위	26.3333	2.82843	9
	하위	10.3333	6.08276	9
	합계	18.3333	9.43086	18
2 교수법	상위	25.9000	3.95671	10
	하위	12.2500	2.76457	8
	합계	19.8333	7.75545	18
3 교수법	상위	30.1250	3.09089	8
	하위	17.6250	1.18773	8
	합계	23.8750	6.83983	16
합계	상위	27.2963	3.73975	27
	하위	13.2800	4.98765	25
	합계	20.5577	8.29697	52

표 6-24 Levene의 등분산 검정

F	df1	df2	Sig.
5.033	5	46	.001

표 6-25 개체-간 효과 검정

소스	제Ⅲ유형 제곱합	자유도	평균제곱	F	유의 확률
수정 모형	2879.677	5	575.935	41.976	.000
절편	21546.341	1	21546.341	1570.358	.000
교수법	300.788	2	150.394	10.961	.000
학생 수준	2548.144	1	2548.144	185.716	.000
교수법*학생수준	27.383	2	13.692	.998	.376
오차	631.150	46	13.721		
합계	25487.000	52			
수정 합계	3510.827	51			

유의한 것으로 나타나게 되면, 학생 수준과 교수법을 따로 떼어서 분석하는 것이 불가능하므로 더 이상 해석에 대한 진행을 할 수가 없다. 이때는 일반적으로 상호작용 효과가 없어지도록 변수변환을 사용하거나 재분석을 실시하는 등의 방법을 사용한다. 사후 검정의 경우는 일원분산분석과 동일하므로 여기에서는 생략한다.

실례

이윤형과 이재욱, 황유미, 정유진, 남기춘(2000)의 연구와 임상봉(2001)의 연구를 예로 하여, 이원분산분석을 사용한 연구의 절차와 방법을 살펴보자. 먼저 이윤형 외 5인의 연구는 세 개의 실험 결과를 제시하고 있는데, 여기에서는 실험 1에 관한 내용을 토대로 이원분산분석에 대해 살펴보고자 한다.

실험에 사용된 과제는 검사 자극에 대한 즉시적 명명 과제(immediate naming task)이다. 먼저 피험자가 실험실에 들어온 후 실험지를 작성하게 하여 영어의 숙련도를 평가하였다. 그 후 컴퓨터 앞에 편안한 자세로 앉게 한 후, 실험 진행 방법에 대한 설명을 듣게 하였다. 그리고 마이크를 각 피험자에 맞도록 알맞게 조절한 후 보충 설명을 하였다. 자극은 모니터에 검은 바탕에 흰 글자로 제시하였다. 자극은 응시점이 제시된 후, 자극이 제시되는 순서로 반복되었으며 '*' 모양의 응시점이 500ms 동안 제시된 후 사라지고, 응시점이 있던 자리에 자극이 제시되었다. 피험자가 각 시행에서 제시되는 자극에 대한 명명을 하게 되면 음성 수신 장치에 의해 자극이 제시되고 나서 피험자가 발음할 때까지 걸린 시간이 millisecond 단위로 입력되었다. 따라서 실험 1의 종속 변인은 단어 명명 시간(naming time)이다. 그리고 5000ms 이상 반응을 하지 않으면 오반응으로 처리하였다. 10회의 연습 실행 뒤 본 실행에서 100회 시행으로 실시되었는데, 실행간 간격(intertrial internal)은 1500ms 이었다.

위와 같은 명명 과제 결과의 대푯값을 추출하기 위해 극단값의 영향을 덜 받는 중앙값(medium)을 통계값으로 사용하였다. 또한 반응시간이 200ms 보다 짧거나 3500ms 보다 긴 것과 단어 명명 시 실수한 자료는 통계 분석에서 제외시켰다. 각 조건에 따른 피험자들의 평균 반응 시간과 표준 편차는 〈표 6-26〉에 제시하였다.

표 6-26 조건별 평균 반응 시간과 표준 편차(ms) (이윤형 외 5인, 2000; p. 30)

		고빈도	저빈도
규칙	평균	788.7	895.0
	표준 편차	88.7	144.9
불규칙	평균	822.2	1112.8
	표준 편차	103.5	228.9

통계적 유의도를 검증하기 위하여 단어 빈도(고빈도/저빈도)와 단어 규칙성(규칙/불규칙)을 독립 변수로, 명명 시간을 종속 변수로 설정하고 이원분산분석(two-way ANOVA)을 하였다. 자료분석은 피험자 분석(subject-based analysis collapsed across items)과 아이템 분석(item-based analysis collapsed across subjects)을 실시하였다.

피험자 분석을 이용한 통계적 유의성 검증에서 음운 규칙성에 따른 주효과가 유의하였고($F(1.27) = 75.57$, $p < .01$), 단어의 빈도에 따른 주효과($F(1.27) = 94.83$, $p < .01$) 및 이들 간의 상호작용($F(2.52) = 69.85$), $p < .01$)이 모두 통계적으로 유의한 차이를 보였다. 아이템 분석 결과, 음운 규칙성에 따른 주효과($F(1.24) = 32.29$, $p < .01$), 단어의 빈도에 따른 주효과($F(1.24) = 74.71$, $p < .01$), 이들 간의 상호작용($F(1.24) = 16.90$, $p < .01$)이 모두 유의하였다.

실험 1의 결과를 통해 얻을 수 있는 시사점은 한국인이 영어를 명명할 때에도 원어민이 영어를 명명할 때와 유사하게 빈도 효과와 규칙성 효과가 나타난다는 것이다. 이전의 연구 결과에서 단어 규칙성 효과가 발견되는 경우에 두 종류의 단어 명명 통로가 존재하는 것으로 해석해 왔다. 이런 설명이 타당하다고 가정할 때 한국인도 영어 단어를 명명할 때 두 종류의 상이한 통로를 사용한다고 결론지을 수 있겠다.

이원분산분석을 활용한 또 다른 연구인 임상봉(2001)의 연구는 초등영어 학습자들이 가지고 있는 학습동기의 유형과 정도를 알아보고 그들이 갖고 있는 동기의 유형과 정도에 따라 그들에게 맞는 학습동기 유발 전략과 학습동기를 지속시킬 수 있는 효과적인 교수기법을 제시하는 목적을 가지고 있다. 이를 위해 초등학교 6학년을 대상으로 동기유형을 묻는 설문이 실시되었으며, 도시와 농촌 지역, 남녀, 성별로 구분하여 그들의 영어 학습동기 요인의 유형을 조사하고, 그 결과를 바탕으로 다시 학습동기의 정도를 설문을 통해 분석하였다.

연구에 투입된 설문은 총 2차에 걸쳐 실시되었다. 1차 설문조사는 초등학교 학생들이 가지고 있는 영어 학습동기 요인의 유형을 알아보기 위한 목적으로, 영어를 공부하는 이유를 묻는 18개의 항목으로 된 설문지를 나누어주고 18개의 항목 중 자기에게 해당되는 내용을 세 개씩 고르게 하고 해당되는 항목이 없을 경우에는 영어를 공부하는 이유를 직접 적도록 하였다. 영어 학습동기의 정도를 조사한 2차 설문조사에서는 1차 설문조사에서 학생들이 응답한 학습동기의 유형 중 응답률이 높고 Gardner(1985)와 Dörnyei(1990, 1994)가 제시한 학습동기 유형에 속하는 이유들을 유형별로 한가지씩 포함시켜 6개 항목으로 된 설문지를 다시 만들어 설문조사를 실시하였다.

학습동기의 유형을 묻는 1차 설문조사는 별도의 통계처리를 하지 않고 학습동기의 유형별로 분석을 하였고, 학습동기의 정도를 묻는 2차 설문조사의 결과는 영어 학습동기의 정도에 대한 평균과 표준 편차를 산출한 후, 지역·성별에 따라서 t-검정을 실시하여 각 영어 학습동기의 정도의 차이를 보았으며, 지역과 성별을 동시에 고려하여 이원분산분석과 Duncan의 사후검정을 통하여 그 인식의 차이를 알아보았다. 여기에서는 이러한 내용 중 이원분산분석에 대한 내용만을 살펴본다.

지역과 성별이라는 두 독립변수에 따른 영어 학습동기의 정도의 차이(종속변수)를 이원분산분석을 통하여 살펴본 결과는 〈표 6-27〉과 같다. 이 중 "부모님께서 영어공부하기를 원하시니까"의 동기유형만이 지역과 성별에 따라서 유의한 차이가 조사되었다($F = 3.367$ $p < .05$). "영어가 세계의 공통어니까"의 경우는 지역에 따라서는 그 인식의 차이가 조사되었으나($F = 5.129$, $p < .05$) 성별에 따라서는 아무런 차이가 없었으며, 지역과 성별 사이의 상호작용도 없는 것으로 나타났다. 그러나 "부모님께서 영어공부하기를 원하시니까"의 학습동기 유형은 지역($F = 6.099$, $p < .05$), 성별($F = 3.962$, $p < .05$)

표 6-27 지역과 성별에 따른 영어 학습동기의 정도 차이 (임상봉, 2001; p. 142)

	Corrected Model	지역	성별	지역*성별
좋은 학교에 가고 좋은 직장을 얻는 데 필요하니까	.674 (.568)	.383 (.536)	1.320 (.251)	.318 (.573)
영어가 중요한 언어라는 생각이 들어서	.370 (.775)	.671 (.413)	.437 (.509)	.001 (.976)
영어가 세계의 공통어니까	1.924 (.124)	5.129* (.024)	.643 (.423)	.002 (.964)
부모님께서 영어공부하기를 원하시니까	3.367* (.018)	6.099* (.014)	3.962* (.047)	.040 (.842)
훌륭한 사람이 되려고	1.138 (.333)	1.841 (.175)	.832 (.362)	.740 (.390)
세계를 더 잘 이해하고 싶어서	.190 (.904)	.152 (.697)	.022 (.881)	.395 (.530)

$*p < .05$

표 6-28 지역과 성별에 따른 영어 학습동기의 정도 차이 (임상봉, 2001; p. 143)

	농촌				도시				전체		F(P)
	여자		남자		여자		남자				
	M	SD	M	SD	M	SD	M	SD	M	SD	
좋은 학교에 가고 좋은 직장을 얻는데 필요하니까	4.00	.98	3.86	1.14	3.99	.94	3.94	1.02	3.94	1.03	.674 (.568)
영어가 중요한 언어라는 생각이 들어서	3.83	.98	3.77	1.05	3.89	1.00	3.83	1.19	3.83	1.06	.370 (.775)
영어가 세계의 공통어니까	3.95	1.07	3.89	1.17	4.14	.98	4.07	1.06	4.01	1.08	1.924 (.124)
부모님께서 영어공부하기를 원하시니까	3.26 a	1.14	3.42 ab	1.26	3.48 ab	1.15	3.69 b	1.23	3.48	1.21	3.367* (.018)

훌륭한 사람이 되려고	3.82	1.07	3.82	1.19	3.78	1.13	3.62	1.21	3.76	1.16	1.138 (.333)
세계를 더 잘 이해하고 싶어서	3.44	1.22	3.52	1.25	3.55	1.23	3.50	1.32	3.51	1.26	.190 (.904)

에 따라서 유의한 차이가 조사되었으며, 지역과 성별 간의 상호작용은 없었다. 또한 Duncan의 다중비교를 통하여 사후검정을 해본 결과 "부모님께서 영어공부하기를 원하시니까"의 경우 농촌지역 초등학교 여학생들의 학습동기의 정도가 가장 낮았으며, 도시지역 초등학교 남학생들의 학습동기의 정도가 가장 높은 것으로 나타났다($p < .05$).

6.6 기타 분석 방법

지금까지 평균 비교 방법 중 가장 기초적인 t-검정과 분산 분석에 대해서 알아보았다. 이 외에도 연구의 설계 및 특성에 따라 다양한 연구방법들이 있는데 이 장에서는 이러한 다양한 연구방법들의 기본 가정 및 사용 목적을 중심으로 기술하고자 한다.

1) 반복측정 분산 분석 (SPSS: 분석 → 일반선형모형 → 반복측정)

반복측정 분산 분석은 동일한 연구대상에게 다른 처치를 반복적으로 가하여 그 처치 간에 차이가 있는지를 검정하는 방법이다. 이러한 반복측정 분산 분석은 동일한 연구대상에게 처치를 가하기 때문에 개인차에 따른 오차를 줄일 수 있지만, 사전에 실시한 처치의 잔존효과나 기억효과 등의 단점이 있다. 반복측정 분산 분석의 기본 가정은 사전 처치의 효과가 다음 처치에 영향을 주지 않아야 한다. 또한 공분산의 크기가 모두 동일해야 한다. (구형성 가정)

표 6-29 구형성 검정

개체-내 효과	Mauchly의 W	근사 카이제곱	자유도	유의확률	엡실런		
					Greenhouse-Geisser	Huynh-Feldt	하한값
시간	.946	12.569	2	.002	.948	.961	.500

첫 번째 가정의 경우, 연구에 참여하는 대상자들에게 처치의 순서를 다르게 해 주는 교차 균형화(cross-balancing)의 방법을 사용하거나, 처치 간에 충분한 시간 간격을 주는 등의 방법을 사용할 수 있다. 두 번째 가정의 경우, 공분산의 동질성을 의미하는 구형성이 가정되었을 때는 반복측정 분산 분석 결과의 개체-내 효과 검정에서 구형성 가정 부분의 값을 제시하고, 구형성이 가정되지 않았을 때는 Greenhouse-Geisser의 값을 가장 많이 사용한다.

구형성 검정도 등분산 검정과 마찬가지로 유의도(p)값이 0.05보다 클 경우, 구형성을 가정하게 되고, 유의도(p)값이 0.05보다 작을 경우, 구형성이 가정되지 않는다. 만약 위의 표처럼 구형성 검정값(Mauchly의 W)이 .946으로 유의확률이 .002로 나왔다면, 구형성이 가정되지 않으므로 Greenhouse-Geisser값을 사용하면 된다.

만약 새로운 학습 교재와 기존의 학습 교재 및 다른 방식의 학습 교재에 대한 학생들의 선호도를 비교하고자 한다면, 실험에 참여할 학습자를 선정하여 각 교재에 대한 선호도를 일정 기간 간격으로 사용해보고 각 학습 교재에 대한 선호도를 반복측정 분산 분석을 통해 측정할 수 있다. 하지만 사전 처치가 주는 연습효과 및 기억효과 등이 있기 때문에, 학습과 관련된 연구에서는 사용하기 어려운 단점이 있다. 그러나 사전 처치의 효과가 제거될 수 있는 연구의 경우, 사전 처치의 효과를 제거하고 난 후 다음 처치의 효과를 분석할 수 있다.

실례

김정렬(2002)의 연구를 예로 하여, 반복 측정을 사용한 연구의 절차와 방법을 살펴보자. 이 연구는 반복 측정 외에도 빈도 분석과 요인 분석을 사용하고 있는데, 여기에서는 반복 측정 부분만을 살펴보고자 한다.

이 연구에서는 두 차례의 설문 조사가 실시되었다. 1차 조사는 2002년 1월에 초등학교 교사 30명을 대상으로 수준별 과제를 구성할 때 사용하는 변인들을 조사하였다. 그리고 2002년 2월에 전국의 217명의 초등학교 교사를 단순 무선 표집한 뒤 우편으로 설문지를 송부하여 회수된 설문지를 가지고 분석을 실시하였다.

설문 조사에 있어 과제의 수준을 조작하는 변인들로 과제의 복잡도, 과제 조건, 언어적 복잡도, 과제의 난이도로 구분한 후, 각 항목에 대하여 문항을 제작하여 설문을 실시하였다. 1차 조사에서는 사용 여부에 따라 빈도 분석과 상관 분석을 실시하여 수준별 과제를 구성할 때 사용하지 않는 문항과 활동을 구분하였다. 그리고 1차 조사에서는 초등학교에서 말하기, 듣기, 읽기, 쓰기 단계를 나눠서 조사했으나 듣기, 읽기의 이해 기능 및 말하기, 쓰기의 표현 기능의 수준별 과제 구성과 관련한 상관관계가 통계적으로 유의한 수준에서 높은 것으로 나타나, 2차 조사에서는 이해 기능, 표현 기능, 활동(게임과 역할극 포함)으로 구분하여 조사하였다. 2차 조사에서 사용된 설문의 내용은 다음 〈표 6-30〉과 같다.

자료 처리에 있어 평균 비교 분석 중 수업 영역별 과제 조작 변인 분석 부분을 예로 하여 반복 측정 방법을 사용한 부분을 살펴보면 다음과 같다.

과제를 구성할 때 과제 복잡도, 언어 복잡도, 과제 조건, 과제의 난이도 항목들을 이해, 표현, 활동 영역 중 어느 영역에서 가장 많이 사용하는지 내용을 살펴보기 위해 세 영역에 대한 일반 선형 모형

표 6-30 설문 문항의 내용

대분류	소분류	문항 번호
과제 복잡도	과제의 요소	1번
	사전 계획	2번
	시간과 공간	3번
	사전 지식 정도	4번, 7번
	추론 요구 정도	5번
	과제의 수	6번
언어적 복잡도	어휘 관련	8번, 9번, 10번
	통사 관련	11번, 12번
	잉여성 관련	13번
	정보의 밀도 및 친숙성	14번, 15번
과제 조건	정답의 폐쇄성	16번
	상호작용의 방향성	17번
	수렴성	18번
	유대 관계 정도	19번, 20번, 21번
과제 난이도	동기	22번
	자신감	23번, 24번
	적성	26번
	숙달도	27번, 28번
	흥미, 연령, 개인적인 학습 속도	25번, 29번, 30번

(General Linear Model)의 반복 측정 방법을 실시하였다. 그 결과 과제 조건에 대한 항목만이 통계적으로 유의한 차이를 보였다.

표 6-31 과제 조건의 평균과 표준 편차 (김정렬, 2002; p.84)

	N	평균	표준 편차
이해	217	9.31	1.89
표현	217	9.16	1.84
활동	217	9.61	1.98

* 12점 만점

그리고 개체 내 효과 검정과 더불어 과제 조건의 대응별 비교를 한 결과, 통계적으로 유의미한 차이를 보이는 영역은 이해 기능 영역과 활동 영역, 표현 기능 영역과 활동 영역이었다. 그래서 표현 기능(9.16)보다 이해 기능(9.31)으로 과제를 구성할 때, 표현 기능(9.16)보다 활동(9.36)으로 과제를 구성할 때 과제 조건의 항목을 더 많이 사용한다고 할 수 있다. 그러나 이해 기능 과제와 활동 과제를 구성할 때 과제 조건의 항목을 더 많이 사용하는 부분에 대해서는 통계적으로 유의한 차이를 보이고 있지 않다. 그 결과는 〈표 6-32〉와 〈표 6-33〉에 제시되어 있다.

표 6-32 개체 내 효과 검정 (김정렬, 2002; p.84)

	제곱합	자유도	평균 제곱	F	유의확률
영역별 조건	23.419	2	11.710	6.426	.002
오차	787.247	432	1.822		
합계	810.666				

표 6-33 과제 조건의 대응별 비교 (김정렬, 2002; p. 84)

(I)	(J)	평균차 (I-J)	표준오차	유의확률	95% 신뢰 구간	
					하한값	상한값
이해	표현	.152	.120	.208	-8.533E-02	.389
	활동	-.304	.135	.025	-.570	-3.842E-02
표현	이해	-.152	.120	.208	-.389	8.533E-02
	활동	-.456	.133	.001	-.718	-.194
활동	이해	.304	.135	.025	3.842E-02	.570
	표현	.456	.133	.001	.194	.718

2) 분할구획 요인설계 (SPSS: 분석 → 일반선형모형 → 반복측정)

분할구획 요인설계는 집단 간 요인과 집단 내 요인이 통합된 혼합 설계로서, 현재 교육학을 비롯한 다양한 분야에서 적용되고 있는 방법이다. 분할구획 요인설계의 기본 가정은 정규분포와 등분산의 여부뿐만 아니라 앞서 밝힌 반복측정의 구형성을 포함한다. 이는 분할구획 요인설계의 분석 결과 시 나오는 구형성 검정표를 보고 구형성 가정 여부를 판단할 수 있다.

특히 분할구획 요인설계의 경우, 다른 설계 방법과 달리 주요인 효과에 관심이 있는 것이 아니라 두 독립변인 간의 상호작용에 관심이 있다. 예를 들어, 1 교수법을 받은 집단과 2 교수법을 받은 집단이 나누어져 있고, 각 집단에 사전, 중간, 사후 평가를 실시하였다면, 교수법과 시간이라는 두 개의 독립변인을 가진 분할구획 요인설계를 사용할 수 있다. 이는 교수법에 따라 사전, 중간, 사후 평가 결과의 차이가 있는지를 알아보는 설계이다.

만약 1 교수법에 의한 영어읽기의 향상 정도를 보고 싶은 연구가 있을 때, 1 교수법을 통제 집단과 실험 집단에 처치한 후 두 개 집단의 읽기 평가 결과만을 가지고 독립표본 t-검정을 통해 1 교수법의 영어읽기 향상에 대한 효과성을 분석할 수 있다. 하지만 만약 학습자의 사전, 사후 테스트 모두의 결과를 가지고 효과성을 분석하려 할 때는 시간(사전, 사후)과 처치(1 교수법)를 독립변인으로 하고, 읽기 결과를 종속변인으로 하여 분할구획 요인설계를 사용할 수 있다. 위와 같이 분할구획 요인설계를 통해 아래와 같은 결과가 나왔다면 다음과 같이 해석할 수 있다.

기술통계량을 보면, 사전 평가에 대한 통제 집단의 평균은 71.20, 표준 편차는 23.21이며, 실험 집단의 평균은 69.44, 표준 편차는 17.70이다. 사후 평가에 대한 통제 집단의 평균은 65.76, 표준 편차

표 6-34 기술통계량

집단		평균	표준 편차	N
사전	통제	71.2000	23.20919	25
	실험	69.4400	17.69670	25
	합계	70.3200	20.44549	50
사후	통제	65.7600	27.15585	25
	실험	72.1600	20.80000	25
	합계	68.9600	24.15677	50

는 27.16이며, 실험 집단의 평균은 72.16, 표준 편차는 20.80이다. 통제 집단은 사전 평가 평균인 71.20에서 1 교수법의 처치 이후에 사후 평가 평균인 65.76으로 평균값이 약 5 ~ 6점 정도 떨어졌으며, 실험 집단은 사전 평가 평균인 69.44에서 1 교수법의 처치 이후에 사후 평가 평균인 72.16으로 평균값이 3점 정도 오른 것을 확인할 수 있다. 이와 같은 평균 차이가 통계적으로 유의한 차이가 있는지 개체 내 분산 분석 결과를 통해 확인해야 한다.

분할구획 요인설계의 분산 분석 결과를 보기 위해서는 구형성 검정을 먼저 살펴보아야 한다. 위에서 밝힌 것처럼, 구형성을 가정하면 분산 분석 결과에서 구형성 가정 부분을 읽으면 되고, 구형성을 가정하지 않을 경우, 보수적인 Greenhouse-Geisser값을 읽으면 된다. 분할구획 요인설계의 경우, 앞서 밝힌 대로 시간(사전 평가, 사후 평가)과 집단(교수법: 통제 집단-교수법을 처치 받지 않은 집단, 실험 집단-교수법을 처치 받은 집단)의 상호작용이 중요하다. 먼저, 시간별 요인인 사전-사후에서는 F값이 .498로 유의도(p)값이 .484로 통계적으로 유의하지 않게 나타났다. 이는 반복측정 시점에 따라 2회의 평균점수의 차이는 통계적으로 유의하지 않다는 것을 의미한다. 다음으로, 본 설계에서 보고자 하는 시간*집단의 유의확률은 .039로 통계적으

표 6-35 개체 내 분산 분석 결과

소스		제곱합	자유도	평균제곱	F	유의확률
시간	구형성 가정	46.240	1	46.240	.498	.484
	Greenhouse-Geisser	46.240	1,000	46.240	.498	.484
	Huynh-Feldt	46.240	1,000	46.240	.498	.484
	하한값	46.240	1,000	46.240	.498	.484
시간*집단	구형성 가정	416.160	1	416.160	4.481	.039
	Greenhouse-Geisser	416.160	1,000	416.160	4.481	.039
	Huynh-Feldt	416.160	1,000	416.160	4.481	.039
	하한값	416.160	1,000	416.160	4.481	.039
오차	구형성 가정	4457.600	48	92.867		
	Greenhouse-Geisser	4457.600	48.000	92.967		
	Huynh-Feldt	4457.600	48.000	92.867		
	하한값	4457.600	48.000	92.867		

로 유의한 차이가 있다고 나타났다. 이는 통제 집단과 실험 집단 간 통계적으로 유의한 차이가 있음을 의미한다.

만약 위의 개체-내 분산 분석 결과에서 집단 간의 유의한 차이가 없음이 확인되면, 개체-간 효과 검정을 봐야 한다. 집단 간의 유의차를 검정하기 위해 개체-간 효과 검정을 본 결과 다음과 같이 나왔다면, 아래와 같이 해석할 수 있다.

집단 간의 유의차를 검정하기 위해 개체 간 효과검정을 본 결과,

표 6-36 개체-간 분산 분석 결과

소스	제곱합	자유도	평균제곱	F	유의확률
절편	484972.960	1	484972.960	528.239	.000
집단	134.560	1	134.560	.147	.704
오차	44068.480	48	918.093		

집단의 유의확률이 .704로 .05보다 크므로 통계적으로 유의하지 않음을 알 수 있다. 이는 시간별로 반복측정된 것에 구분이 없다는 가정 하에서도 집단 간 차이가 없음을 의미한다.

3) 공변량분산분석 (SPSS: 분석 → 일반선형모형 → 일변량)

공변량분산분석은 회귀분석과 분산 분석을 결합한 방법으로, 각 집단의 사전 수준이 동일하지 않은 상태에서 처치를 하였을 경우, 사후 점수에서의 집단 차이가 처치에 의한 효과라고 단정 짓기 어렵기 때문에 종속변수를 교정하여, 교정된 종속변수의 평균 차이를 검정하는 방법이다. 이를 자세히 설명하면 1, 2, 3 집단의 영어 평가 점수가 70, 80, 90점으로 3 집단이 가장 높게 나왔다 하더라도 사전의 1, 2, 3 집단의 점수가 60, 70, 80점이었다면 이는 사후 평가 시 가장 평균이 높게 나온 3 집단이 교수법에 의한 것이 아니라 사전에 이미 80점으로 평균이 가장 높았기 때문에 나온 것으로 해석할 수 있다. 즉, 세 집단의 사전 평가 점수가 모두 다르기 때문에 사후 영어 평가 결과를 비교하기 어렵게 되므로, 각 집단의 사후 평가 점수를 회귀등식을 이용하여 집단의 사전 평가의 평균이 동일해지도록 교정하게 된다. 하지만 이는 통계적으로 오류가 많은 방법으로 사용할 때 주의해야 한다.

이를 위한 기본 가정은 정규분포와 등분산의 여부뿐만 아니라 종속변수를 교정할 때 회귀분석을 사용하기 때문에 독립변수과 종속변수 간에 선형적 상관관계를 가지고 있어야 하며, 각 집단의 회귀계수가 동일해야 한다. 만약 교수법에 따른 사후 영어성취의 공변량분산분석의 결과가 〈표 6-37〉과 같이 나왔다면 아래와 같이 해석할 수 있다.

표 6-37 공변량분산분석 결과

소스	제곱합	자유도	평균제곱	F	유의확률
수정모형	1265.075	2	632.538	18.007	.000
절편	712.344	1	712.344	20.278	.000
사전 영어성취	1053.452	1	1053.452	28.235	.000
교수법	1236.694	1	1236.694	35.205	.000
오차	1159.230	33	35.128		
합계	142425.000	36			
수정합계	2424.306	35			

사전 영어성취의 F값은 28.235, 유의확률은 .000로, 유의수준 .05에서 사전 능력이 사후 점수에 유의한 영향을 미치고 있음을 알 수 있다. 그러므로 공변량분산분석을 통해 사후 평가 점수를 교정해야 한다. 교정된 사후 평가 평균으로 분석한 결과(교수법) F값은 1236.694, 유의확률은 .000으로 교수법에 따라 통계적으로 유의한 차이가 있음을 알 수 있다.

4) 다변량분산분석 (SPSS: 분석 → 일반선형모형 → 다변량)

종속변인이 두 개 이상일 때 처치의 효과를 분석하는 방법이다. 예를 들어, 세 가지 교수법에 따라 영어성취도에 차이가 있는지를 검정하고자 할 때, 종속변인인 영어성취도가 읽기 능력, 쓰기 능력, 말하기 능력, 듣기 능력이 합쳐진 개념이라면 다변량분산분석을 사용한다. 이때 종속변인인 영어성취도의 종속변수들 간의 상관의 정도가 너무 낮거나 높지 않아야 한다. 상관의 정도가 너무 낮을 경우, 다변량분산분석보다는 각각의 종속변수에 대한 분산 분석을 실시하는 것이 좋다. 반면 상관의 정도가 너무 높을 경우는 종속변수의 구분이 의미가 있는지 살펴보는 것이 좋다.

예를 들어, 학생들의 영어읽기 능력을 문법능력과 단어능력으로 나누어 평가한다고 가정했을 때, 교수법에 따른 문법능력과 단어능력의 평균차이를 비교하고자 한다면, 종속변인이 문법능력과 단어능력 2개이므로 다변량분산분석을 사용해야 한다. 다변량분산분석은 기술통계량, 다변량 검정, 개체-간 효과 검정, 사후 검정을 살펴보아야 한다.

먼저 기술통계량을 통해 각 종속변인에 대한 교수법에 따른 평균

표 6-38 기술통계량

종속변인	교수법	평균	표준 편차	N
문법	1	77.0833	12.61643	12
	2	62.6364	11.50889	11
	3	73.2000	16.26038	10
	합계	71.0909	14.48785	33
단어	1	73.5833	15.77373	12
	2	66.6364	16.46373	11
	3	66.2000	16.08864	10
	합계	69.0303	15.97749	33

표 6-39 다변량 검정

효과		값	F	가설 자유도	오차 자유도	유의확률
절편	Pillai의 트레이스	.980	707.169	2.000	29.000	.000
	Wilks의 람다	.020	707.169	2.000	29.000	.000
	Hotelling의 트레이스	48.770	707.169	2.000	29.000	.000
	Roy의 최대근	48.770	707.169	2.000	29.000	.000
교수법	Pillai의 트레이스	.225	1.905	4.000	60.000	.121
	Wilks의 람다	.779	1.925	4.000	58.000	.118
	Hotelling의 트레이스	.277	1.940	4.000	56.000	.116
	Roy의 최대근	.254	3.803	2.000	30.000	.034

과 표준 편차, 학생 수를 파악할 수 있다. 기술통계량을 파악한 후 다변량 검정을 보기 위해 먼저 공분산 행렬에 대한 Box의 동일성 검정을 살펴봐야 한다. 동일성 검정결과, 유의수준 .05보다 크면 영가설을 기각하지 못하므로 공분산 행렬이 동일하다는 영가설을 채택한다. 공분산 행렬이 동일하면 다변량 검정값의 Wilks' Lambda값을 보면 된다.

교수법의 Wilks의 람다값은 .779, 유의확률은 .118로 유의수준 .05에서 통계적으로 유의하지 않게 나타났다. 다음으로 개체-간 효과 검정을 살펴보면, 각각의 종속변수가 교수법에 따라서 차이가 있는지를 검정한 결과, 문법의 경우 유의확률이 .044로 교수법에 따라 통계적으로 유의하게 나왔으나, 단어의 경우는 유의확률이 .478로 유의하지 않게 나타났다. 사후 검정의 경우, 일원분산분석에서 설명한 대로 해석하면 된다.

표 6-40 개체-간 효과 검정

소스	종속변수	제곱합	자유도	평균제곱	F	유의확률
수정모형	문법	1261.665	2	630.833	3.469	.044
	단어	391.908	2	195.954	.756	.478
절편	문법	165309.2	1	165309.2	909.115	.000
	단어	155370.1	1	155370.1	599.340	.000
교수법	문법	1261.665	2	630.833	3.469	.044
	단어	391.908	2	195.954	.756	.478
오차	문법	5455.062	30	181.835		
	단어	7777.062	30	259.235		
합계	문법	173496.0	33			
	단어	165420.0	33			
수정합계	문법	6716.727	32			
	단어	8168.970	32			

6.7 메타 분석

1) 메타 분석의 개요

메타 분석 방법은 특정 영역의 효과성 검증을 위한 체계적이고 포괄적인 방법으로 최근 주목을 받고 있다. 메타 분석이란 많은 개별 연구들의 결과를 하나로 종합하는 수량적인 방법으로, 개별 연구들의 결과를 동일한 측정치로 환산하여 종합적인 결과를 이끌어내는 분석법이다(김동일, 신을진, 황애경, 2002). 즉, 제기된 문제에 대한 일반적 결론을 도출하기 위하여 이미 이루어진 통계적 분석 결과들을 분석하는 분석의 분석(analysis of analysis)이다(Glass, 1981).

2) 메타 분석의 절차

메타 분석을 위해서 오성삼(2002)은 통계적인 분석 이전에 거쳐야 할 다섯 가지 절차를 다음과 같이 제시하고 있다. 첫째, 연구문제 또는 가설 설정, 둘째, 검토 대상 연구물들의 선정 및 수집, 셋째, 연구자료들의 특성 변인 코딩(연구특성을 선택하고 코딩 매뉴얼과 코딩표 개발), 넷째, 데이터 입력, 다섯째, 메타 통계분석 후 분석 결과의 제시와 해석으로 제시하고 있다.

(1) 연구문제 또는 가설 설정

일반적으로 영가설이나 대립가설의 설정은 집단 간의 차이가 우연에 의해 생길 가능성이 어느 정도인지를 규명하기 위해 하는 것이다. 연구자가 메타 분석에 있어서 통계결과의 추리에 관심이 있다면, 연구의 영가설이나 대립가설을 사전에 설정할 필요가 있지만, 통계결과의 추리에 별다른 관심이 없다면, 영가설이나 대립가설 대신 연구문제를 진술하는 것으로 대체할 수 있다. Norris와 Ortega (2000)는 제2언어 교수법에 대한 효과성을 메타 분석하면서 다음과 같은 연구문제를 설정하였다.

1. How effective is L2 instruction (versus simple exposure or meaning- driven communication)?
2. What is the relative effectiveness of different types of L2 instruction? (Norris & Ortega, 2000, p. 423)

(2) 검토 대상 연구물들의 선정 및 수집

메타 분석의 성패는 연구하고자 하는 주제와 관련하여 얼마나 많은 양의 자료들을 수집했는가에 의해 좌우된다고 할 수 있다. 연구하고자 하는 주제와 관련된 많은 연구물들을 가능하면 하나도 빠짐없이 수집함으로써 메타 분석이 의도하는 보다 신뢰성 있고 객관성 있는 포괄적 결론을 위한 논거를 제공하여야 한다.

이렇게 수집된 자료들이 메타 분석에 쓰여지기 위해서는 우선 메타 분석이 요구하고 있는 몇 가지 전제조건을 충족시켜야 한다. 첫째, 통합하고자 하는 주제와 관련된 선행 연구물들의 수가 충분하여 이 같은 연구물들을 수집하는 데에 어려움이 없어야 한다. 둘째, 메타 분석에 사용될 선행 연구의 설계 방식은 통제 집단과 실험 집단이 존재하는 실험연구여야 한다. 셋째, 통제 집단과 실험 집단에 평균과 표준 편차 그리고 사례 수 및 유의도 수준 등의 통계치가 밝혀진 연구들이어야 한다. 넷째, 평균과 표준 편차, 사례 수, 유의도 등에 대한 정보가 제시되지 않더라도 t, F, r값에 의한 통계값이 제시되어 통계적인 변환 공식에 의해 메타 분석에 사용될 수 있어야 한다.

(3) 연구자료들의 특성 변인 코딩

최종 분석대상 선행 연구들이 결정되고 나면 각각의 연구논문들에 대해 설정된 연구의 특성에 따라 코딩을 해야 한다. 이때 코딩 분류가 애매한 경우에는, 연구의 신뢰도를 저하시킬 우려가 있다. 따라서 실제 코딩을 하기 전 코딩 내용들을 상세하게 설명하고, 코딩에 제시된 변인이 구체적으로 무엇을 의미하는지에 대한 내용 설명 등 코딩에 필요한 코딩 양식을 미리 작성하는 것이 중요하다. 따라서 코딩 양식이 구체적이고 명료하게 만들어질수록 코딩의 오류를 방지할 수 있고 결국 메타 분석 연구의 신뢰도를 높이는 주요 원인이 된다. 박성열, 유병민, 최종일(2005)은 웹 기반 교수-학습 관련 변인이 학습효과에 미치는 영향에 대한 메타 분석에서 코딩에 제시된 변인들을 다음과 같이 정리하였다.

웹 기반 교수-학습 관련 변인(독립변인)				
학습자 변인	교수자 변인	학습내용 변인	학습방법 변인	학습환경 변인
학습 스타일 학습 동기 학습 태도 학습자 배경	교수자 역할 :모델, 촉진자	내용의 적절성 매체의 풍부성	내용 제시 방법 상호작용 웹 자체	시스템 요인 적용 상황 운영 요인 심리적 요인

웹 기반 교수-학습 효과 관련 변인(종속변인)		
학습 효과 흥미도	만족도 상호작용 정도	태도 변화　　동기 변화 웹 기반 교육에 대한 효용성

(박성열, 유병민, & 최종일, 2005, p. 135)

위와 같이 코딩에 제시할 변인들을 구체적으로 정리하고, 코딩에 필요한 코딩 양식을 미리 작성한다. 만약 메타 분석을 위해 선정된 연구물들이 모두 실험 집단과 통제 집단으로 이루어져 있으며, 평균

표 6-41 코딩 양식 예제

<table>
<tr><th rowspan="2">연구물</th><th rowspan="2" colspan="2">독립변인</th><th rowspan="2" colspan="2">종속변인</th><th rowspan="2">실험/
통제
집단수</th><th colspan="2">실험 집단</th><th colspan="2">통제 집단</th><th rowspan="2">ES</th></tr>
<tr><th>M</th><th>sd</th><th>M</th><th>sd</th></tr>
<tr><td rowspan="2">홍길동
(2011)</td><td rowspan="2">학습
방법
변인</td><td rowspan="2">상호
작용</td><td>인지적</td><td>말하기
읽기
쓰기</td><td>15/15</td><td></td><td></td><td></td><td></td><td></td></tr>
<tr><td>정의적</td><td>흥미도
자신감
학습불안</td><td>8/8</td><td></td><td></td><td></td><td></td><td></td></tr>
</table>

과 표준편차값을 제시하고 있다면 아래와 같이 코딩 양식을 설정할 수 있을 것이다.

(4) 데이터 입력 및 메타 통계 분석

메타 분석의 오류와 관련하여 황정규(1988)는 동질성의 문제, 연구의 질에 관한 문제, 연구의 독립성에 관한 문제, 그리고 유의도 수준에 따른 오류 가능성 등 네 가지 유형으로 요약하여 제시하였다. 이를 해결하기 위하여 각 연구별 효과 크기들이 동일한 모집단으로부터 나온 것임을 알아보기 위한 동질성 검정 통계(Q) 및 각 연구의 질 차이에 따른 모순을 완화하기 위한 역변량가중치(w)를 활용하여 자료를 분석할 필요가 있다.

① 동질성 검정 통계(Q)

Q 검사(Q test, Testing Consistency or Homogeneity)는 동질성 검사 또는 효과 크기의 일관성 검사로서, 분석대상이 되는 효과 크기들이 모집단의 효과 크기를 잘 나타내 주고 있는가의 여부를 알기 위한 검사이다. 메타 분석의 대상이 되는 연구들의 효과 크기들의 동

질성 검사를 위한 통계량 Q 값을 구하는 공식은 〈공식 1〉과 같다.

$$Q = \sum (w \times ES^2) - \frac{\left[\sum (w \times ES)\right]^2}{\sum w}$$

$$se = \sqrt{\frac{n_1 + n_2}{n_1 n_2} + \frac{\overline{ES_{sm}}}{2(n_1 + n_2)}}$$

(w : 역변량가중치, ES : 효과 크기)

$$w = \frac{1}{se^2}$$

(w : 역변량가중치, se : 표준오차)

공식 1 동질성 검정 통계(Q) 공식

〈공식 1〉의 공식에서 알 수 있듯이 Q 값을 구하기 위해서는 개별 연구물들의 역변량가중치(w)값과 효과 크기(ES)값을 알아야 한다. 개별 연구물들의 역변량가중치(w)값은 위의 공식을 이용하여 엑셀 등의 프로그램에서 구할 수 있으며, 효과 크기(ES)는 아래의 개별 효과 크기 산출에서 제시된 효과 크기 산출 공식을 이용하여 마찬가지로 엑셀 등의 프로그램에서 구할 수 있다.

위의 공식을 이용하여 얻은 값을 아래의 〈표 6-42〉와 같이 정리하여 계산된 3개 변수(w, $w \times ES$, $w \times ES^2$)의 합을 공식에 직접 적용하면 된다.

② 역변량가중치(w) 활용

ⓐ 개별 효과 크기 산출

효과 크기의 개념은 각기 다른 통계적 방법에 의해 이루어진 연구결과들을 수량적으로 통합하고자 할 때 서로 다른 척도와 방법을 사용하여 얻은 연구결과를 의미 있게 비교할 수 있도록 하나의 공통 척도로 나타내는 집단 간 표준화된 평균치의 방법이라 할 수 있다(오

표 6-42 역변량가중치를 적용한 효과 크기의 제곱

연구물	효과 크기 (ES)	역변량가중치 (w)	$w \times ES$	$w \times ES^2$
1	1.48	0.31	0.46	0.68
2	1.01	0.28	0.29	0.29
3	2.21	0.39	0.86	1.90
4	-4.12	0.72	-2.97	12.22
5	1.25	0.16	0.20	0.25
6	0.73	0.14	0.10	0.07
7	1.67	0.18	0.30	0.50
8	1.47	0.04	0.06	0.09
…	…	…	…	…

성삼, 2002). 메타 분석을 위해 선정된 개별 연구들의 효과 크기를 구하는 데 있어, Rosenthal (1994)은 Cohen's (1977)의 d-유형 효과 크기를 추천하였다. Cohen's d는 가장 적절한 효과 크기 측정도구로, APA 가이드라인(American Psychological Association, 1994, p. 18)에서는 효과 크기를 제시하도록 권장하고 있으나, 불행히도 많은 연구들이 이를 제시하고 있지 않다.

그러므로 효과 크기가 제시되어 있지 않은 연구의 경우, 앞서 메타 분석대상 연구물들의 선정 기준에서 밝혔듯이 비교 집단과 실험 집단의 평균과 표준 편차, 사례 수 등 각 연구에서 제공된 기술통계값을 이용하여 효과 크기(여기에서는 d 대신 ES로 표시하도록 한다)를 산출해야 한다. 〈공식 2〉는 비교 집단과 실험 집단의 평균과 표준 편차, 사례 수를 활용하여 효과 크기를 산출하는 공식이다.

예를 들어, 앞서 설정한 코딩 양식에 의거하여 아래의 〈표 6-43〉과 같이 코딩을 했다고 가정했을 때 코딩 양식에 제시된 통계값들을 이용하여 효과 크기를 구할 수 있다.

$$ES = \frac{\overline{X_e} - \overline{X_c}}{S_{pooled}}$$

- ES : 효과 크기
- $\overline{Xe}$: 실험 집단의 평균
- $\overline{Xc}$: 통제 집단의 평균
- S_{pooled} : 실험 집단과 통제 집단의 통합 표준 편차

$$S_{pooled} = \sqrt{\frac{(n_e - 1)S_e^2 + (n_c - 1)S_c^2}{n_e + n_c - 2}}$$

- n_e : 실험 집단의 사례 수
- n_c : 통제 집단의 사례 수
- S_e : 실험 집단의 표준 편차
- S_c : 통제 집단의 표준 편차

공식 2 기술통계값을 이용한 효과 크기 산출 공식

표 6-43 코딩에 따른 효과 크기 예시

연구물	독립 변인	종속변인		실험/통제 집단수	실험 집단		통제 집단		ES
					M	sd	M	sd	
홍길동 (2011)	상호 작용	인지적	말하기	15/15	73.33	16.11	52.67	16.78	1.22
			읽기		78.61	16.73	64.72	20.83	0.72
			쓰기		69.17	17.45	41.39	15.71	1.63
		정의적	흥미도	8/8	34.00	11.47	25.00	5.24	0.95
			자신감		40.87	5.11	25.37	8.50	2.09
			학습불안		19.75	5.06	40.37	4.95	-3.89
	…	…	…	/	…	…	…	…	…

위의 코딩표와 같이 홍길동의 연구에서 상호작용(독립변인, 즉 실험 집단에 가해진 처치)에 따른 인지적 영역의 말하기 평가 결과를

보면, 실험/통제 집단의 사례 수는 각각 15명이며 실험 집단의 평균은 73.33, 표준 편차는 16.11이고, 통제 집단의 평균은 52.67, 표준 편차는 16.76이다. 이 통계값들을 효과 크기 산출 공식에 대입하면, 1.22의 효과 크기를 구할 수 있다.

하지만 만약 기술통계값인 평균과 표준 편차, 사례 수, 유의도 등에 대한 정보가 제시되지 않고 t, F 값 등에 의한 통계값이 제시되어 있다면 각 값에 맞는 통계적인 변환 공식을 이용하여 효과 크기를 산출해야 한다. 이때 적용할 수 있는 공식은 실험 집단과 비교 집단(또는 통제 집단)의 사례 수를 이용하는 방법과 실험 집단 사례 수+비교 집단 사례 수인 총 사례 수(N)를 이용하는 방법이 있다. 먼저 t 값을 알고 있을 때 각 집단의 사례 수를 이용하는 방법은 〈공식 3〉과 같다.

$$ES = t\sqrt{\frac{n_e + n_c}{n_e n_c}}$$

- n_e : 실험 집단의 사례 수
- n_c : 통제 집단의 사례 수

공식 3 f **값에 대한 효과 크기 계산 공식(각 집단의 사례 수 활용)**

효과 크기를 알고자 하는 연구물에서 제시된 t 값과 각 집단의 사례 수를 위의 공식에 대입하면, 기술통계량을 알지 못하더라도 기술통계값을 이용한 효과 크기, 산출 공식과 같은 효과 크기를 구할 수 있다. 예를 들어, 어느 한 연구에서 실험 집단 8명과 비교 집단 10명을 대상으로 평균값에 대한 차이검정을 한 결과, t 값이 1.68로 제시되어 있다면, 이를 위의 공식에 대입하면 다음과 같이 효과 크기를 구할 수 있다.

$$ES = 1.68\sqrt{\frac{8+10}{(8)(10)}}$$

$$= 1.68\sqrt{\frac{18}{(80)}} = 0.797$$

또는 실험 집단과 비교 집단의 사례 수를 합한 총 사례 수를 이용한 공식을 이용할 수도 있다. 총 사례 수를 활용한 〈공식 4〉와 같다.

$$ES = \frac{2t}{\sqrt{N}}$$

• N : 총 표본 크기($n_e + n_c$)

공식 4 t 값에 대한 효과 크기 계산 공식(총 사례 수(N) 활용)

다음으로, F 값을 알고 있을 때도 마찬가지로 각 집단의 사례 수를 이용하는 공식과 총 사례 수를 이용하는 공식이 있는데 〈공식 5〉는 각 집단의 사례 수를 이용한 것이고, 〈공식 6〉은 실험 집단의 사례 수와 비교 집단의 사례 수를 합한 총 사례 수를 이용한 것이다.

$$|ES| = \sqrt{\frac{F(n_e + n_c)}{n_e n_c}}$$

• n_e : 실험 집단의 사례 수

• n_c : 통제 집단의 사례 수

공식 5 F 값에 대한 효과 크기 계산 공식(각 집단의 사례 수 활용)

$$|ES| = 2\sqrt{\frac{F}{N}}$$

• N : 총 표본크기($n_e + n_c$)

공식 6 F 값에 대한 효과 크기 계산 공식(총 사례 수(N) 활용)

예를 들어, 실험 집단 50명과 비교 집단 78명에 대한 일원분산분석을 실시한 어떤 연구에서 F 값이 13.1, 자유도가 1, 98의 연구결과를 제시하고 있다면, 다음과 같이 효과 크기를 구할 수 있다.

$$|ES| = 2\sqrt{\frac{13.1}{128}} = 0.64$$

단, 효과 크기를 구할 때 사례 수가 20 이하일 경우에는 효과 크기 교정 계수(c)를 사용해야 한다. 사례 수가 적을 경우 효과 크기가 다소 높게 나오는 경향이 있기 때문에 〈공식 7〉의 교정 계수(c)를 사용하여 효과 크기를 조정해야 한다.

$$adjusted\, ES = c \times ES$$

$$c = 1 - \frac{3}{4m - 9}$$

(m : 실험 집단 표본 수+통제 집단 표본 수)

공식 7 교정 계수를 이용한 효과 크기 산출 공식

ⓑ 평균 효과 크기 산출

효과 크기의 평균값을 구할 때, 연구마다 사례 수가 다르고 연구의 질 역시 같지 않으므로 사례 수가 큰 연구와 질이 높은 연구에는 가중치를 부여해 주어야 통합분석에 따른 모순이 완화된다. 가중치를 적용하는 방법으로 표준오차의 역수를 가중치로 사용하는 역변량가중치(w)를 활용하는 방법이 보다 안정된 가중치를 제공하는 방법으로 평가되고 있다(오성삼, 2002, p. 181). 이에 역변량가중치(w)를 활용한 평균 효과 크기 산출 공식은 아래와 같다.

$$\overline{ES} = \frac{\sum(w \times ES)}{\sum w}$$

(w : 역변량가중치, ES : 효과 크기)

$$w = \frac{1}{se^2}\ se = \sqrt{\frac{n_1 + n_2}{n_1 n_2} + \frac{\overline{ES_{sm}}}{2(n_1 + n_2)}}$$

(w : 역변량가중치, se : 표준오차)

공식 8 가중치 활용 평균 효과 크기 산출 공식

(5) 분석 결과의 제시와 해석

분석 결과의 제시와 해석은 먼저 동질성 검사인 Q 검사의 결과를 해석한 후 역변량가중치(w)를 활용하여 구한 평균 효과 크기를 해석한다.

① 동질성 검사(Q 검사)의 해석

Q 검사의 영가설은 분석하는 모든 연구들의 효과 크기가 동일 모집단에서 나온 것인지를 알아보는 것이다. Q 검사는 메타 분석에서 정형적으로 검증해야 하는 1차 검사로서, Q 검사의 결과 Q 값이 통계적으로 유의하지 않아야 이 분석에서 사용된 효과 크기들이 동일 모집단의 표본이라고 할 수 있다. Q 검사로 동질 모집단에서 나온 표본이라는 것이 검증이 되면 이 연구들에서 나온 효과 크기를 검증할 수 있게 된다. 즉, 분석 대상이 되는 효과 크기 자료집단의 동질성이 검정되면, 메타 분석에서 우려하고 있는 자료의 동질성 문제가 해결되는 것이다.

이와 같은 동질성 검사는 카이자승 분포표를 활용하여 판단한다. 예를 들어 동질성 검정의 통계량 Q 값이 나왔다면, 자유도(df)와 유의 수준을 고려하여 카이자승 분포표에서 카이자승의 한계값(critical value)을 구한다. 이때, 동질성 검정의 통계량 Q 값이 카이제곱의 한계값(critical value)보다 작으면 동질성에 대한 영가설을 기각할 수 없어 선별된 연구들의 효과 크기들을 동질적인 것으로 간주하고 메타 분석을 실시할 수 있다. 만약 동질성 검정에 실패하여 이질적인 자료들을 분석해야 할 경우라면 랜덤효과모형, 모수효과모형, 혼합효과모형 등의 다른 방법을 선택하여 메타 분석이 이루어져야 할 것이다.

② 평균 효과 크기의 해석

역변량가중치를 활용하여 평균 효과 크기를 구한 뒤, 효과적인 해석을 위해 필요한 평균 효과 크기의 표준오차와 95% 신뢰구간, Z 검정값, 그리고 U3지수(비중복 백분위 지수: percentile of non-overlap)를 구하여 검증한다. 이들을 구하는 공식은 아래와 같다. Cohen(1977)의 U3지수는 표준정규 분포표(normal distribution table)에서 효과 크기를 z점수로 보고, z점수까지의 누적 면적에 해당하는 값을 찾아, 이 값을 백분위(percentile)로 나타낸 것이다.

평균 효과 크기의 표준오차

$$se_{ES} = \sqrt{\frac{1}{\sum w}}$$

평균 효과 크기의 Z-검정

$$Z = \frac{ES}{se_{ES}}$$

(w : 역변량가중치, ES : 효과 크기)

95% 신뢰구간

$$\text{하한값} = ES - 1.96(se_{\overline{ES}})$$

$$\text{상한값} = ES + 1.96(se_{\overline{ES}})$$

공식 9 평균 효과 크기의 표준오차, Z-검정, 95% 신뢰구간 공식

만약 95% 신뢰구간에 영가설인 효과 크기의 값이 0이 포함되지 않거나 산출된 Z값이 1.96보다 큰 경우, 통계적으로 유의하게 효과가 있다고 해석할 수 있다. 또한 U3지수를 통해서도 어느 정도의 영향을 미쳤는지 알아볼 수 있다. 예를 들어 특별한 실험 처치에 대한 효과를 분석하는 메타 분석의 경우 평균 효과 크기가 0.92가 나왔다면, U3지수는 표준정규 분포표에 의해 82.12%가 된다. 이는 정규분

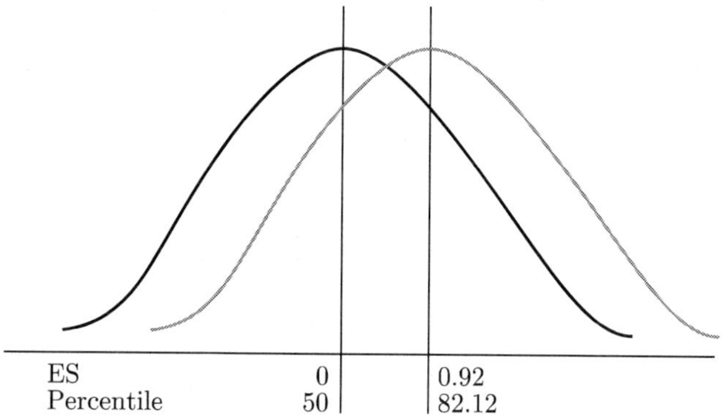

그림 6-3 U_3지수(82.12%)의 예시

포 곡선하에서 특별한 실험 처치가 없었던 통제 집단의 평균점수를 50%라고 했을 때, 다양한 처치 방법을 받은 실험 집단의 평균이 통제 집단 분포에서 82.12%로, 즉 32.12%만큼 증가했다는 것으로 해석할 수 있다(그림 6-3).

(6) 메타 분석의 실례

실제 메타 분석을 활용한 Taylor, Stevens, Asher(2006)의 연구를 통해 메타 분석의 전반적인 절차와 방법에 대해 살펴보자. 이 연구는 읽기 책략을 명시적으로 가르쳤을 경우(Explicit Reading Strategy Training, 이하 ERST)의 효과를 양적 메타 분석을 통해 살펴보고 있다. 논문에 제시된 연구 문제는 다음과 같다(p. 220).

1) L2 독해에 있어 ERST의 전반적인 효과는 어떠한가?
2) 초인지(metacognitive) ERST의 사용이 L2 독해 능력을 증진시키는 데 영향을 미치는가?
3) L2 독해 능력에 대한 ERST의 효과를 측정하는 데 어떤 평가가 가장 적합한가?
4) 환경(FL, EFL, ESL 등)이 ERST 연구에 영향을 미치는가?

5) 1, 2, 3학년 학생 중 ERST가 효과적인 학년은 무엇인가?
6) L2 학습자의 나이가 ERST에서 차이를 만들어 내는가?
7) 평가 시기와 처치 기간(treatment time length)이 ERST 연구에 영향을 미치는가?
8) 텍스트의 전체적 길이가 ERST의 효과를 측정하는 데 영향을 미치는가?

위와 같은 연구 문제를 해결하기 위해 Taylor와 Stevens, Asher (2006)은 다음과 같은 기준을 통해 관련 연구를 수집하였다(p. 221).

1) 실험(experimental) 또는 준실험(quasi-experiment) 연구일 것
2) 영어로 쓰인 논문일 것
3) 연구 종속 변인 중 적어도 하나는 독해(reading comprehension) 일 것
4) ERST가 실시된 경우와 실시되지 않은 경우의 효과를 측정하였을 것
5) 제시된 데이터로부터 효과 크기(effect size)를 계산할 수 있을 것

위와 같은 기준으로 총 21개의 연구를 선정하였고, 23개의 개별 연구 결과를 메타 분석에 활용하였다. 선정된 연구 결과의 개별 효과 크기는 DSTAT(Johnson, 1993) 소프트웨어를 활용해 Hedge's g 값을 산출하였다. 계산에 사용된 공식은 이미 살펴본 바 있으므로 여기에서는 연구의 기술통계값(표 6-44)과 개별 메타 분석 결과(표 6-45)만을 살펴보자. 먼저 실험반과 비교반의 수(Ne와 Nc), 사전 평균(Pre Xe와 PreXc), 사후 평균(Post Xe와 Post Xc), 효과 크기(g) 등이 제시되어 있는 기술통계값은 〈표 6-44〉과 같다.

이와 같은 개별 기술통계값을 기초로 각 연구의 메타 분석을 실시한 결과는 다음 〈표 6-45〉와 같다.

표 6-44 기본 기술통계 결과 (Talor, Stevens & Asher, 2006; p. 224)

Primary Study Outcome	Ne	Nc	Pre Xe	Pre Xc	Post Xe	Post Xc	g
Arellano (1991) 3rd grade	17	16	51.53	49.12	41	36.44	.09
Arellano (1991) 6th grade	29	14	54.86	42.64	49.21	43.93	-.25
Barnett (1988a)	90	73	31.86	32.53	35.23	34.15	.28
Barnett (1998b)	51	213	true exp	true exp	21.04	20.31	.07
Bimmel et al. (2001)	12	119	83.88	82.02	89.07	86.06	.11
Brown (1991)	15	15	28	27	32	20	.95
Carrell et al.	9	8	gn score	gn score	3.33	-.63	1.35
Evans (2002) Beginning level	12	15	true exp	true exp	3.67	4.53	-.55
Evans (2002) Intermediate Level	6	7	true exp	true exp	4.83	4.86	-.02
Ghenghea (1985)	15	15	*p*-value	*p*-value	*p*-value	*p*-value	1.14
Hamp-Lyons & Proulx (1982)	8	8	84.1	83.9	103	115.25	.56
Kemper (1989)	84	56	41.50	38.51	49.77	40.75	.83
Kern (1989)	26	27	61.92	72.22	83.08	75.26	1.49
Kitajima (1997)	13	15	30.69	25.53	2.82	1.67	.77
Kusiak (2001)	78	80	11.56	12.78	14.49	13.81	.48
Pappa et al. (2003)	30	29	54.90	61.50	60.90	62.00	.49
Park-Oh (1994)	24	21	97.13	123	114.72	119.93	.55
Porter (1992)	17	17	true exp	true exp	4.45	1.52	1.65
Prinz (1998)	14	12	14.00	19.85	12.33	15.62	-.29
Raymond (1993)	21	22	48.43	46.41	50.91	37.82	.47
Talbot (1995)	183	61	52.00	54.00	67.60	60.70	.53
Tanaka (1985)	30	30	7.43	9.07	8.07	7.93	1.00
Zhicheng (1992)	12	14	true exp	true exp	F-value	F-value	1.13

* true exp = true experiment; gn score = gain scores reported;
p-value = only *p*-value reported; F-value = only F-value reported

표 6-45 전체 메타 분석 결과 (Talor, Stevens & Asher, 2006; p. 225)

Primary Study Outcome	N1	N2	Effect	StdErr	Lower	Upper	PV alue
Arellano (1991) 3rd grade	17	16	.091	.349	-.620	.802	.791
Arellano (1991) 6th grade	29	14	-.251	.327	-.911	.408	.436
Barnett (1988a)	90	73	.280	.158	-.033	.592	.076
Barnett (1998b)	51	213	.070	.155	-.235	.374	.651
Bimmel et al. (2001)	12	119	.110	.303	-.489	.710	.715
Brown (1991)	15	15	.947	.388	.152	1.741	.013
Carrell et al.	9	8	1.351	.553	.172	2.530	.010
Evans (2002) Beginning Level	12	15	-.555	.396	-1.370	.261	.152
Evans (2002) Intermediate Level	6	7	-.020	.556	-1.245	1.204	.969
Ghenghea (1985)	15	15	1.138	.398	.324	1.953	.003
Hamp-Lyons & Proulx (1982)	8	8	.556	.513	-.544	1.655	.259
Kemper (1989)	84	56	.831	.180	.476	1.187	.000
Kern (1989)	26	27	.1.488	.313	.859	2.116	.000
Kitajima (1997)	13	15	.776	.395	-.036	1.588	.045
Kusiak (2001)	78	80	.481	.161	.162	.800	.003
Pappa et al. (2003)	30	29	.492	.265	-.037	1.022	.060
Park-Oh (1994)	24	21	.553	.305	-.062	1.168	.066
Porter (1992)	17	17	1.650	.404	.828	2.472	.000
Prinz (1998)	14	12	-.292	.396	-1.109	.525	.450
Raymond (1993)	21	22	.472	.310	-.153	1.098	.123
Talbot (1995)	183	61	.530	.150	.235	.825	.000
Tanaka (1985)	30	30	.997	.275	.447	1.547	.000
Zhicheng (1992)	12	14	1.127	.404	.298	1.957	.004
Fixed Combined (23)	797	907	.487	.054	.380	.593	.000
Random Combined (23)	797	907	.535	.101	.336	.734	.000

위와 같은 메타 분석 결과는 연구 문제 중 1번, 즉 'L2 독해에 있어 ERST의 전반적인 효과는 어떠한가?'에 대한 해답이다. 앞서 언급했던 나머지 연구 문제들에 대한 결과를 살펴보기 위서는 각 요소별로 연구 자료들의 특성을 변인으로 나누어 코딩해야 한다. 예를 들어 연구 문제 2번이었던 '초인지(metacognitive) ERST의 사용이 L2 독해 능력을 증진시키는 데 영향을 미치는가?'에 대해 분석하려면, 메타 분석에 사용된 23개의 연구들 중 '초인지적 요소가 있는 연구'와 '초인지적 요소가 없는 연구'로 구분해서 두 부류의 효과 크기를 비교해봐야 할 것이다. 즉, 복수의 연구들을 연구의 상황(conditions)과 조절변인(moderator variables)으로 구분하는 절차가 필요하다.

Talyor와 Stevens, Asher(2006)의 연구에서 사용한 변수들과 코딩값은 다음 〈표 6-46〉과 같다.

이러한 기준으로 각 연구들을 분류한 결과는 〈표 6-47〉과 같다.

다음 분석 결과들을 종합해 보면 ERST의 전체 효과 크기는 Hedge's g로 보았을 때 0.54였으며, 연구 사이에는 상당한 수준의 동질성이 발견되었다($Q = 63.92$, $p < .001$). 이러한 통계값은 ERST를 받은 학생들이 그렇지 않은 학생들에 비해 사후 평가에서 표준편차의 절반 이상의 향상을 보였다는 것을 의미한다. 이러한 연구 결과를 좀 더 현실적으로 해석해보기 위해 효과 크기를 비율 척도로 변환해 보면, ERST를 받은 학생들의 68%가 그러한 교육을 받지 않은 학생들에 비해 독해 능력의 향상을 보일 것이라고 예측할 수 있다(Talor, Stevens & Asher, 2006; p. 228).

이 연구에서는 전체 효과 크기에 이어서 〈표 6-47〉에 제시된 세부 조절변인별로 동질성 검사를 실시함으로써, 각 변인이 ERST의 효과에 어떠한 영향을 미쳤는지 살펴보고 있다. 여기에서는 총 9개의 세부 변인 중 'A. 메타인지적 요소'와 'I. 검사 도구에서의 단어 수'의 두 가지 변인만을 제시한다.

표 6-46 요소별 변수와 코딩값 (Talor, Stevens & Asher, 2006; p. 227)

Experimental Methodology Variables	Codes
A. Metacognitive Elements	1 - Yes 2 - No
B. Dependent Variable	1 - L1 Recall 2 - L2 Recall 3 - Cloze Test 4 - Mix 5 - Standardized Test 6 - Multiple-Choice 7 - Open-ended Questions 8 - Sentence Translation
C. Productive versus Receptive Variable	1 - Productive 2 - Receptive 3 - Both
D. Total Time of Experiment, Pretest to Posttest	1 - One to Four Weeks 2 - Six to Ten 3 - Eleven to Twenty 4 - Thirty or more
E. Total Hours of Treatment	1 - Zero to Five 2 - Six to Ten 3 - Eleven to Twenty 4 - Thirty or more
Language Variables	
F. Average Level of Participants[1]	1 - First Year 2 - Second Year 3 - Third Year or ESL
G. Average Age of Participants	1 - Zero to 12 2 - Twelve to Eighteen 3 - Eighteen or more or University Student
H. Language Context of Study	1- ESL 2 - EFL 3 - FL
I. Words in Text(s) of Testing Instrument	0 - no data 1 - Zero to four hundred 2 - Four hundred to eight hundred 3 - Eight hundred or more

표 6-47 변수별 코딩 결과 (Talor, Stevens & Asher, 2006; p. 228)

Study Outcomes	Variables & Codes								
	A	B	C	D	E	F	G	H	I
Arellano (1991) 3rd grade	2	5	2	3	3	3	1	2	2
Arellano (1991) 6th grade	2	5	2	3	3	3	1	2	2
Barnett (1988a)	2	5	2	4	2	1	3	3	0
Barnett (1998b)	1	1	1	3	4	1	3	3	2
Bimmel et al. (2001)	2	5	3	4	3	3	2	2	0
Brown (1991)	1	2	1	2	2	3	3	2	3
Carrell et al.	1	7	1	1	1	3	3	1	3
Evans (2002) Beginning Level	2	1	1	2	1	1	3	3	1
Evans (2002) Intermediate Level	2	1	1	2	1	2	3	3	1
Ghenghea (1985)	1	4	3	3	3	3	2	3	1
Hamp-Lyons & Proulx (1982)	1	3	1	4	4	3	3	1	3
Kemper (1989)	1	5	2	2	4	3	3	1	0
Kern (1989)	2	1	1	4	4	2	3	3	1
Kitajima (1997)	2	1	1	4	4	2	3	3	2
Kusiak (2001)	1	4	3	1	2	2	2	2	1
Pappa et al. (2003)	1	4	3	1	1	3	2	2	3
Park-Oh (1994)	1	2	1	2	2	3	3	1	3
Porter (1992)	2	1	1	1	3	3	2	3	3
Prinz (1998)	2	5	2	3	3	3	2	1	0
Raymond (1993)	1	1	1	2	1	2	3	3	2
Talbot (1995)	1	2	1	2	2	3	3	1	3
Tanaka (1985)	2	4	3	4	4	3	3	2	2
Zhicheng (1992)	1	6	2	1	1	3	3	1	3

표 6-48 '메타인지적 요소' 변인에 대한 동질성 검사 결과

(Talor, Stevens & Asher, 2006; p. 229)

Group	Post estimate		
Yes (12)	.4050		
No (11)	.5318		
Combined (23)	.4866		

Source	Q-Value	df	PValue
Between classes	1.24800	1.0000	.2642

〈표 6-48〉에서 볼 수 있는 것처럼, 인지 책략만을 가르쳤던 11개의 연구들의 평균 효과 크기는 .53인 반면, 초인지 책략 역시 포함되었던 연구들의 평균 효과 크기는 .41이었다. 하지만 이러한 차이는 통계적으로 유의한 차이는 아니었기 때문에 ($Q\beta = 1.25$; $p = .26$), ERST에 있어 초인지 책략적 요소가 포함되었는지 그렇지 않은지가 L2 독해 평가에 있어 통계적 차이를 유발시키지는 않는 것으로 판단된다.

다음으로 '사후 평가 지문에서의 단어수'를 독해력에 대한 ERST의 효과를 측정하는 데 영향을 줄 수 있는 잠재적 변수로 가정하고 동질성 검사를 실시하였다. 〈표 6-49〉에서 볼 수 있는 것처럼 801단어 이상을 포함한 지문을 사용한 연구들의 효과 크기는 0.70이었으며, 0에서 400단어는 0.57, 401에서 800단어는 .27이었다. 또한 이 변수들 사이에서 통계적으로 유의한 차이가 있었다($Q\beta = 8.60$; $p = .01$).

지금까지 Taylor와 Stevens, Asher(2006)의 연구를 통해 메타 분석의 전반적인 절차를 차례대로 살펴보았다. 현재 Taylor와 Stevens, Asher(2006)의 연구에서는 변인들 사이의 효과 크기의 차이를 동질성 검증(Q-Test) 결과를 보여주는 형식을 취하고 있다. 하지만 이처럼 단순히 검증 결과를 표로 보여주는 것보다는 그래프나 차트와 같

표 6-49 '사후 평가 지문에서 전체 단어 수' 변인에 대한 동질성 검사 결과

(Talor, Stevens & Asher, 2006; p. 234)

Group	Post estimate		
0-400 (5)	.5768		
401-800 (6)	.2728		
801+ (8)	.6954		

Source	Q-Value	df	PValue
Between classes	8.6020	2.0000	.0135

은 시각적인 자료로 제시하면 그 차이를 보다 명확하게 보여줄 수 있는 경우가 많다. 그래서 박스플롯(boxplot)을 통해 메타 분석 결과를 보여주고 있는 Keck과 Iberri-Shea, Tracy-Ventura, Wa-Mbaleka (2006)의 연구를 마지막으로 간략히 살펴보자.

이 논문은 과제기반 상호작용(task-based interaction)과 언어 습득(acquisition) 사이의 관계를 규명하기 위해 여러 선행 연구들을 다양한 변인별로 구분하여 메타 분석을 실시하였다. 그 중 목표 영역을 문법(grammar)와 어휘(lexis)로 나누어 분석하였는데, 그 결과를 표로 제시한 부분(표 6-50), 또 박스플롯으로 제시한 부분을 각각 살펴보자.

표 6-50 목표 영역에 대한 효과 크기

(Keck, Iberri-Shea, Tracy-Ventura, & Wa-Mbaleka, 2006; p. 112)

	n[a]	k[b]	Mean *d*	SD *d*	95% CI lower	95% CI upper
Grammar	7	16	.94	.67	.65	1.23
Lexis	5	8	.90	.75	.40	1.40

a 효과 크기 산출에 사용된 연구의 수, b 상호작용 처치의 수

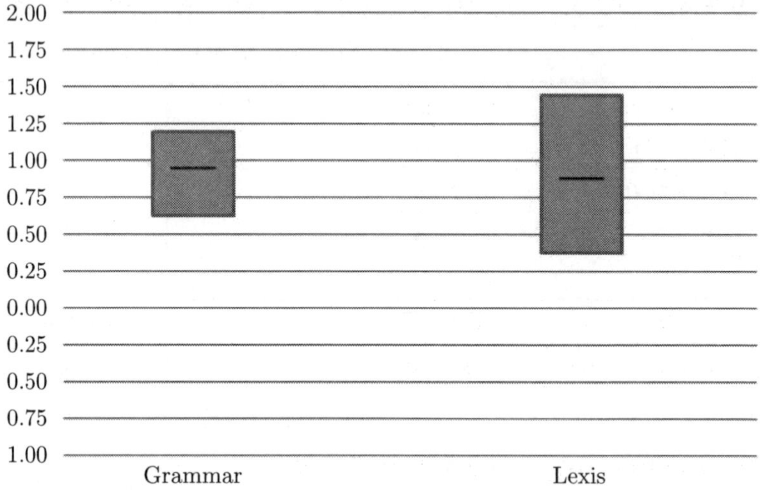

그림 6-4 문법과 어휘 습득 관련 연구의 평균 효과 크기
(Keck, Iberri-Shea, Tracy-Ventura, & Wa-Mbaleka, 2006; p. 115)

〈표 6-50〉에 제시된 수치를 살펴보면 효과 크기가 문법 부분이 .94, 어휘 부분이 .90이며, 이에 대한 U3 지수를 표준정규분포표에 따라 계산하면 각각 82.63%와 81.59%로 거의 유사한 효과 크기를 보여주고 있다. 하지만 이러한 결과를 95% 신뢰구간의 상한값과 하한값을 이용해 박스플롯으로 제시하면 보다 명확한 시각적 정보를 제공해줌과 동시에 숫자로만 보았을 때는 쉽게 찾기 힘든 특성들을 발견할 수 있는 경우가 많다. 〈표 6-50〉의 결과를 박스플롯으로 제시하면 다음 〈그림 6-4〉와 같다.

이를 살펴보면 문법과 어휘 습득에 초점을 맞춘 처치는 각각 .94와 .90으로 매우 유사한 주효과(main effects)를 보여주고 있다. 또한 95% 신뢰구간의 상한값과 하한값이 0을 교차하고 있지 않기 때문에 두 부분 모두 효과가 통계적으로 유의한 것으로 판명되었다. 먼저 문법 부분은 95% 신뢰구간이 .65에서 1.23의 분포를 보여주고 있으며, 어휘 부분은 .40에서 1.40으로 보다 넓은 간격을 보여주고 있는데, 이는 연구의 수가 8개로 총 16개인 문법 부분보다 적기 때문으로 보인다. 따라서 어휘 부분의 효과 크기를 보다 확실히 검증하기 위해서는 보다 많은 수의 연구를 통합하여 분석할 필요가 있어 보인다.

7. 상관관계의 분석

상관관계는 우리 일상에서 꽤 자주 접하고 있는 개념이다. 예를 들어 흔히 흡연과 암 발생 사이에 연관이 있다고들 하는데 이 둘 사이에 어떠한 관계가 있다고 가정할 때, 이를 같은 의미로 두 개의 변인 사이에 상관관계가 있다고 이야기할 수 있는 것이다. 이러한 상관관계를 분석하는 방법은 매우 다양하다. 이 장에서는 그중 대표적이며 가장 많이 활용되고 있는 Pearson의 적률 상관 계수를 중심으로 상관분석에 대해 살펴보기로 한다.

7.1 상관 분석의 개요

상관 분석은 두 개의 변인 또는 그 이상의 변인 사이의 관계를 추정하고 설명하는 데 사용되는 통계 기법이다. 상관관계(correlation)란 간단히 말해서 사건과 사건, 또는 현상과 현상 사이에 나타나는 어떤 종류의 관계를 말하는 것으로 두 변인이 서로 관련이 있어 특정한 양상으로 변화할 때 그 변인들 간에 상관관계가 있다고 보는 것이다.

보통 상관관계를 살펴보는 목적은 크게 다음의 세 가지로 나누어 생각해 볼 수 있다.

① 관계의 방향과 정도(크기)를 밝혀서 변인들 사이의 관련성을 설명하기 위해 사용한다.

② 모집단의 관련성을 추론하기 위해. 즉, 두 변인 간의 관계에 대한 이론을 검증하거나 새로운 검사를 제작하여 공인 타당도나 구인 타당도를 산출하기 위해 사용한다.

③ 회귀성적 특성에 대한 예언을 하기 위해 사용한다. 두 변인 간의 상관관계가 있다는 것이 확인되면, 두 변인 중 하나의 변인에 대한 측정값을 사용하여 그 변인과 상관관계가 있다는 것이 밝혀진 다른 변인의 측정값을 예언 또는 추정할 수 있게 되는 것이다.

이처럼 어떤 두 변인 간의 상관관계를 살펴보고자 할 때 사용하는 상관 분석은 보통 다음과 같은 사항에 관심을 갖고 조사하게 된다. 먼저 상관관계가 존재한다면 그 상관의 방향이 정적(positive)인지 부적(negative)인지 따져보게 된다. 상관의 방향은 한 변인의 점수가 증가하거나 감소함에 따라 다른 변인의 점수가 어느 정도로 증가하느냐 감소하느냐의 문제로, 다시 말해 그 증가나 감소의 방향이 같은 방향이냐 반대 방향이냐를 의미하게 된다. 물론 같은 방향일 경우에는 정적 상관관계(positive correlation)가 있는 것으로, 다른 방향일 경우에는 부적 상관관계(negative correlation)가 있는 것으로 판단한다.

다음으로 상관의 정도는 상관 계수(coefficient of correlation)라는 통계값을 통해 파악할 수 있다. 상관 계수는 보통 r로 표시하는데, 이 계수의 값은 $+1.00$으로부터 0을 거쳐 -1.00까지의 값을 취한다. 계수가 양수인가 음수인가는 방금 언급한 상관관계의 방향이 정적이냐 부적이냐를 나타내며, 상관 계수가 0으로 나타나는 것은 두 변인이 서로 완전히 독립되어 있다는 것, 즉 상관관계가 전혀 존재하지 않음을 의미한다. 또 상관 계수의 절댓값이 크면 클수록 그만큼 상관관계의 정도가 큰 것을 의미한다. 상관관계가 크다는 것은 두 변인 중 한 변인의 점수를 알 때 다른 변인의 값을 정확히 예측할 가능성이 높아진다는 것을 의미한다. 당연히 정적 상관관계는 한 변인이 증가함에 따라서 다른 변인도 함께 증가함을 의미하고, 부적 상관관계인 경우에는 이와는 반대로 한 변인이 증가함에 따라 다른 변인은 감소할 것이며, 상관 계수의 절댓값이 크면 클수록 이러한 경향성은 더욱 확실히 나타날 것이다.

상관관계를 설명하고 이해할 때 산점도(scatterplot)을 활용하면 편리하다. 산점도는 x축과 y축에 두 개의 변인을 위치시키고 각 측정값들을 점으로 표현함으로써 두 개의 변인 사이의 관계를 시각적으로 확인할 수 있게 한다. 〈그림 7-1〉에서 볼 수 있는 것처럼 x축의 값이 커지면 커질수록 y값이 커지는 형태를 보이면 정적 상관관계, 그 반대의 경우 부적 상관관계이다. 또 각 산점도의 모양이 완벽한 직선의 형태를 취할 경우 완벽한 상관관계를 나타내는 상관 계수인 $+1$과 -1이 되며, 분포가 넓어지면 넓어질수록 상관 계수의 절댓값은 작아진다. 또 원형과 같이 분포가 직선의 형태를 취하지 않으면 상관 계수는 매우 작은 값을 취한다.

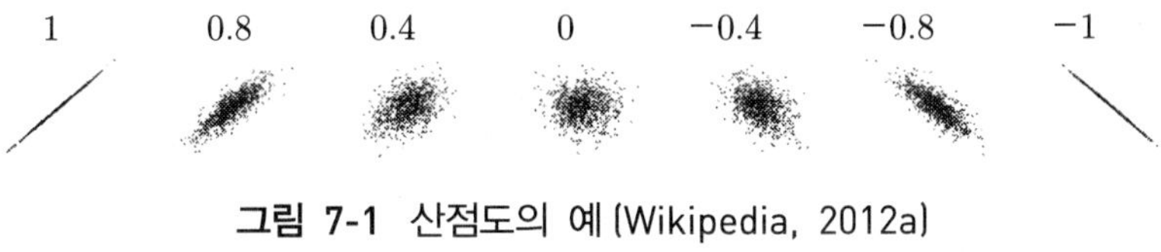

그림 7-1 산점도의 예 (Wikipedia, 2012a)

다음 〈그림 7-2〉의 경우 분포의 기울기는 다르지만 분포가 모두 완벽한 직선의 형태를 취하고 있기 때문에 상관 계수의 절댓값은 1이 된다. 다만 가운데 예의 경우 기울기가 존재하지 않는다. 이는 x축의 값이 변화하더라도 y축의 값이 전혀 변하지 않기 때문에 상관관계가 존재하지 않는 경우이다.

그림 7-2 산점도의 예 (Wikipedia, 2012a)

마지막으로 〈그림 7-3〉은 산점도의 분포가 선형(linear)이 아닌 경우이다. 이처럼 분포가 곡선(curvilinear) 등과 같이 직선의 형태가 아닌 경우는 상관관계가 존재하지 않는다.

그림 7-3 산점도의 예 (Wikipedia, 2012a)

상관 분석에서 관계의 방향과 관계의 정도를 나타내주는 상관 계수는 지수(index)로 나타낸다. 앞서 설명한 것처럼 상관의 정도는 상관 계수의 절댓값으로 나타내는데 변인의 관련 정도는 대체적으로 다음 〈표 7-1〉처럼 정리해 볼 수 있다.

표 7-1 상관 계수에 따른 변인들의 관련 정도

(김정렬, 윤지여, 2004; p. 260)

상관 계수	관련 정도
.90 이상	상관이 아주(극히) 높다.
.70 이상 ~ .90 미만	상관이 높다.
.40 이상 ~ .70 미만	상관이 확실히 있다.
.20 이상 ~ .40 미만	상관이 있지만 낮다.
.00 이상 ~ .20 미만	상관이 거의 없다.

7.2 상관 분석의 사용

상관 분석은 주어진 자료의 특성이나 변인의 측정 수준 여하에 따라 계산하는 방식이 다양하고 적용 범위도 다르다. 그러므로 상관 분석을 할 때는 주어진 자료의 특성과 변인의 측정 수준에 알맞은 상관 계수를 택하여 사용해야 한다.

어떠한 상관 분석 방법을 선택할 것이냐는 보통 변인의 척도가 무엇이냐에 따라 결정되는데, 두 변인이 연속적인 등간척도나 비율척도인 경우에는 Pearson의 적률 상관 계수(product-moment correlation coefficient)를 사용하며, 서열척도(ordinal/ranking scale)일 경우에는 Spearman의 등위 상관 계수(rank difference correlation coefficient)를 사용한다. 이때 대부분의 상관 분석은 Pearson의 적률 상관 계수를 활용하므로 이를 중심으로 상관 분석의 활용 방법을 살펴보자.

(1) 적률 상관 계수

앞서 이야기한 것처럼 Pearson의 적률 상관 계수는 등간 또는 비율척도인 두 변수의 상관관계를 분석할 때 활용하며, 보통 r이라고 표시한다. 피어슨의 적률 상관 계수는 다음과 같은 네 가지 선행 조건을 만족할 때 사용할 수 있다.

첫째, 분석의 대상이 되는 각 측정값의 쌍이 모두 독립적이어야 한다. 상관 분석은 두 변인 사이의 관계를 분석하는 것이기 때문에 측정값은 쌍(pair)의 형태를 취하고 있다. 이때 각 측정값 쌍이 중복되는 일이 없이 모두 독립적이어야 하는데, 쉽게 말해 한 학생의 측정값이 2번 이상 사용되는 경우가 발생하지 말아야 한다.

둘째, 두 변수 각각이 모두 정규분포(normal distribution)여야 한다. 다시 말하자면 두 변수 중 어느 것도 그 분포가 왜곡된 것이 없어야 한다. 이 조건을 만족시키지 못한 경우에는 비록 측정한 변수가 등간 또는 비율척도라 하더라도 Spearman의 등위 상관 계수와 같은 비모수적인 방법을 사용해야 한다.

셋째, 분석에 사용되는 두 변수는 등간 또는 비율척도여야 한다. 이미 앞에서 언급했던 것처럼 Pearson의 적률 상관 계수는 명목 또는 서열척도에는 사용할 수 없다. 서열척도일 경우에는 Spearman의 등위 상관 계수(rank difference correlation coefficient)를 사용한다.

넷째, 두 변수의 측정값들 사이의 관계는 선형(직선)적 관계이어야 한다. 앞서 산점도의 설명에서 언급했던 것처럼 선형 이외의 관계는 Pearson의 r로 설명할 수 없다.

이처럼 적률 상관 계수를 통한 상관 분석을 실시하려면 이와 같은 가정이 존재한다. 따라서 기술통계값의 계산, 왜도의 계산, 산점도의 작성 등을 통해 위와 같은 조건을 만족하는지 확인한 후 분석을 실시해야 한다.

(2) 등위 상관 계수

두 변인이 등위(순위)로 표시된 서열척도인 경우에는 등위 상관 계수를 계산하여 상관관계를 분석한다. Spearman의 등위 상관 계수는 흔히 ρ(rho)로 표시한다. 등위 상관 계수도 적률 상관 계수와 거의 유사한 방식으로 해석되는데, 사례수가 많지 않고(보통 30개 이하) 각 점수가 등위로 나타나 있을 경우에 적용하게 된다. 또 등간/비율척도이지만 정규분포를 만족시키지 못하는 경우에도 사용할 수 있는데, 이처럼 척도를 변환하는 경우 기존 측정값이 가지고 있던 정보의 일부를 잃게 되는 것이므로 사용과 해석에 있어 주의해야 한다.

(3) 기타 방법들

상관 분석에서는 두 변인 사이의 관계를 따지는 단순 상관뿐만 아니라, 한 변인이 두 개 이상의 다른 변인들의 조합과 어떤 관련을 맺고 있는지 알아보는 중다 상관의 문제도 취급하며, 제3변인의 관련 여하를 통제적으로 검토하는 부분 상관(partial correlation)의 방법이나, 변인들 간의 인과 방향을 고찰하는 행로 분석(path analysis)의 방법, 또 일련의 예언 변인들로 어느 한 기준 변인을 예측하는 중다 회귀 분석(multiple regression analysis) 방법 등이 있다.

7.3 상관 분석의 유의점

상관 계수의 분석은 앞서 언급한 것처럼 상관관계의 방향과 크기를 통해 이루어진다. 이때 다음과 같은 사항을 유념하며 해석해야 한다.

먼저 해석에 있어 변인 사이의 인과관계(causality)의 해석에 유의해야 한다. 상관 분석이 두 변수 사이에 상관관계가 존재한다는 것을 우리에게 알려주지만, 가장 큰 약점은 인과관계에 대해 분명한 결론을 얻을 수 없다는 것이다. 다시 말해 상관관계를 밝힐 수는 있지만 반드시 두 변인 사이에 인과관계가 존재한다고 볼 수는 없는 것이다.

일반적으로 두 변인 간의 관계가 가지고 있는 의미는 다음과 같은 세 가지 중 하나일 것이다. 첫째는 비대칭적 관계로서 어느 한 가지 변인이 다른 변인에 영향을 미치는 인과관계를 말하고, 변인 X가 변인 Y에 영향을 미칠 때 이를 「X→Y」로 표시할 수 있다. 엄격히 통제된 실험 조건하에서 실험자가 독립변인을 조작하고 이 독립변인의 조작 여하에 따라 종속변인이 어떻게 변화하는가를 관찰할 수 있도록 설계된 실험 연구에서만 진정한 의미의 인과관계에 대한 조명이 가능할 것이다.

둘째, 호혜적 관계로서 두 변인이 서로 영향을 주고받는 상호작용의 관계이다. 이러한 관계는 「X↔Y」로 나타낼 수 있다.

셋째, 대칭적 관계, 즉 두 변인이 서로 영향을 주지도 받지도 않고 단순히 상관이 있는 상태를 가리킨다. 이는 「X—Y」로 표현할 수 있다. 어떤 두 변인 사이에 상관관계가 존재하는 것은 그들 사이에 인과관계가 있기 때문에 그럴 수도 있지만, 제3의 요인이나 우연 요인에 의해 일어날 수도 있는 것이다. 물론 통계적 방법으로 이러한 관계를 어느 정도는 밝힐 수 있지만, 기본적으로 상관 분석을 통하여 변인들 간의 인과관계를 증명할 수는 없기 때문에, 상관 분석의 결과를 읽고 해석할 때에는 이러한 점에 유의해야 한다.

다음으로 결과의 해석에서 유의해야 할 부분은 결정 계수라는 지수와 관련이 있다. 결정 계수(coefficient of determination)는 두 분산 사이의 Pearson 적률 상관 계수를 제곱한 값으로 r^2으로 표시한다. 여기서 결정 계수라 불리는 이유는 $Y = a + bX$와 같은 회귀모형에서 y의 총 변동이 x에 의해 설명되는 정도를 나타내기 때문이다. 좀 더 쉽게 설명하자면 결정 계수는 두 변수의 분산 사이에 서로 겹치는 부분을 숫자로 나타낸다. 만약 0.4라는 상관 계수가 나왔고 이 결과가 통계적으로 유의한 것으로 판명되었다고 가정해 보자. 이는 위의 〈표 7-1〉에서 설명했던 것처럼 상관이 확실히 존재하는 경우로 판단할 수 있다. 이를 제곱해서 결정 계수를 구하면 0.16이라는 수치가 나온다. 이는 두 변인의 분산 사이에 서로 중복되는 부분이 16%라는 것을 의미한다. 만약 통계적으로 유의한(statistically significant)한 결과라 하더라도 16%라는 설명의 정도가 실제 현상에 있어 유의한(meaningful)한 결과인가는 해석 및 판단에 있어 연구자의 많은 고민이 필요할 것이다.

7.4 상관 분석의 실례

여기서는 박영예(2001)의 연구를 예로 선정하여 상관 분석을 활용한 연구의 절차와 방법을 설명하고자 한다.

1) 연구목적

이 연구는 초등학생들이 영어를 배우면서 사용하고 있는 학습책략(learning strategies)을 알아보기 위하여 신뢰도와 타당도를 지닌 영어학습책략 측정도구를 개발하는 것을 목적으로 하고 있다.

2) 연구방법 및 절차

박영예의 연구를 통해 개발된 영어학습책략 측정도구는 크게 측정도구의 제작 과정과 규준화 과정으로 이루어져 있다. 먼저 측정도구의 제작 과정은 측정문항의 탐색 단계, 측정문항의 작성 단계, 예비조사 단계, 문항 분석 단계 등의 과정으로 이루어져 있다. 한편, 규준화 과정은 예비 조사를 거쳐 검증이 끝난 측정도구의 규준화 과정에 대해 규준의 개념을 설명한 후, 상관 분석, 회귀 분석, 요인 분석, 분산 분석 등의 방법을 이용해 규준화를 실시하였다. 여기에서는 두 번째 규준화 과정에서 사용한 상관 분석과 관련된 부분을 살펴보고자 한다.

3) 분석 및 결과

학습책략 사용과 듣기 능력, 학습책략과 읽기/쓰기 능력 사이의 상관관계가 어느 정도 존재하고 있는지를 검토하여 학습책략 측정도구의 공인 타당도(concurrent validity)를 검증하였다. 공인 타당도란 개발된 도구를 사용하여 현재 측정한 점수와 준거 검사를 동시에 실시하여 산출한 점수와의 상관관계를 검토함으로써 두 검사가 얼마나 일치되는가에 대한 정도를 나타낸 것이다. 또한 요인 분석 결과 추정된 요인들과 학습책략 사이에 어떤 상관관계가 존재하는지 상관 계수를 산출하여 분석하였다. 그 결과는 〈표 7-2〉에 지시되어 있으며, 모든 상관 계수는 0.01 수준에서 통계적으로 유의했다. 분석에 사용된 각 요인은 다음과 같다.

- 요인 1: 인지 책략
- 요인 2: 반복/복습 책략
- 요인 3: 보완 책략
- 요인 4: 매체 이용 책략
- 요인 5: 초인지 책략
- 요인 6: 사회적 책략
- 요인 7: 정의적 책략

전체 학습책략과 듣기 점수 간의 상관 계수($r = .37$)와 전체 학습책략과 읽기 점수 간의 상관 계수($r = .39$)가 매우 비슷한 점으로 미루어 볼 때, 전체 학습책략의 사용 정도가 듣기 능력이나 읽기/쓰기

표 7-2 각 요인과 전체 책략, 듣기 점수, 읽기/쓰기 점수 간의 상관관계

(박영예, 2001; p. 82)

	요인 1	요인 2	요인 3	요인 4	요인 5	요인 6	요인 7	전체 전략	듣기 점수
요인 2	.72	1							
요인 3	.69	.58	1						
요인 4	.63	.71	.50	1					
요인 5	.75	.72	.62	.71	1				
요인 6	.66	.71	.56	.67	.70	1			
요인 7	.75	.66	.66	.57	.69	.64	1		
전체 전략	.88	.87	.76	.83	.88	.84	.82	1	
듣기 점수	.38	.31	.20	.34	.33	.28	.30	.37	1
읽기/쓰기 점수	.38	.33	.19	.50	.36	.24	.27	.39	.50

능력과 모두 어느 정도 관계를 갖고 있음을 알 수 있으며, 학습책략의 각 요인과 두 점수 간의 상관관계를 살펴보아도 역시 유사한 결과가 나타나고 있음을 알 수 있다.

한편 학습책략과 가장 밀접한 관계가 있는 요인은 요인 1인 인지책략($r = .88$)과 요인 5인 초인지 책략($r = .88$)인 것으로 나타났다.

다음으로 살펴볼 상관분석을 사용한 연구로는 이기명(2002)의 연구가 있다. 이 연구는 형식적인 환경에서 영어를 학습하는 한국 영어 학습자에게도 변이 현상이 나타나는지를 탐구하고자 하는 목적을 지니고 있으며, 이들의 변이를 문법적인 측면에서 분석하였다. 이러한 취지에 따라 성격이 각기 다른 문법 교정하기, 문맥 완성하기, 단문 영역하기의 세 가지 다른 활동을 중학교 3학년 학생 149명을 대상으로 실시하여 그 결과를 분석하였다.

세 활동을 위해 사용된 문제의 유형을 예로 들면 다음과 같다(이기명, 2002; p. 452-453).

문법 교정하기: 영어의 어법에 맞지 않는 부분을 찾아 밑줄을 긋고 적합한 형태로 고쳐 쓰거나 누락된 항목을 채워 넣으시오.

· There are a lot of tree in the parl.

· They talking about their future, now.

문맥 완성하기: 다음의 (　　)에 적당한 단어를 넣어 자연스런 영문이 되도록 완성하시오.

· Americans have several important (　　　). On Thanksgiving Day, family members come together and enjoy turkey for dinner. Another important holiday (　　　) Independence Day on (　　　) fourth of July.

단문 영역하기: 다음에 제시한 우리말을 영어로 바꾸시오.

· 내 아버지의 방에는 책이 많이 있다.

____.

· 우리나라의 역사는 길고 또 위대하다.

My ____.

이러한 세 가지 언어활동은 각각 9개의 문법항목이 포함되도록 작성되었다. 분석대상으로 삼은 9개의 문법항목은 다음과 같다.

· 복수형 (plural -s: PL)
· 불규칙동사 과거형 (irregular past: IR)
· 소유격 (possessive -'s: PO)
· 진행형 (progressive -ing: PR)
· 관사 (article: AR)
· 계사 (copular be: CO)
· 조동사 (auxiliary be: AU)
· 규칙동사 과거형 (regular past -ed: RE)
· 삼인칭 단수 동사형 (third person singular verb morpheme -s: TH)

또한 학생들의 개인별 학습 유형을 조사하기 위해 리커트 척도(Likert-scale)를 이용한 20개의 항목으로 구성된 설문지를 투여하였다. 여기서 조사된 개인별 학습 유형과 세 가지 활동에서 나타난 학습자 언어와 연계시켜 학습자 언어의 변이와 관련이 있는 요인을 가려내기 위해 피어슨의 상관분석을 실시하였다.

학생들의 개별 학습유형과 학습자 언어 사이의 상관관계는 〈표 7-3〉에 제시되어 있다. 여기서 문법 교정하기와 유의한 관계를 보인 것은 총 13개의 변수이며, 이중 대화참여형의 모든 변수가 포함되어

표 7-3 학습유형과 학습자 언어 사이의 상관관계 (이기명, 2002; p. 460)

변수	학습방식	문법 교정하기	문맥 완성하기	단문 영역하기
X1	게임 이용하기	-0.07583	-0.08165	-0.04246
X2	그림, 영화, 비디오 이용하기	-0.00217	-0.03043	0.01439
X3	카세트 이용하기	0.17668*	0.21201**	0.15328
X4	학습내용 이야기하기	0.06570	0.17946*	0.06844
X5	학습내용 연습하기	0.23820**	0.31831**	0.27679**
X6	문법공부하기	0.23248**	0.34120**	0.20348*
X7	영어책이나 영어신문 읽기	0.38047**	0.36450**	0.23237**
X8	혼자 공부하기	0.20477*	0.09865	0.11035
X9	오류찾기	0.34808**	0.31822**	0.22833**
X10	문제 해결하기	0.07966	0.09960	0.09845
X11	원어민의 대화경청하기	0.21457*	0.11978	0.22268**
X12	친구와 영어로 대화하기	0.19879*	0.22051**	0.18212*
X13	영어방송 시청하기	0.24570**	0.27476**	0.15921
X14	영어 대화에 참여하기	0.16806*	0.04585	0.08485
X15	단어를 들으면서 익히기	0.24855**	0.24987**	0.15921
X16	교사의 설명듣기	-0.10153	-0.09223	-0.14509
X17	교과서로 공부하기	-0.03450	0.07136	-0.05388
X18	학습내용을 기록하기	0.03457	0.01607	-0.06854
X19	문법을 읽으면서 공부하기	0.18471*	0.21233**	0.17501*
X20	단어를 눈으로 익히기	0.17051*	0.04404	0.16088*

있어 대화참여형이 문법 교정하기와 가장 높은 상관관계를 가지고 있음을 보여준다. 문맥 완성하기와 유의한 관계를 보인 것은 총 10개의 변수이며 구체형, 분석형, 대화참여형에서 동일하게 3개씩의 변수가 포함되어 있다. 단문 영역하기와 유의한 관계를 보인 변수는 총 8개인데 이중 분석형에 속한 3개의 변수가 포함되어 있어 분석형이 가장 높은 상관관계를 가지고 있음을 보여주고 있다. 전체적으로 분

석형과 대화참여형이 세 언어활동과 높은 상관관계를 가지고 있으며 제도권형은 대체로 낮은 상관관계를 가지고 있는 것으로 밝혀졌다.

7.5 회귀 분석의 개요

앞서 살펴본 상관 분석은 두 변수 사이의 상관관계의 방향과 크기를 설명해주는 통계 기법이었다. 지금부터 살펴볼 회귀 분석(Regression)은 상관관계와 매우 밀접한 관계가 있는 부분으로, 변수들 사이에 상관관계가 존재한다면 그 관계가 어떠한 양상 또는 어떤 모습을 보이고 있는가에 대해 살펴보는 방법이다. 다시 말하자면 종속변수(보통 Y로 표시)와 독립변수(보통 X로 표시)의 관계를 마치 수학 시간에 배웠던 1차 함수 그래프(전문 용어로는 회귀 직선이라고 함)처럼 나타내어 두 변수 사이에 존재하는 관계를 설명하려는 분석 기법이다.

예를 들어 다음 〈그림 7-4〉와 같은 분포가 있다고 가정해 보자. 이 분포를 보면 X축의 값이 증가할수록 Y축의 값도 증가하므로 정적인 상관관계가 존재할 것으로 예상되며, 분포가 비교적 직선의 형태를 이루고 있기 때문에 (분포가 퍼져있지 않고 모여 있음) 두 변수 사이에 높은 상관관계가 있을 것으로 예상된다. 이처럼 분포에 상관관계가 있을 경우 〈그림 7-4〉에서 확인할 수 있는 것처럼 그 분포를 설명하는 회귀 직선을 그릴 수 있을 것이다. 이렇게 회귀 직선을 그릴 수 있다는 것은 그 직선의 기울기(slope)와 절편(intercept)을 얻을 수 있게 되는 것이고, 따라서 $Y = a + bX$ 와 같은 공식으로 독립변수와 종속변수 사이의 관계를 설명할 수 있게 된다. 예를 들어, 독립변수가 몸무게, 종속변수가 키인 회귀 분포에서 $Y = 100 + 0.9X$ 라는 회귀 직선을 얻었다면 독립변수, 즉 몸무게를 알 때 종속변수인 키를 예측할 수 있게 된다.

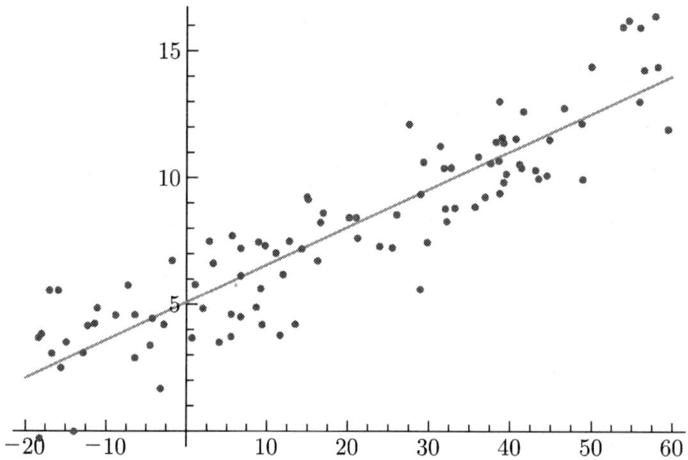

그림 7-4 선형 회귀 분포의 예 (Wikipedia, 2012b)

이와 같은 회귀 분석은 독립변수의 수에 따라 분류할 수 있다. 먼저 독립변수가 1개인 경우를 단순 회귀 분석이라고 하고, 독립변수가 여러 개, 즉 2개 이상일 경우에는 다중 회귀 분석이라고 한다. 회귀 분석에 대한 자세한 내용은 좀 더 전문적인 통계 서적을 통해 공부하기 바라며, 여기에서는 회귀 분석을 활용한 연구의 예를 통해 회귀 분석 결과를 읽고 해석하는 방법에 대해서만 다루고자 한다.

7.6 회귀 분석의 실례

다중 회귀 분석을 사용한 배태일(2009)의 연구를 통하여 회귀 분석이 실제 적용되는 방법과 결과를 해석하는 방법에 대해 살펴보자.

1) 연구목적

이 연구는 한국 학생들의 영어 듣기 능력에 영향을 미치는 다양한 변인들 사이의 구조적 인과관계를 조사하여 궁극적으로 영어 듣기를 위한 바람직한 수업 모델의 제시를 목적으로 하고 있다. 즉 영어 듣기 성취에 영향을 미치는 다양한 요인들의 구조적 분석을 시도하고 있는 논문으로서, 종속변인이 영어 듣기 능력에 영향을 미치는 다양한 독립변인들 사이의 인과관계(casual relationship)를 과학적으로 설명하고 영어 청해를 가능하게 하는 직접적/간접적 요인들을 밝히려 한다.

2) 연구방법

연구방법은 크게 연구대상과 실험도구, 자료 분석 방법으로 구분하여 설명하고 있다.

(1) 연구대상

본 연구에는 총 285명의 남녀 대학생들이 실험에 참여하였다. 지역별 편차를 줄이기 위해 서울, 대구 및 부산에 소재한 대규모 4년제 종합대학교 5곳에서 대상자들이 선발되었으며, 참여자의 55%(157명)가 여학생이었다. 학년별로는 4학년이 34%, 3학년이 29%, 1학년이 24.5%였고, 2학년과 졸업생이 12.5%를 차지했다. 전공별로는 영어영문학 및 영어교육 전공생들이 40.4%인 115명을 차지했으며, 그 밖의 전공 학생들은 문과학생 91명, 이과학생 77명이었다.

(2) 실험도구

한국 대학생들의 영어 듣기 능력의 영향을 미치는 요인들을 분석하기 위해 관련 선행 연구들을 바탕으로 하여 평가 및 설문지 문항들을 개발하였다. 본 연구(배태일, 2009; pp. 404~405)에서 활용된 평가 및 설문문항의 정보는 다음과 같다(괄호 안에는 Cronbach

Alpha 값을 통해 내적 일치도 제시).

1. 영어 듣기 능력(Listening Competence): 모의 토익 듣기 점수 (alpha= 0.92)
2. 언어 지식(Linguistic Knowledge): 총 37문항(alpha= 0.87)
   1) 문법 테스트: 18문항
   2) 어휘 테스트: 19문항
3. 영어 불안감(Language Anxiety): 12문항 (alpha= 0.9)
   1) 불안감: 9문항
   2) 듣기 자신감 결여(Lack of Perceived Linguistic Competence): 3문항
4. 듣기 전략(Listening Strategy): 총 34문항(alpha= 0.9)
   1) 초인지 전략(Meta-cognitive): 12문항
   2) 인지 전략(Cognitive): 22문항
5. 내재적 동기(Intrinsic Motivation): 총 9문항(alpha= 0.9)
   1) 지식(Knowledge): 3문항
   2) 성취(Accomplishment): 3문항
   3) 자극(Simulation): 3문항
6. 외재적 동기(Extrinsic Motivation): 총 9문항(alpha= 0.82)
   1) 외부 조절(External Regulation): 3문항
   2) 투영 조절(Introjected Regulation): 3문항
   3) 일치 조절(Identified Regulation): 3문항
7. 영어공부에 대한 태도(Attitude toward Learning English): 총 10문항 (alpha= 0.88)
8. 영어 자신감(Perceived English Ability): 총 5문항(alpha= 0.86)
9. 영어공부 의지(Intention to Continue): 총 3문항(alpha= 0.72)
10. 사회적 지원(Social Support): 총 4문항(alpha= 0.76)

11. 영어 말하기 의지(Willingness to Communicate): 총 5문항 (alpha= 0.93)

위 설문 중 1번은 종속변인에 해당하는 영어 듣기 능력이다. 그리고 2 ~ 4번에 제시된 언어 지식, 영어 불안감, 듣기 전략은 독립변인 중 직접적 요인으로 분류하였고, 5 ~ 11번에 포함되어 있는 내재적 동기, 외재적 동기, 영어공부에 대한 태도, 영어 자신감, 영어공부 의지, 사회적 지원, 영어 말하기 의지의 총 7개의 요인은 듣기 능력에 영향을 미치는 간접적 요인으로 분류되어 조사되었다.

(3) 자료 분석 방법

한국 대학생들의 영어 듣기 능력에 영향을 미치는 요인들의 구조 분석을 위해 구조방정식 프로그램인 LISREL 8.8을 사용하였다. 본격적인 구조방정식 모형 분석에 앞서 구조방정식 모형에 포함될 대상 변수 선택 작업이 먼저 이루어졌는데, 먼저 선행 연구 분석을 통해 듣기 능력에 직접적 영향을 미치는 것으로 보고된 언어 지식, 영어 불안감, 듣기 전략을 직접적 영향을 주는 요인들로 분류하였다. 또한 사회 심리학자들의 견해(Clément & Kruidenier, 1983; Gardner, 1986; Gardner & Lambert, 197)에 따라 학습자의 태도, 동기 등과 같은 정의적 요인들과 사회 환경적 요인들을 간접적인 요인들로 간주하였다. 이를 그림으로 도식화하면 〈그림 7-5〉와 같다.

3) 결과 및 논의

현재 평가지에 포함된 태도 및 정의적 요인들의 숫자가 많은 관계로 회귀 분석(Regression Analysis)을 통해 듣기 능력에 통계적으로 유의한 영향을 미치는 요인들을 추출한 후 선택된 간접 요인들만을

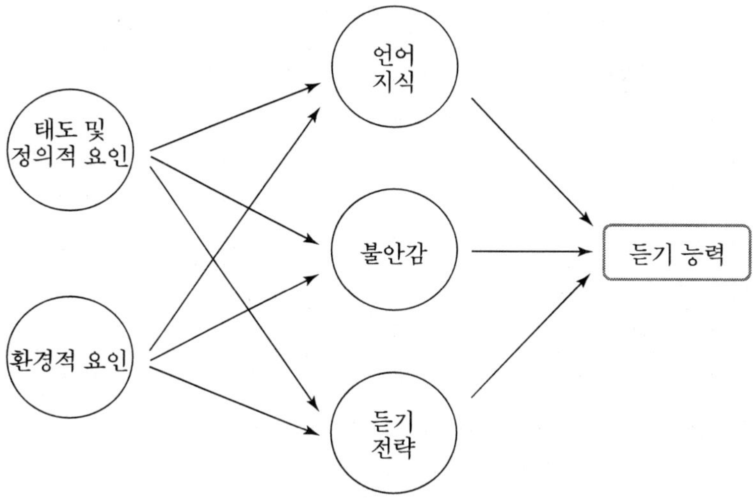

그림 7-5 선형 회귀 분포의 예 (배태일, 2009; p. 405)

최종 구조방정식에 포함하였다. 회귀 분석을 위해 각 스케일에 소속된 문항 점수들을 더하여 총 스케일 점수를 산출하였으며, 산출된 스케일 점수를 대상으로 중다 회귀 분석이 행해졌다.

제시된 〈표 7-4〉에 따르면 회귀 분석 모델에 포함된 7개의 변인들 중 내재적 동기 및 영어공부에 대한 태도가 토익 점수에 통계적으로 유의한 영향을 미치는 것으로 조사되었다. 이 결과는 외부적 이유 때문에 영어를 공부하는 경향, 영어에 대한 주관적 자신감, 영어공부를 계속하고자 하는 의지, 부모 및 친구와 같은 유의한 타자의 격려 및 영어로 의사소통하려는 의지 등은 한국 대학생들의 영어 듣기 점수 편차를 제대로 설명하지 못한다는 것을 의미한다. 참고로 표 아래에 제시된 R^2 값은 전체 분포에서 선택된 2개의 변인이 어느 정도의 분포를 설명할 수 있는가를 제시해주는 값이다. 따라서 회귀 분석 결과, 통계적으로 유의한 변인으로 드러난 내재적 동기와 영어 공부에 대한 태도가 토익 점수의 27.3%의 영향을 미친다고 해석할 수 있다.

표 7-4 중다 회귀 분석 결과(배태일, 2009; p. 406)

Model	Beta	T-statistic	P-value
외재적 동기	-0.052	-0.914	0.361
내재적 동기	0.191	2.713	0.007*
영어 자신감	0.071	1.008	0.314
영어공부 의지	0.017	0.242	0.809
영어공부에 대한 태도	0.272	3.434	0.001*
사회적 지원	0.005	0.093	0.926
영어 말하기 의사	0.033	0.582	0.561

$N = 285$. 종속변인=토익 듣기 점수, $R^2 = 0.273$
* 0.05 혹은 0.01 alpha level에서 통계적으로 유의한 수치임

이를 토대로 내재적 동기와 영어공부에 대한 태도가 토익 듣기 점수를 설명하는 간접적 잠재변인(internal latent variable)으로 선택되었으며, 선행 연구를 바탕으로 언어 지식, 영어 불안감, 듣기 전략이 직접적 잠재변인(direct latent variable)으로 결정되었다. 이와 같은 잠재적 변인들과 토익 점수 사이의 구조적 관계는 다음과 같은 구조방정식 모형으로 구현되었다. 그 결과는 〈그림 7-6〉에 제시되어 있다.

참고로 배태일(2009)에 연구에는 공분산 매트릭스(covariance matrix)를 통한 구조방정식에 대한 분석 결과가 제시되어 있으나 여기에서는 논의의 대상이 아닌 것으로 판단되어 제외하였다. 이처럼 회귀 분석은 특정 독립변인이 독립변인에 영향을 미치는가 또 어느 정도로 미치는가를 판단하기 위해 사용된다.

다음으로 앞서 상관분석의 실례에서 살펴보았던 이기명(2002)의 연구에서도 회귀분석을 실시하고 있다. 앞서 분석한 상관관계 분석은 학습유형 요인 하나 하나가 활동 결과에 각기 독립적으로 작용하는 경우에 인정되는 관계라고 한다면, 회귀분석은 여러 개의 영향 요인들이 서로 연결되어 작용하는 경우를 고려한 분석이다. 네 학습유형

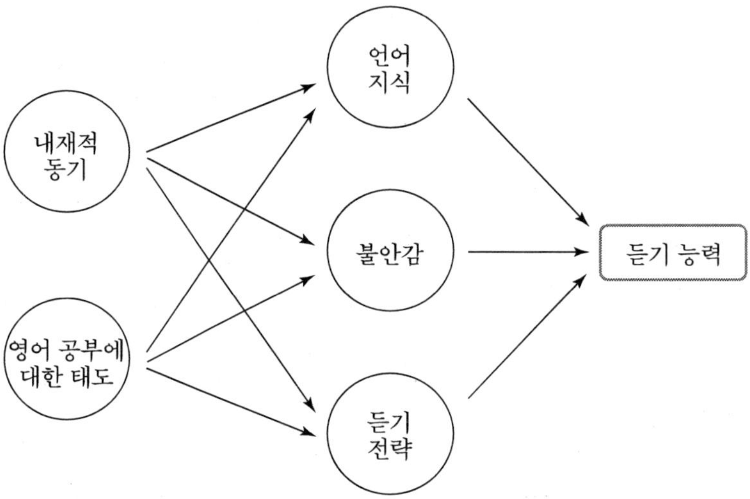

그림 7-6 구조방정식 최종 모형 개념도 (배태일, 2009; p. 407)

에 속한 총 20가지의 학습방식을 독립변수로 보고, 세 활동으로부터 추출한 학습자 언어의 전체 정확도를 종속변수로 설정한 다중회귀분석을 시도하였으며, 변수 선택 방법은 Stepwise 방식을 따랐다. 문법 교정하기와 문맥 완성하기, 단문 영역하기 각각에 영향을 주는 변수들을 회귀분석 결과를 근거로 살펴보면 다음과 같다.

20가지 학습방식 중 문법 교정하기를 수행하는 데 영향을 주는 요인을 알아보기 위하여 단계별 회귀분석을 시도한 결과 최종적으로 선택된 변수는 X7(영어책이나 영어신문 읽기), X9(오류찾기)이며, 이들에 대한 분산분석과 추정계수는 다음 〈표 7-5〉와 같다. 여기에서 제시된 추정계수(Parameter Estimate)는 해당 독립변수(학습방식)가 1씩 증가할 때 종속변수(언어 정확도)에 발생하는 변화 기대치를 의미한다. 예를 들어 변수 X9를 고정시킨 채 변수 X7만 한 단위 증가시키면 문법 교정하기의 정확도는 0.064만큼 상승하리라고 예측할 수 있다.

이상의 회귀분석 결과를 살펴보면 문법 교정하기 활동을 수행하는

표 7-5 문법 교정하기에 대한 학습방식 변수의 분산분석과 추정계수

(이기명, 2002; p. 461)

Source	DF	Sum of Square	Mean Square	F	Prob>F
Model	2	1.972	0.986	17.90	<.0001
Error	146	8.040	0.055		
Total	148	10.012			
Variable	Parameter Estimate	Standard Error	Type2 SS	F	Prob>F
INTERCEPT	0.166	0.057	0.471	8.56	0.0040
X7	0.064	0.017	0.759	13.77	0.0003
X9	0.060	0.020	0.522	9.48	0.0025

$R^2 = 0.1969$

데 가장 긍정적인 영향을 주는 것은 분석적 유형에 속하는 '영어책이나 영어신문 읽기'(X7)이다. 두 번째로 긍정적인 영향을 주는 방식인 '오류찾기'(X9) 역시 분석적 유형에 속한 학습방식이다. 그러므로 한국 초급수준 영어학습자들이 문법 교정하기를 수행하는 데 가장 크게 영향을 주는 학습유형은 분석적 유형이라고 말할 수 있다. 특히 '영어책이나 영어신문 읽기'(X7) 방식은 변수들이 갖는 설명의 절반 이상을 차지하고 있으므로 영문 서적이나 영자 신문을 많이 읽는 학습자가 문법 교정하기 활동을 더욱 성공적으로 해낼 것으로 예측된다.

다음으로 문맥 완성하기에 영향을 주는 변수로는 회귀분석 결과 X7, X6, X9가 선택되었으며, 이들에 대한 분산 분석과 추정 계수는 〈표 7-6〉과 같다. 이에 따르면 문맥 완성하기에 가장 큰 영향을 주는 학습방식 변수는 X7이며, 이 방식은 1단위 증가할 때마다 0.042만큼씩 정확도를 증가시킬 수 있다. 또 X6, X9이 각각 1단위 증가할 때마다 0.036, 0.038씩 정확도가 상승하게 될 것이다.

표 7-6 문법 완성하기에 대한 학습방식 변수의 분산 분석과 추정 계수

(이기명, 2002; p. 462)

Source	DF	Sum of Square	Mean Square	F	Prob>F
Model	3	1.514	0.505	12.17	<.0001
Error	145	6.011	0.041		
Total	148	7.524			
Variable	Parameter Estimate	Standard Error	Type2 SS	F	Prob>F
INTERCEPT	0.232	0.051	0.869	20.95	<.0001
X6	0.036	0.016	0.205	4.95	0.0276
X7	0.042	0.016	0.285	6.87	0.0097
X9	0.038	0.017	0.197	4.75	0.0309

$R^2 = 0.2011$

이상의 분석에 의하면 문맥 완성하기에 긍정적인 영향을 주는 세 변수인 '문법 공부하기'(X6), '영어책이나 영어신문 읽기'(X7), '오류 찾기'(X9)는 모두 분석적 유형에 해당하는 것으로 분석적 유형의 학습방식이 문맥 완성하기에 가장 긍정적인 영향을 주고 있음을 알 수 있다. 이러한 결과는 문법 교정하기에서 밝혀진 것과도 유사하며, 분석적 유형의 학습방식을 실천하는 학습자일수록 문법 교정하기와 문맥 완성하기를 더 잘 수행할 가능성이 높다고 할 수 있다.

더구나 X7은 문법 교정하기에서 뿐만 아니라 문맥 완성하기에서도 전체 변수들이 가지는 설명력의 절반 이상을 차지하고 있어 영문 서적이나 영자 신문을 많이 읽는 학습자는 이 두 활동 모두 성공적으로 수행할 것으로 예상된다.

마지막으로 단문 영역하기에 영향을 주는 변수로는 X5, X11이 선택되었으며, 이들에 대한 분산 분석과 추정 계수는 다음 〈표 7-7〉과 같다. 이에 따르면 단문 영역하기에 가장 큰 영향을 주는 학습방식

표 7-7 단문 영역하기에 대한 학습방식 변수의 분산 분석과 추정 계수

(이기명, 2002; p. 463)

Source	DF	Sum of Square	Mean Square	F	Prob>F
Model	2	0.961	0.480	8.21	0.0004
Error	146	8.539	0.058		
Total	148	9.500			
Variable	Parameter Estimate	Standard Error	Type2 SS	F	Prob>F
INTERCEPT	0.320	0.064	1.470	23.14	<.0001
X7	0.049	0.017	0.490	8.38	0.0044
X9	0.033	0.017	0.233	3.98	0.0478

$R^2 = 0.2011$

변수는 '학습내용 연습하기'(X5)이며, 다른 변수를 고정시킨 상태에서 이 방식을 1단위 증가시키면, 정확도는 0.049만큼 증가할 것으로 예측된다. 또 두 번째로 영향력 있는 변수인 '원어민의 대화 경청하기'(X11)만을 한 단위 증가시키면 정확도는 0.033만큼 상승할 것이다.

이상의 결과에 따르면 단문 영역하기에 긍정적인 영향을 주는 두 변수는 '학습내용 연습하기'(X5)와 '원어민의 대화 경청하기'(X11)이며, 이는 4개의 학습유형 중 각각 구체형과 대화참여형에 해당한다. 그러므로 한국 영어학습자들이 단문 영역하기를 수행하는 데 가장 크게 영향을 주는 학습유형은 구체형과 대화참여형이라고 할 수 있다. 특히 '학습내용 연습하기'(X5)는 전체 설명력의 절반 이상을 차지하고 있으므로, 이 활동을 수행하는 학습자는 단문 영역하기를 가장 효과적으로 수행할 것으로 예측된다. 한편 문법 교정하기와 문맥 완성하기에 긍정적인 영향을 주었던 분석형은 단문 영역하기에는 그다지 유의한 영향을 주지 못하는 것으로 밝혀졌다.

이상의 회귀분석 결과를 정리하면 다음 〈표 7-8〉과 같다.

표 7-8 언어활동에 영향을 주는 학습방식 변수 (이기명, 2002; p. 464)

유형	변수	학습방식	언어활동		
			문법 교정	문맥 완성	단문 영역
구체형	X5	학습내용 연습하기			+
분석형	X6	문법공부하기		+	
	X7	영어 책이나 영어신문 읽기	+	+	
	X9	오류 찾기	+	+	
대화참여형	X11	원어민의 대화 경청하기			+
제도권형	-	-			

8. 질적 연구에 대한 이해

많은 연구자들 사이에서 질적인 접근 방법을 통해 다양한 현상을 이해하고자 시도한 것은 매우 오래전부터 시작된 일이지만 "질적 연구"라는 용어를 일반적으로 사용하기 시작한 것은 1960년 후반 이후라고 볼 수 있으며 특히 영어교육의 전반에 걸쳐 다양한 질적 연구 방법이 체계적으로 사용되고 많은 연구결과가 보고되기 시작한 것은 최근의 일이라고 볼 수 있다. 앞서 소개된 양적 연구라는 용어와 함께 일반적으로 연구방법은 크게 두 가지 맥락에서 분류되며 "양적 연구" 또는 "질적 연구"라는 용어를 사용하게 된다.

그렇다면 앞서 논의된 양적 연구에 대비되는 질적 연구의 주요 특성은 무엇이며 어떤 의의를 가지는가? 우선 양적 연구가 실증주의와 객관적으로 측정이 가능한 사실에 기반을 두고 있다면 질적 연구는 계량화 될 수 있는 지식의 내용이나 결과보다는 인간의 사고와 철학적 논리 및 통찰력에 근거한다고 할 수 있다. 관심이 되는 주제에 대하여 의미 있는 연구결과를 도출하기 위해서는 연구주제 및 그 내용에 가장 적합한 연구방법을 선택하도록 주의를 기울여야 하는데 이를 위해서 질적 연구는 좋은 연구의 토대를 제공할 수 있으며 연구자가 질적 연구방법의 특성과 과정은 물론 양적 연구방법과의 차별화되는 특징 등에 대해 충분히 알아 둘 필요가 있다.

8.1 질적 연구의 의미

질적 연구(qualitative research, 정성적 연구)는 대상의 질적 측면에 주안점을 두는 연구방법이다. 질적 연구의 과정에서 처리되고 확인되는 자료는 무형의 자료라고 한다. 즉, 대상의 양적 측면에 중점을 두는 양적 연구와는 대비되는 개념이다.

좁은 의미의 조사뿐만 아니라, 실험과 관찰, 면접과 인터뷰, 문서와 그림 등의 다양한 자료에 대한 내용 분석(content analysis), 대화 및 담화의 분석, 참여관찰(participant observation), 각종 현장 작업 등 다양한 방법을 이용하는 조사 방법을 가리키는 개념이다. 또한 자료를 수집하기 위한 하나의 방법으로 생각할 수도 있으며, 그런 의미에서 다양한 관찰 행위도 포함된다.

질적 연구의 가장 큰 특징은 주관적, 맥락적, 귀납적 접근의 연구방식을 택하고 있다는 점이다. 연구결과에 대한 가설이나 정형화된 틀을 미리 설정하지 않으며 연구자의 주관적 의견 등에 대해서도 연구과정의 일부로 간주하고 이를 통해 연구의 과정에서 나타난 현상을 해석하고자 하는 특징이 있다. 기존의 양적 접근 방법과는 달리 질적 접근으로 현상을 이해하고자 하는 연구자들은 지식이 상징적이고 주관적이라고 믿는 것에서 출발한다. 즉 현실의 맥락에서 분리된 객관적 지식보다는 특정 상황에서 경험되는 사실이나 현상의 내재적 의미에 더 큰 의미를 두고 있는 것이라고 볼 수 있다.

따라서 질적 연구를 통하여 수집된 자료들은 사람과 장소, 대화 등에 대한 풍부한 묘사로 표현될 때가 많으며 통계적 방법으로는 쉽게 분석되지 않는 경우를 포함하기도 한다. 양적 연구와는 달리 연구와 관련된 문제를 조작적 변인으로 이해하려고 노력하지 않으며 연구주제의 복합성과 관련된 문제들을 그 맥락 내에서 주로 살펴보고자 하게 된다. 질적 연구에서 가장 잘 알려진 방법들은 참여관찰이나 심층면접을 사용한 것이지만 이 외에도 질적 연구에서 관련 연구방법들은 다양하다. 질적 연구의 특성은 다음과 같이 요약 및 정리 될 수 있다.

1) 자연적 상황의 중시

질적 연구는 일상에서 경험되는 다양한 인문학적, 사회적 현상을 연구하고자 한다. 따라서 연구자가 연구대상의 일상적 삶에 직접 참여한 상태에서 연구를 진행하고 자료를 수집하는 과정을 포함하게 된다. 실험 연구에서처럼 연구변인을 의도적으로 조작하거나 통제하려는 시도를 요구하지 않으며 관련된 다양한 현상이 일어나고 있는 자연스런 상황을 종합적으로 관찰하고 연구하고자 한다. 따라서 현장과 관련된 맥락 내에서 세부적으로 드러나는 연구주제와 관련된 개념과 실제 현상 간의 관계를 해석하면서 연구대상이나 현상의 역동성을 이해하고자 한다.

2) 기술적인 자료의 수집과 정리

질적 연구를 통해 수집된 연구자료는 언어적이거나 시각적인 것, 즉 글이나 그림의 형태가 대부분이다. 연구과정에서 나타난 다양한 데이터들을 수치나 기호로 간략히 표시하기보다는 풍부한 언어적 표현 등을 통해 기록된 자료를 충분히 묘사하는 특성을 지닌다. 전사된 인터뷰 내용, 현장 기록지, 사진, 비디오, 메모, 여러 가지 관련 문서 등을 이용하여 연구결과를 정리하고 기록하게 되는데 일반적으로는 일화나 이야기 중심의 형식으로 기술적인 묘사를 많이 사용하게 된다. 또한 필요에 따라 연구참여자의 표현이나 반응을 직접적으로 인용하는 등 실제 연구과정에서 확인된 원래의 자료를 많이 포함시키기도 한다.

3) 연구과정 및 연구자의 직접 참여 강조

무엇보다도 질적 연구는 결과보다는 과정에 초점을 두는 방법이라고 볼 수 있다. 개인이나 집단의 차이를 규명하는 것 자체, 혹은 그 과정에만 관심이 있는 것이 아니라 그러한 차이나 유사성이 발생하는 과정에서 수반되는 전체적인 복합성에 관심을 두며 그 내용을 이해하려고 노력한다. 주어진 특정 상황이나 전체적인 맥락 내에서 어떤 현상을 이해하고자 하는 것이 질적 연구의 목적이므로 가능한 한 장기간에 걸쳐 그 맥락 속에 연구자가 직접 개입하는 것이 무엇보다도 중요하다고 볼 수 있다. 따라서 연구자와 연구대상의 관계 또한 양적 연구에 비해 밀접해질 수밖에 없으며 변화의 양상이나 미세한 특성을 현장에서 직접 관찰하고 이해해야 하므로 상대적으로 연구기간도 길어지게 된다.

4) 귀납적 접근 방법

질적 연구에서는 연구와 관련된 자료를 귀납적으로 분석한다. 이론적인 가설을 증명하기 위해 관련된 증거 자료를 찾는 것이 목적이 아니라 자료가 충분히 수집된 다음에 점차적으로 해석을 시도하는 방법을 채택한다. 선행 연구나 이론을 통해 이미 받아들여지고 있는 지식을 뒷받침하는 연구를 하기보다는 자료를 수집하면서 귀납적인 시각으로 현상을 바라보고 이를 통해 기존에 증명된 지식의 내용을 보충하거나 새로운 이해관계를 생성하는 데 중점을 둔다. 이러한 특성을 깔때기에 비유하기도 하는데 연구 초기에 연구자의 관점이나 지식을 최대한 유보한 채 광범위한 가능성을 놓고 현상을 바라보기 시작했다가 조금씩 좁혀가면서 구체화된다는 점 때문이다.

5) 의미부여의 중시

단순히 객관적으로 수치화되고 계량화될 수 있는 양적 자료의 특징을 찾는 것이 아니라 "의미"를 찾는 것이 질적 연구의 핵심이라 할 수 있다. 사람들이 현상을 경험하면서 주관적으로 찾아내는 의미에 대하여 질적 연구자들은 관심을 두고 있다. 객관적인 실제나 현상 그 자체에 관심을 두기 보다는 그 아래에 잠재해 있는 동기, 이유, 가치 등을 밝혀내는 것에 연구의 핵심이 있다고 본다. 즉 외적으로 측정되고 판단되는 현상 속에 어떠한 내재적 의미가 있는지 해석함으로써 연구대상을 좀 더 근본적이고 심층적인 관점에서 이해하고자 한다.

8.2 질적 연구의 필요성

학문의 지식 및 그 연구의 수준을 넘어서서 과학성과 논리성을 보유한 사회과학의 중요한 학문 영역으로 그 중요성을 새롭게 인식하고 계속 발전해 나가기 위해서는 질적 연구의 필요성이 요구되며 필요한 경우는 다음과 같이 요약될 수 있다.

- 잘 알려지지 않은 새로운 주제에 대하여 연구를 하는 경우
- 다루기에 민감하거나 보다 깊이 있는 연구결과가 요구되는 경우
- 양적 연구를 하는 과정에서 자료수집 및 연구결과의 기술이나 설명에 어려움을 겪게 되는 경우

또한 양적 조사와는 반대로 양이나 수치로 환산하기 힘든 다양한 현상을 조사하는 방법으로써 관찰자와 연구대상을 정확히 분리하기 힘든 경우에도 필요하다. 양적 조사는 조사의 결과와 결과에 나타난 수치에 관심이 집중되어 있는 반면, 질적 조사는 조사의 과정(process)과 절차에 보다 많은 관심을 가지며 연구절차가 상대적으로 유연하다고 볼 수 있다. 양적 조사는 나름대로의 표준화된 절차가 존재하지만, 대부분의 질적 조사는 상황에 따라 적절한 방법들을 선택해 나가는 유연성을 가지고 있는 것을 그 특징으로 볼 수 있으며, 양적 조사가 주로 연역적인 방법을 사용해 가치중립적이고, 객관적 사실의 발견을 추구한다면, 질적 조사는 주관적, 귀납적인 방법을 많이 사용 한다. 이러한 차이는 조사결과를 일반화하는 데 한계를 가지고 있다. 그러나 연구자의 경험이나 직감도 중요한 역할을 할 수 있기 때문에 표준화된 자료는 적을지 몰라도 연구결과가 내용적, 질적으로 풍부한 장점이 있다.

8.3 연구문제의 선정과 진행 과정에서의 특성

1) 연구문제의 선정

다른 연구와 마찬가지로 질적 연구에서도 연구자가 탐구하고자 하는 연구문제와 목적이 무엇인지 반드시 선정해야 할 필요성이 있다. 또한 그 연구문제에 왜 질적 연구방법이 적절하고 반드시 필요한지에 대한 고찰이 있어야 한다. 연구하고자 하는 주제가 일반화를 목적으로 하거나 집단 간의 양적인 비교에 주로 관련된 것은 아닌지 반복해서 살펴보아야 하며 만약 그렇다면 질적 연구와는 다른 연구방법을 생각해 보아야 할 것이다.

결과보다는 과정, 특히 연구과정에서 생기게 되는 연구과정 및 결과와 관련된 변화의 다양성이나 그 맥락 및 현상의 복합성 등에 관심이 있는 것인지 생각해 보면서 연구문제에 대한 해답을 도출해 내는 데 질적 연구방법이 적합한지 숙고해야 한다. 질적 연구에서는 양적 연구와 마찬가지로 연구문제를 가지고 시작하지만 양적 연구와는 달리 가설은 세우지 않는 것이 일반적이다. 가설을 통계적으로 검증하는 것이 아니기 때문이다.

따라서 연구문제를 세부적이거나 구체적인 것보다는 포괄적인 형태로 서술하는 경우가 일반적이다. 연구문제를 선정할 때는 개방형 용어를 사용하는 것이 바람직하며 "어떻게" 혹은 "무엇" 등의 단어로 시작하는 것이 적절하다고 볼 수 있다. 연구 전체를 이끌어 나가는 하나의 중심 연구문제를 바탕으로 몇 개의 하위문제를 포함하는 것이 좋다.

2) 연구대상과 방법

연구목적과 문제에 적합한 연구대상과 방법을 선택하는 것 또한 질적 연구에서 매우 중요한 단계라고 할 수 있다. 연구대상은 아동이나 부모, 교사 등 인적 자원이 될 수도 있고 특정 학교나 학급 등 집단이 되는 경우도 있다. 연구대상이 모집단 전체를 반드시 대표할 필요는 없으며 일반적이고 보편적인 대상을 선택할 것인지 혹은 특이한 대상을 택할 것인지 또한 연구문제에 따라 정해야 한다.

3) 연구의 과정

질적 연구의 과정은 순환적이고 반복적으로 이루어진다. 즉 정해진 한 단계를 끝내고 다음 단계로 넘어가는 것이 아니라 연구과정의 여러 단계가 동시에 일어나거나 여러 번 반복해서 일어날 수 있는 특징을 갖고 있다. 질적 연구에 있어 관련된 자료수집은 대부분 장기간을 요구하는데 이 기간 동안 연구자는 분석을 시작하게 되고 또한 지속적인 문헌고찰을 통해 부족한 부분을 계속 조사하는 등 연구 전반에 필요한 단계들을 동시적으로 진행하는 것이 일반적이다. 따라서 연구가 전개되는 과정 속에서 연구설계 또한 다양한 방식으로 수정 및 보완되며 창조되기도 한다. 질적 연구에서는 연구자와 연구대상이 되는 현상 간의 상호작용 속에서 어떠한 것이 발견될지 미리 예측하여 설계하는 것이 어렵기 때문에 다소 융통성 있게 연구문제와 방법을 수정하는 것이 가능하다.

8.4 영어교육과 질적 연구

양적 연구방법론(quantitative methods)과 상대되는 개념으로 영어교육에서의 질적 연구는 교실에서의 학습은 반드시 각각의 교실에 존재하는 다양한 요소들을 총체적으로 고려해야 한다는 가정에서 출발한다. 최근 몇 년 동안 질적 연구와 관련된 절차나 연구방법에 대한 관심이 늘어나고 있는데 그 대표적인 이유는 다음과 같이 정리할 수 있겠다.

첫째, 제2언어 습득에 대한 연구의 대부분이 교실에서 일어나는 학습자의 학습에 관한 것인데 실험연구를 위해 실험자가 원하는 통제를 더하는 것이 쉽지 않기 때문이다(Seliger & Shohamy, 1989). 둘째, 심리학, 교육학, 의사소통 및 담화분석에서는 자료수집 및 분석을 위해 질적 혹은 민속학적인 연구에서 쓰이는 삼각화(triangulation) 기법으로 실험설계를 통해 얻을 수 없는 자료를 수집할 수 있게 되었기 때문이다(배두본, 김영태, 한상호, 2001). 셋째, 통제되는 인위적인 실험상황은 인위적으로 조작된 자료가 될 수 있으므로 자연적인 상황에서 발화된 제2언어 습득 연구방법을 사용하려는 노력이 필요하다.

이처럼 질적 연구방법은 인간의 행동이 자연스럽게 일어나는 문맥(context)속에서 연구자가 피험자의 행동에 전혀 영향을 전혀 주지 않는 상황하에, 자연스럽게 일어나는 인간의 특정 행동을 연구하는데 관심을 가진 인류학자 혹은 사회학자들의 방법론에서 발견한 것이다. 이 방법은 연구자의 시각이 아닌 피험자나 피관찰자 관점에서의 자료수집, 제시 혹은 해석이 연구의 중심이 된다고 볼 수 있다. 게다가, 질적 연구방법에서는 양적 연구방법처럼 대규모의 피험자 뿐 아니라 한두 명 등의 소수의 피험자가 개입될 수 있으며, 연구기간이 장기화 될 수도 있다. 질적 연구방법에서의 데이터 수집은 관찰, 현장기록(field notes), 질문지(questionnaire), 면담(interview), 사례 연구(case study), 표본 조사(survey), 그리고 텍스트(written text) 등을 들 수 있으며, 수집된 자료를 바탕으로 정형화시킬 수 있는 유형(pattern)을 이끌어낸다(배두본, 김영태, 한상호, 2001). 즉 통계적 절차를 중요시하는 양적 연구와는 달리 특정한 장면을 관찰하여 상세하게 묘사한다. 그러므로 질적 연구방법은 주로 실험자가 수집한 데이터에서 가설을 이끌어내는 귀납적 성격을 가진 가설형성(hypothesis-generating) 연구라고 볼 수 있다. 이러한 질적 연구방법의 대표적 유형의 연구방법은 사례 연구, 대화 분석, 민족문화기술 및 서술연구(Chapelle & Duff, 2003)를 들 수 있다.

8.5 영어교육에 있어 질적 연구의 유형

질적 연구의 유형을 명확히 분류하는 것은 쉬운 과정이 아니다. 질적 연구는 방법론적으로 아직 계속 성장 중이고 그 세부 사항에 대해서 논의되는 단계라 할 수 있으며 다양한 질적 연구 접근 방법이 연구 특성에 맞게 계속적으로 출현하고 있다. 연구자들마다 질적 연구를 규정짓고 활용하는 관점이 조금씩 다른 것이 사실이며 그 합의점을 찾고자 하는 노력들이 최근 활발하게 이루어지고 있기도 하다.

연구자들이 분류하는 질적 연구의 접근법을 살펴보면 어떤 것들은 이론적 개념에 더 가깝고 어떤 것들은 방법 그 자체에 좀 더 초점을 맞추어 분류된 것을 알 수 있다. 현재까지의 질적 연구 전통에 근거하여 여러 접근법들을 범주화하려는 시도 속에서 여러 학자들이 각기 다양한 분류법을 소개하고 있어 어느 한 가지가 정답이라고 말하기는 어려우나 이 책에서는 그 중 몇 가지 대표적 유형만 살펴보고자 한다.

1) 사례 연구

사례 연구(case study)는 특정한 개인이나 단체에 초점을 두고 검사, 관찰, 면접과 같은 다양한 방법으로 자료를 수집하여 종합적으로 주어진 사례의 문제를 이해하며 해결하려고 노력하는 연구방법이다. Stake(1995)는 사례 연구의 특성을 다음의 4가지로 기술하였는데 첫째, 맥락이 잘 발달되어 연구 자체가 총체적인 특성을 지니고 있으며 둘째, 연구주제와 관련된 현장을 지향하므로 경험적이고 셋째, 연구자의 직관에 보다 많이 의존하게 되므로 양적 연구에 비하여 해석적이고 넷째, 행위자의 의도에 주의를 기울이므로 감정이 이입되는 경향을 보인다고 하였다. 그는 우수한 사례 연구는 관찰과 즉각적인 해석에 가치를 두고 자료의 삼각측정을 일상적으로 사용하며 독자들이 주관성을 의식하도록 도와줄 수 있다고 하였다. 사례 연구는 실험 연구보다 자연스럽고 기술적이며 연구대상자의 응답을 중심으로 자료를 수집하기 때문에 반응적이고 해석적인 연구방법이라고 볼 수 있다(배두본, 2002). 사례 연구는 경험에 의존하여 연구의 맥락을 총체적으로 해석하는 특징을 가진다고 할 수 있다.

사례 연구는 대개 연구자가 현장에서 직접 연구를 진행하면서 대상자 및 대상자와 관련된 내용을 직접 기록하거나 사진이나 비디오, 녹음 자료를 이용하기도 하고, 연구자 자신의 일기나 관찰 기록 등의 자료도 아울러 활용하게 된다. 사례 연구에서 대화 분석은 일상적인 대화가 사람을 이해하고 그들의 사회적 세계를 이해하는 독특한 시각을 제공한다는 입장에서 출발한다. 분석할 때에는 대화의 절차 과정에 초점을 두고 대화 속에 숨겨진 참여자 자신의 이해도를 해석하려고 노력하게 된다. 이때 일어나야 한다고 먼저 결정을 내리거나 의식적으로 분석하지 않고 자연스럽게 발생하는 데이터를 사용하는 것이 일반적이다. 또, 관찰에서 출발하여 가설로 나아가야 하며 규칙을 찾으려고 하지 말고 절차에 초점을 두어야 한다(Richards, 2003, pp. 14-28).

김진완(2004)에 따르면 사례 연구란 분석단위로 정의되는 하나의 사례에 대한 연구이며 자연스럽게 이루어지는 환경에서 존재하는 하나의 실체에 초점을 두는 연구방법이다. 사례 연구의 다른 유형으로는 신민족문화기술적, 평가적 다중현장 사례 연구 및 교사연구가 있겠다(Stenhouse, 1983). 신민족문화기술적 사례 연구는 하나의 사례에 대한 참여관찰자의 상세한 조사를 말하며, 평가적 사례 연구는 한 사례나 한 집단의 정책과 실제 운영에 대한 심도 있는 조사를 말한다(김진완, 2004). 다중현장 사례 연구는 여러 장소에서 일어나는 사례를 팀별로 조사하는 것을 의미하며, 교사연구는 현장에 있는 교사에 의해 수행되는 소규모의 연구 유형으로 교실상황에 대한 실행 연구나 학교 사례 연구가 그 예라고 할 수 있다. 연구내용 면에서는 최근 영어교육 및 제2언어 습득에서의 사례 연구는 언어학에 국한시키지 않고 학습자 및 교사의 정체성, 언어기능 발달, 교사의 전문성 개발경험, 언어정책 등의 주제에 더욱 초점을 두는 경향을 보이고 있다(Chapell & Duff, 2003).

2) 현상학적 연구

현상학적 관점으로 이루어지는 연구(phenomenological research)는 개개인이 직접 체험하는 실제적인 상황에 관심을 가진다. 실제에 대해 겉으로 드러나게 되는 객관적 사실이나 지식 그 자체 보다는 그 실제가 각 개인에게 어떻게 해석되고 경험되는가에 초점을 맞추게 된다. 현상학적 연구자들은 인간의 경험이나 현상은 객관적으로 존재하는 실제가 아니라 "해석"되는 것이라고 가정한다. 같은 현상이나 사물에 대해 부여하는 의미가 개개인이 경험하는 바에 따라 다를 수 있는 데에서 그 원인이 기인한다고 본다. 따라서 현상학적 연구는 서로 다른 개인들이 외적인 실제 현상과 사실에 대한 이해를 어떻게 구성해 나가는지와 그들이 자신들의 주변에서 일어나는 현상에 대해 어떤 방법으로 해당 내용들을 개념화하는지 등에 대해 연구하고자 한다. 예를 들면, 부모들이 자녀 양육 과정을 통해 부모역할을 어떻게 경험하는지, 교사들이 자신이 맡은 학급을 이끌어 나가면서 교육과정을 어떻게 경험하는지 그리고 학생들은 동일한 교육 과정을 어떤 식으로 경험해 나가는지 등에 대한 현상을 연구하는 것을 들 수 있다. 따라서 한 개인의 경험이나 관점을 보고하는 것이 아니라 어떠한 현상이나 개념에 대한 여러 개인들의 체험의 의미를 통합적으로 기술한다.

현상학적 연구에서는 연구자의 선입견과 판단을 일단 보류하는 것이 무엇보다도 중요하다. 이를 판단 중지(epoche)라고 하는데 정보를 제공하는 연구참여자의 경험에 연구과정 및 연구내용의 초점을 맞추고 그들의 목소리를 통해 현상의 본질을 이해하기 위한 것이다. 그러나 연구자가 자신의 개인적 경험을 완전히 배제하는 것은 어려우므로 연구자의 경험을 어떤 방식으로 연구과정이나 해석에 도입할 것인지 숙고하여 결정해야 한다. 연구참여자를 선택함에 있어서도 그 개인들이 연구주제가 되는 현상을 얼마나 깊이 있게 직접 체험했는가에 따라 신중히 고려하여야 한다.

3) 근거이론 연구

근거이론 연구(grounded theory)의 배경은 Glaser와 Strauss(1967)가 출판한 저서 『The discovery of grounded theory』에서 비롯된다. 근거이론이란 활용 가능하고 발견되는 풍부한 현장 자료에 근거하여 새로이 발견되고 점차적으로 발전되어 가는 이론이라고 할 수 있다. 문헌자료에만 근거한 이론으로 현상을 바라보지 않고 연구대상이 속해 있는 실제 현장에서 추출해 낸 폭넓은 자료에 토대를 두고 생성된 이론을 발전시킨다는 뜻이다. 따라서 근거이론 연구에서는 연구자들이 최대한 다양한 자료를 수집한 후에 분석적인 해석을 하게 되고 그 과정에서 발견된 이론적 관점에 대한 이해를 더 돕기 위하여 부족한 부분에 초점을 맞춘 심층적 자료를 추후에 수집하게 된다. 이를 통해 이론의 체계적인 개념 틀을 발전시켜 나가는 일련의 연속적인 과정이라고 할 수 있다. 즉 이론에서 도출된 경험연구와 경험연구에서 도출된 이론 사이에서 발전하는 나선형의 연속적 연구다.

근거이론은 기본 가정이나 논리에서 출발하여 연역적으로 증명해 가는 것을 지양하고 우선 연구대상에 대한 깊이 있는 자료를 수집한 다음 이에 따라 논리적 이해를 창출하는 것이다. 이 이론을 처음 주창한 Glaser와 Strauss는 연구자들이 이론을 검증하기 위한 연구에만 몰두할 것이 아니라 연구대상이나 영역에 대한 깊이 있는 탐구와 이를 통한 새로운 이론의 생성에 대해 관심을 가져야 하며 이러한 과정을 통해 이론과 실제의 괴리가 줄어들 수 있다고 설명하였다.

8.6 질적 연구의 실시

1) 질적 연구와 자료수집

질적 연구와 관련된 자료의 수집 방법은 다음과 같이 정리할 수 있다.

(1) 참여관찰

연구자가 자기 연구를 지칭하여 스스로 참여관찰 연구라고 이름붙인 연구는 거의 없다. 대부분은 문화기술지, 문화 기술적 연구 또는 사례 연구라고 부르는 경우가 일반적이다. 이 범주에 속한 연구들 중 어떤 연구도 관찰을 자료수집의 유일한 방법으로 사용하지 않았고 연구설계의 주된 특징으로 참여관찰을 강조한 것이다.

참여관찰의 목적은 참여자의 관점에서 연구되는 문화나 상황을 이해하고자 하는 것이다. "현실 재구성"을 위한 노력으로, 참여관찰자는 연구대상의 지각 세계로 들어가려고 시도하며, "구성원의 지식을 획득하고 결과적으로는 참여자가 어떤 행동을 하게 된 동기와 그러한 행동이 그 시점에 참여자에게 주는 의미에 대해 참여자의 관점에서 이해하려고 하는 것이다. 연구자들은 어느 정도는 그 문화권의 구성원으로 참여하며 보고서나 현장노트를 주의 깊게 기록한다. 참여의 정도는 연구마다 다양하다. Spradley(1980)는 참여의 종류를 다섯 가지로 구분하였다: 완전한 참여, 적극적인 참여, 보통의 참여, 수동적인 참여, 비참여. 다음에 제시된 예는 적극적인 참여 수준을 사용한 것이다.

연구대상이 되는 장면, 즉 대상 집단이나 개인의 일상생활 속에 연구자가 직접 참여하면서 장기간 동안 그 일상이나 문화를 적극적으로 관찰하고 탐구하는 것을 참여관찰이라고 한다. 참여관찰은 참여와 관찰 중 어느 쪽에 더 비중을 두느냐에 따라 종류를 나누어볼 수 있다. 대부분의 질적 연구 참여관찰에서는 참여와 관찰이 모두 이루어지나 때에 따라 정도의 차이가 있는 경우가 많다. 참여관찰에서 자료수집은 주로 현장기록에 의하며 녹음기와 비디오카메라를 사용해 보충하기도 한다.

① 현장기록

현장기록(field notes)은 연구현장에서 기록되고 수집되는 대화내용이나 상호작용, 관찰된 행동 그리고 연구자의 메모 등을 모두 포함한다. 질적 연구에서 현장기록은 거의 필수적이며 여러 가지 면에서 유용한 자료가 된다. 현장기록의 질은 연구의 질을 결정짓는 중요한 요소다. 현장기록은 참여관찰 시에 발생한 객관적 현장묘사를 하는 것이 내용이 될 수도 있고 또는 연구현장에서 떠난 뒤 그날의 경험에 관해 연구자가 가지게 되는 이론적, 탐구적 의문이나 의견을 반영하는 반성적인 내용으로 구성될 수도 있다. 연구자의 반성적 기록의 대상은 매우 다양한데 자료 분석이나 방법 자체에 관련된 것 혹은 그날의 현장경험을 통하여 연구자가 의문을 가진 윤리적 갈등이나 연구자 자신이 새롭게 발견한 이론적 틀에 관한 것 등 연구주제와 관련된 것이라면 어떤 것이나 가능하다.

연구현장에서 기록을 할 때는 최대한 상세하게 묘사한다. 대상의 행동이나 몸짓, 태도, 대화 등은 물론이고 놓치기 쉬운 미세한 행위나 물리적인 공간 구성까지 기술하는 것이 좋다. 공간의 구성이나 배치를 글로 나타내기가 어렵다면 간단한 스케치나 그림을 함께 첨부

한다. 연구참여자의 아동이나 동작 등에 대해서도 서술적인 묘사와 함께 화살표나 그림을 덧붙인다면 나중에 기록을 다시 읽고 해석할 때 도움이 될 수 있다.

② 녹음기와 비디오카메라

참여관찰자가 최대한 많은 정보를 기록하려고 노력한다 하더라도 동시다발적으로 일어나고 있는 모든 현상을 기록하는 것은 불가능하다. 예를 들면 유치원 교실에서 아동의 놀이를 참여관찰하고 있을 때 연구자의 관심인 사회적 협동놀이 행동을 아동이 보여준다고 가정하자. 이때 아동의 대화를 기록하면서 동시에 비언어적인 행동들까지 완벽하게 포착하기란 매우 어려운 일이다. 따라서 충분한 자료수집을 위해 녹음기나 비디오카메라가 참여관찰에 병행될 수 있다. 이러한 기기의 사용은 장단점을 가지는데 먼저 장점으로는 관찰이 끝난 후 반복적으로 재생하여 정보를 취할 수 있다는 것이다. 이렇게 반복적으로 그 상황을 보게 될 때 현장에서 놓친 아주 미세한 몸놀림이나 중얼거림 같은 것을 발견할 수도 있다.

그러나 연구자가 비디오카메라를 들고 촬영하면서 관찰을 병행할 때 관찰대상이 카메라를 의식하여 자연스러운 행동이나 상호작용이 방해될 수 있다. 특히 아동을 대상으로 한 참여관찰의 경우 새로운 기기가 아동의 관심을 유발하여 예상치 않은 행동들이 발생하기도 한다. 벽이나 천장에 설치하는 고정형태의 비디오카메라는 상대적으로 방해요소가 적지만 관심 있는 행동을 융통성 있게 따라다니지 못한다는 단점이 있다. 이에 비해 녹음기는 대부분 소형이고 눈에 잘 띄지 않아 성능이 좋은 경우 도움이 될 수 있다. 그러나 녹음된 내용만으로는 대화내용이나 대상의 식별이 어려울 수 있고 비언어적 요소들은 담지 못하여 보조자료로 크게 도움이 되지 못하는 경우도 있다.

(2) 심층면접

면접하는 것은 집중적인 참여관찰에 대한 보완 또는 보충물로 사용되는 연구 기술이지만, 많은 질적 연구들에서는 면접을 자료수집의 주된 방법으로 사용하고 있다. 면접이 강조된 연구들도 모두 다른 자료수집 방법들을 사용하고 있다(학교기록, 관찰, 작품 수집). 모든 면접이 질적인 것은 아니다. 양적 연구에서 사용되는 대부분의 면접들은 전화 또는 직접 대면하는 것으로 주로 폐쇄형 질문으로 끝난다(선택형, 리커트식). 질적 연구자들은 참여자들이 자신의 세계를 의미있게 만드는 데 사용하는 의미의 구조를 밝히기 위한 방법으로 면접을 사용한다. 이러한 의미들은 종종 직접 관찰로는 볼 수 없으므로, 참여자들에 대한 개방형 면접은 이러한 의미들을 표면에 드러나게 하는 도구로 사용된다.

질적 연구에서 심층면접은 강력한 자료수집 도구다. 일대일로 이루어지는 심층면접의 경우 연구자의 면접태도는 매우 중요하다. 면접과정에서 연구자는 최대한 자신의 가치 판단을 배제시키고 개방적이고 긍정적인 태도를 가질 필요가 있다. 또한 연구참여자가 최대한 자연스럽게 자신의 이야기를 할 수 있도록 경청하고 수용하는 모습을 보이도록 한다. 이야기하고 있는 연구참여자를 쳐다보지 않고 열심히 메모만 한다거나 굳은 표정으로 앉아 있기만 한다면 참여자는 거북하거나 불편함을 느끼게 되어 충분히 정보를 제공할 수 없을 것이다. 심층면접을 할 때 연구자는 비구조적인 질문 리스트를 작성하여 미리 숙지하고 임하여야 한다. 취조하듯이 순서대로 질문을 던지는 것은 삼가야 하며 연구참여자의 대답이나 반응의 방향과 흐름에 따라 적절하게 질문들을 통합하거나 가감하는 기술도 요구된다. 면접시간에 대한 규칙은 없으나 성인 참여자의 경우 1회에 60분에서 90분 정도가 적당하다. 연구참여자의 특성에 따라 대답의 질이나 양이 다양할 것이므로 이에 대한 준비나 기술 또한 필요하다.

면접 전에 연구참여자에게 반드시 언급되어야 할 몇 가지 사항들이 있으며 이런 항목들을 사전의 서면동의서 내용에 포함시키는 것이 중요하다. 포함될 사항에는 연구동기 및 목적, 보고서에는 가명을 사용한다는 것, 본인이 원할 시에 언제든지 연구참여를 그만둘 수 있다는 것 그리고 계획된 면접시간, 장소, 횟수 등이다. 또한 면접 내용을 녹음하는 경우 이에 대한 양해도 미리 구해야 하며 가능하면 녹음 상태를 처음에 테스트한 후 면접에 들어가는 것이 좋다.

(3) 문서 및 작품분석

질적 연구에서 문서 및 작품의 수집과 분석은 여러 가지로 활용될 수 있다. 특히 역사적 연구, 내용분석 연구, 기록물 연구 등에서 주로 쓰이게 되며 많은 질적 연구에서 보조자료로 사용되기도 한다. 질적 연구에서 사용될 수 있는 문서는 신문기사나 공적인 보고서 등 이미 공개되어 있는 기록과 함께 기관 내 회의록, 공문서, 회람 등 어느 정도 제한된 범위에서 공적인 문서 그리고 일기, 개인노트, 편지 등의 사적인 기록이 모두 포함된다. 이 밖에 아동의 글이나 작품 등의 학습 관련 자료도 분석의 대상이 될 수 있다. 예를 들면, 아동의 노래나 언어 등을 담은 녹음테이프, 작품 사진, 비디오 필름 등이 이에 해당된다.

(4) 초점집단면접

초점집단면접은 특정 주제에 대해 소집단을 대상으로 토론식으로 면접을 하는 방법이다. 제2차 세계대전 이후 대중매체의 광고 효과를 알아보기 위한 시장조사의 일환으로 시작되었으나 현재는 다양한 사회과학 연구분야에서 사용되는 자료수집방법 중 하나가 되었다. 면접에 참여하는 응답자들 간의 자연스러운 대화와 토론 과정에서 일대일 면접이나 관찰에서 얻기 어려운 정보를 획득하는 데 목적이 있다. 집단의 크기는 대부분 4 ~ 8명으로 구성하게 되며 기존에 이미 형성된 집단의 구성원, 즉 가족구성원이나 직장 동료 등을 대상으로 할 수도 있고 또는 연구목적에 맞게 따로 소집단을 형성할 수도 있다.

초점집단면접에서 연구자는 중재자의 역할을 하며 소집단 구성원 개개인에게 질문을 하는 것이 아니라 모든 구성원들이 참여할 수 있도록 도우면서 토론을 자연스럽게 이끌어 나가야 한다. 참여자 개인의 내면에 있는 생각들을 편하게 표현할 수 있도록 적절한 질문을 제기하고 계속적인 진행을 유도하는 기술이 필요하다. 따라서 초점집단면접을 실시하기 전에 연구문제와 목적을 정확히 이해해야 하며 면접장소나 토론 진행방법 등에 대해서도 충분히 준비를 하는 것이 좋다. 연구자 한 명만 바라보고 대답하는 개별면접에 비해 집단면접은 좀 더 자연스럽고 편하게 진행될 수 있다는 장점이 있다. 특히 아동을 대상으로 하는 초점집단면접의 경우 또래들과의 자연스러운 상황에서 생각하는 바를 이야기할 수 있어서 성인 연구자와의 일대일 관계상황일 때 얻기 어려운 반응들을 이끌어 낼 수도 있다.

(5) 조사연구방법

조사연구는 영어교육 현황, 환경, 운영실태, 교과과정 등 외적으로 쉽게 파악될 수 있는 내용들에 대한 단순한 관찰 조사에서부터 영어교육 이론과 방법의 소개 및 아이디어 제안, 설문지를 통한 현안에 대한 사실 분석과 의견 제시 등 보다 심도 있는 연구내용 및 주제 등에 대한 연구라고 정의할 수 있다. 이와 관련하여 조사연구방법은 조사연구를 모집단으로부터 표본을 추출하여 이들을 대상으로 질문지, 면접 등 직접적인 접촉을 통하여 연구하고자 하는 문제 또는 변인과 관련된 실증적인 자료를 체계적이고 계획적으로 수집하는 방법 또는 그러한 방법을 사용한 연구라고 할 수 있으며, 조사연구의 목적은 모집단을 대표할 수 있는 표본을 직접 조사함으로써 전체 모집단의 특성을 밝혀내는 것으로 표본 조사의 결과는 전체 모집단에 대한 일반화를 지향한다고 볼 수 있다. 연구자에 의해 잘 구성된 조사연구는 연구의 성격이 광범위한 장점을 지니게 되어 논점이 넓은 견해를 제공하는 데 유용한 연구가 될 수 있는 반면, 대체적으로 인과관계의 결론을 내릴 수 없다는 단점과 과정에 대한 풍부한 기술을 할 수 없다는 제한점을 지닌다. 이러한 조사연구의 종류로는 설문지를 이용한 설문지 연구(questionnaires)와 교육과정, 시험, 교과서 등의 조사, 연구대상자와의 직접적인 인터뷰를 통한 면담연구(interviews)등이 있다.

(6) 일화기록 방법

오디오나 비디오 녹화를 통한 기록이 광각 렌즈 기법에서 가장 객관적인 관찰방법으로 선택되며 교사나 학생의 행동에 관해 관찰자가 제3자의 입장에서 관찰, 기록하는 방법이다. 일화기록법에서 기록 내용은 수업 과정에 대한 직접 관찰의 결과로 이루어지는 정확하고 구체적이며 서술적인 설명이다. 이러한 행동이나 사건을 설명하려면 보고들은 것 이상의 관찰자 해석이 포함된다. 일화기록법에서는 관찰자에게 의미 있는 행동이 일어날 때마다 기록하는 것이 중요하며 관찰자의 추론이나 해석은 객관적 서술과 분리시켜 분명히 밝혀야 한다. 이 방법을 이용하면 교실 내 상호작용의 감정을 생생하게 살릴 수 있다.

(7) 다양한 체크리스트 방법

체크리스트에 의한 분석은 비교적 추상적이고 일반적인 수업활동을 관찰대상으로 삼는 경우에 흔히 활용하는 관찰방법이다. 관찰자가 수업을 관찰한 후 평정척도에 의거하여 주관적으로 판단하여 평정하는 이 분석은 관찰자의 주관성이 개입될 가능성이 많아 그 자료의 객관성과 신뢰성을 보장받기가 용이하지 않다는 제한점이 있다. 그러므로 관찰자는 평정의 객관성을 증진시키기 위해 평정척도를 체계화하고 구조화해야 한다.

(8) 축어기록법

선택적 축어기록법의 장점은 교사가 학생에게 말하는 내용이나 학생이 말하는 내용에 초점을 두어 기록함으로써 교사 행동에 대한 객관적이고 비판 없는 내용을 제공하여 수업 중 자신이 한 말을 들을 기회가 없는 교사에게 언어적 거울 역할을 할 수 있다는 것이다. 교사의 행동에 대해 평가 없이 객관적인 데이터를 제공함으로써 교사의 교수 행동에 실질적인 변화를 유도하는 촉진제가 될 수 있다. 그러나 선택적 축어기록법은 말 그대로 선택적인 관계로 협소한 언어 행동에만 초점을 맞추게 되면 수업의 전체적인 상호작용을 놓칠 수 있다는 단점이 있다. 따라서 교사와 장학자는 확인된 언어와 행동이 기록, 분석할 가치가 있는지 면밀히 탐색해야 한다.

2) 연구자의 역할

질적 연구와 관련된 연구자의 역할을 양적 연구와는 다른 차원에서의 논의가 요구되며 그 내용은 다음과 같다.

(1) 연구도구로서의 연구자

질적 연구에서 연구자는 객관적 입장을 취하는 제3자가 아니라 주요 연구도구로 사용된다고 볼 수 있다. 참여관찰이나 면접 등 대부분의 질적 연구자료 수집 과정에서 연구자는 직접적으로 참여하게 되며 또한 수집된 자료를 분석하고 해석하는 과정에서도 적극 관여한다. 따라서 질적 연구에서는 연구자 자신이 이미 가지고 있는 주관적 입장이나 편견을 인식하고 연구과정에서 일어나는 의미도출이나 결과분석에서의 연구자 역할에 대해 해석에 포함시키는 것 또한 중요하다.

연구대상이 연구자가 원래 속해 있는 문화나 집단이 아닌 경우 얼마나 연구자가 그 현장 속에 깊이 스며들어 접근할 수 있는가에 따라 실제 연구결과나 해석이 달라질 수 있다. 여기에는 언어의 유창성이나 연구대상인 집단의 독특한 은어나 행동패턴에 대한 인지도 등의 요인이 영향을 미칠 것이다. 연구자의 성격이나 태도, 기존의 편견이나 선호도 등에서 비롯되는 한계 또한 무시할 수 없으므로 이에 대한 자각과 적극적 논의가 이루어져야 한다.

(2) 내부자 대 외부자 관점

내부자 대 외부자 관점(emic vs etic)은 주로 문화기술적인 연구에서 논의가 되기는 하지만 질적 연구 전반에 걸쳐 중요한 개념이다. 내부자 관점이란 연구대상인 문화나 집단의 구성원 개개인이 인지하는 것을 중심으로 하는 관점이며 질적 연구에서 밝혀내고자 하는 주요 내용이 된다. 연구주제인 어떤 행위나 현상이 일어나는 현장에서 이미 그 맥락에 익숙한 연구참여자들이 스스로 부여하는 주관적 의미나 관점에 해당된다. 이에 반해 외부자 관점은 연구대상인 집단의 맥락과 상관없는 외부인(주로 연구자가 됨)이 과학적이고 객관적인 지식에 근거하여 그 행위나 현상을 이해하고 설명하고자 할 때 사용된다.

그러나 질적 연구에서 절대적인 외부자 관점이 존재할 수 있는지에 대한 논란이 지속되어 왔다. 최근의 연구자들은 내부자 관점과 외부자 관점을 양극으로 나누어 구별하기보다는 두 관점을 모두 취하며 단지 상대적으로 비중을 달리할 수 있다고 본다. 따라서 두 관점 모두 연구의 분석에 필요한 것으로 이해하고자 한다.

연구자의 배경이나 성장 과정이 연구주제와 밀접한 관련이 있는 경우 내부자 대 외부자 관점에 의한 의식적 재고가 더욱 필요할 것이다. 연구자의 특성이나 배경을 연구참여자들이 인지하고 있을 때 그들의 반응이나 행동 또한 달라질 수 있다. 만일 한국인 연구자가 미국에 있는 한국인 부모들의 부모 양육태도나 신념에 관해 심층면접을 실시한다면 연구에 참여하는 부모의 연구자가 "한국인"이라는 소속감을 가지게 되어 일반적으로 한국인이 공감하는 부분이나 전통적 가치관 등에 대해서는 설명하지 않아도 연구자가 알고 있을 것이라 가정하고 함축적 표현으로 대체하기도 한다. 이런 경우 연구자가 내부자적 관점에 더 깊이 관여하는 것이라 볼 수 있다. 따라서 질적 연구에서는 연구자 이야기(researcher narrative)라는 항목을 따로 두어 구체적으로 연구과정이나 해석에서 영향을 줄 수 있는 연구자의 배경이나 관점 등에 대해 서술하는 경우가 많다.

(3) 연구자와 연구참여자와의 관계

질적 연구에서는 연구자와 연구참여자 간에 상호의존적이고 밀접한 관계를 맺게 된다. 이러한 관계는 연구결과나 해석에 본질적인 영향을 미칠 수 있다. 따라서 연구자가 연구현장에서 주관성과 객관성의 균형을 지속시키고 적절한 관점과 역할을 유지하는 것이 매우 중요하다. 연구자가 연구참여자나 그가 속한 집단에 대해 편파적인 시각이나 부정적 태도를 무의식중에 드러내거나 권위적이고 공격적인 표현을 하게 된다면 참여자들은 연구자에 대한 신뢰를 갖지 못하여 충분한 정보를 제공하지 않을 수도 있다.

이와는 반대로 연구자와 연구참여자가 연구를 매개로 한 관계를 넘어 지나친 애정적 관계나 절친한 친구관계를 맺을 경우 연구결과의 분석이나 보고의 타당성에 문제를 야기할 수도 있다. 이처럼 질적인 연구에서는 연구참여자와의 관계가 서로에게 영향을 미칠 수 있으므로 설명해야 할 특별한 사항이 있다면 연구보고서에서 이를 구체적으로 서술해야 한다.

3) 자료 분석과 통계

질적 연구와 관련되어 수집된 자료를 분석하고 통계적인 특성을 정리하는 작업 역시 연구의 성과를 높이는 데 중요한 위치를 차지한다.

(1) 자료 분석 절차와 전략

질적 자료를 수집한 후 수집된 자료들을 분석하는 방법에 대해서는 정형화된 틀은 없으나 질적 분석을 시도하는 연구자들이 사용하고 있는 일반적 특성은 있을 수 있다. 자료 분석은 분석방법과는 상관없이 수집된 모든 자료를 여러 번에 걸쳐 충분하게 읽고 그 내용을 파악하는 것이다. 우선 연구자가 자료를 충분히 읽으면서 간단하게 적어 보는 것이 자료 분석의 시작이다. 자료들의 특성을 메모하고 그에 대해서 의견이나 연구자의 관점을 적어 나가면서 일차적인 범주를 형성한다. 이를 바탕으로 범주들의 일반적인 패턴이나 특징을 발견하고 선택적으로 해당 내용의 특징들을 파악하고 분류 및 분석하면서 해석적 의미를 발견하여 의미 있는 자료의 형태로 발전시켜 나간다. 연구자가 수집한 많은 양의 자료를 체계화 시키고 분석하는 전략은 연구자마다 다양할 수 있다. 자료를 읽어 나가면서 발견되는 범주 혹은 특징이나 주제마다 다양한 색깔의 펜으로 표시하는 컬러 코딩방법이 하나의 전략으로 사용되기도 한다.

분석적 귀납 방법 또한 질적 연구에서 일반적으로 사용되는 전략 중의 하나다. 분석적 귀납의 과정을 살펴보면 연구 초기에 연구자는 특수한 현상에 대한 대략적인 정의와 설명체계를 갖고 연구를 시작하는데 이러한 정의와 설명 체계를 충분한 자료가 수집될 때까지 최대한 보류한다. 자료를 수집하면서 이미 형성된 정의와 설명에 맞지 않는 새로운 사례를 확인할 때 그 정의와 설명체계를 수정해 나간다. 또한 연구자의 생각에 이미 형성된 이론과 설명체계에 맞지 않을 것 같은 사례를 의도적으로 선정하고 적극적으로 찾아낸다. 적합하지 않은 사례가 새롭게 나타나지 않을 때까지 자료수집을 계속하면서 일반적이고 보편적인 관련성이 확립되도록 그 현상을 재정의 하고 설명체계를 형성하도록 한다.

(2) 컴퓨터 프로그램의 활용

질적 연구의 분석을 돕기 위한 컴퓨터 프로그램이 최근 다양하게 개발되고 있다. 가장 잘 알려진 것은 초기에 개발된 NUD · IST와 Ethnography라는 프로그램으로서 주로 문서자료를 범주화하는 데 도움을 주는 프로그램이다. 최근에는 NVivo나 ATLAS/ti 등도 널리 쓰이고 있다. 이러한 프로그램의 특징을 파악하고 연구의 유형별로 적합한 프로그램을 선택하여 사용하는 것이 좋다.

컴퓨터 기술의 향상 및 발달과 더불어 이 밖에도 많은 프로그램들이 기존 프로그램의 단점을 극복하여 연구자들에게 실질적 도움을 주고자 개발되고 있다. 예를 들면, Nvivo같은 프로그램은 다이어그램을 그리는 것도 도와줄 수 있으며 특히 원 자료가 많은 경우 이러한 컴퓨터 프로그램을 이용하여 파일을 조직화하고 쉽게 자료를 찾아낼 수 있도록 체계화하는 것이 매우 도움이 된다. 그러나 이 모든 프로그램들이 아직은 영어로만 사용 가능하므로 국내에서는 일반적으로 실용화 되기에는 아직 어려운 상황이다. 또한 질적 연구결과 분석에서 컴퓨터가 제공해 줄 수 있는 부분은 제한적이며 자료를 저장하거나 저장된 자료를 부분적으로 범주화하여 연결시키거나 하는 등의 기능적인 것에 그칠 수밖에 없다.

(3) 연구결과의 타당성 검토

질적 연구는 연구의 특성상 신뢰도보다는 타당도가 높은, 다시 말해 연구하고자 하는 내용을 실제로 연구하는가의 측면에서 강점을 지니고 있다. 따라서 연구 결과에 대한 타당성 검토가 면밀하게 이루어져야 한다. 보통 질적 연구의 타당성 검토는 삼각측정과 구성원 점검을 통해 이루어지는데, 그 과정을 차례대로 살펴보자.

① 삼각측정

질적 연구에서는 양적 연구와는 달리 숫자로 표현되는 신뢰도나 타당도 수치를 제시할 수 없으나 연구의 타당성을 입증하기 위한 방법으로 삼각측정(triangulation)이라는 용어를 사용한다. 삼각측정은 토지 측량에서 주로 쓰이던 용어였으나 연구 타당성을 위한 전략의 일환으로 사용되고 있다. 삼각측정의 형태는 자료, 연구자, 방법에 관한 것으로 나누어 생각해 볼 수 있다.

첫째, 우선 자료의 삼각측정이란 다양하게 수집된 자료들을 이용하여 연구결과의 신뢰성을 높이는 것을 의미한다. 언어적 자료 외에 사진이나 비디오 녹화내용 등의 시각적 자료를 추가하는 방법이 대표적인 방법이라고 할 수 있다. 예를 들어, 참여관찰의 경우 관찰의 현장기록 자료에 추가하여 비디오로 녹화한 자료, 관련 문서기록이나 작품 등 몇 가지 서로 다른 자료들을 결합하여 현상을 이해하고자 하는 것이다.

둘째, 연구자의 삼각측정은 다수의 관찰자나 면담자를 두어 자료의 타당성을 높이고자 하는 것이다. 자료의 분석과 해석 과정에서 한 명의 연구자 외에 다른 동료 연구자들을 참여시키는 경우도 이러한 방법에 포함된다고 할 수 있다. 이를 통해 연구자 개인의 주관적 관점에서 비롯되는 오류들을 어느 정도 감소시킬 수 있다.

셋째, 방법의 삼각측정은 다양한 연구방법을 함께 사용하여 자료의 타당화를 높이고자 하는 것이다. 예를 들어, 심층면접과 참여관찰, 작품분석 등의 여러 연구방법을 결합하는 것이다.

이 밖에 이론적으로 다양한 관점과 개념을 적용하여 결과를 해석하고자 하는 이론의 삼각측정을 포함시키기도 한다. 질적 연구에서 삼각측정의 목적은 연구결과의 객관화나 일반화에 있다기보다는 연구대상을 좀 더 심층적이고 총체적으로 이해하기 위한 것이라 할 수 있다.

② 구성원 점검

구성원 점검(member check)이란 연구결과나 해석의 단계에 연구참여자로부터 직접 피드백을 받는 것을 말한다. 질적 연구에서 연구참여자들은 수동적인 행위만 하는 것이 아니라 연구과정 전반에 적극적이고 능동적인 역할을 하게 된다. 질적 연구의 특성상 연구가 진행되는 동안 연구자와 연구대상 간에 상호 협조가 이루어지게 되므로 연구의 중간 과정에서 연구참여자가 자신의 의견이나 조언을 연구자에게 표현하는 경우가 있다. 뿐만 아니라 수집된 연구자료의 맥락을 해석하는 데 도움이 되는 정보를 부가적으로 주기도 한다.

구성원 점검 활동은 질적 연구의 타당성을 높이는 데 중요한 역할을 하는데 연구참여자에게 현장기록이나 연구보고서 초고 등을 읽는 방법 등을 활용하여 자료의 묘사나 기술이 적절하고 정확한지 확인하는 것을 말한다.

구성원 점검의 방법에서 발생하는 문제점으로 지적되는 것은 그러한 확인 과정이 연구결과의 해석에 타당성을 부여할 수 있는지의 여부에 대한 것이다. 연구자의 발견이나 해석에 연구참여자 또한 완전히 동의한다면 결과의 타당성을 뒷받침할 수 있겠지만 연구과정에서 그런 동의가 항상 발생하는 것은 아니다. 만약 연구참여자가 연구의 결과 해석이나 의견에 동의하지 않는 부분이 있을 때 상이한 견해를 보이는 영역에 대해 다시 탐색하고 확인해야 하는지 의문을 갖게 된다. 어떤 경우에는 연구결과에 대해 연구참여자가 내면으로는 긍정하고 받아들이면서도 그것이 공식적으로 발표되거나 연구자의 해석처럼 나타나는 것을 원하지 않기도 한다. 이러한 내용이 발생함에도 불구하고 연구참여자의 참여만큼 연구결과에 대해 알 권리를 제공한다는 측면에서는 긍정적이라고 하겠다.

4) 결과보고 작성

질적 연구의 보고서 작성에서도 학술 연구보고서에 포함되어야 하는 기본 요소와 체제를 숙지하여 따르면 되지만 문체나 서술방법 등에서 질적 연구보고서가 가지는 부가적인 특성이 있을 수 있다. 전형적인 보고서 작성 양식을 따르는 대부분의 양적 연구에 비해 연구자에 따라 다소 문학적이거나 창의적인 방법이 사용되기도 한다. 질적 연구보고서 작성에서 부가적으로 고려하여야 할 사항과 내용들을 살펴보면 다음과 같다.

(1) 문체

질적 연구에서는 연구자를 적극적 참여자로 인정하여 보고서 및 논문 작성에서도 수동태보다 능동태의 문체를 주로 사용한다. 화자를 1인칭으로 할 것인지 3인칭으로 할 것인지에 대해서는 연구내용을 고려하여 연구자가 선택할 수 있으나 자료 수집방법이 면접의 방법일 때는 주로 3인칭, 즉 연구대상의 목소리에 초점을 맞추어 서술하는 경우가 많다. 참여관찰의 경우 연구자 자신의 관점에서 해석한 것에 비중을 두어 1인칭으로 표현하는 경우가 일반적이다. 또한 독자들이 연구내용이나 사례를 이해하는 데 도움을 주기 위하여 연구보고서가 이야기 형태(narrative)로 이루어지는 경우가 있기도 한데 이야기 형태의 보고서에서는 수사적, 은유적 표현이나 수식어가 많이 포함된 문체를 사용하기도 한다. 그러나 장황하게 이야기를 나열하는 식이 되어서는 안 될 것이며 연구자가 숙고하여 추려 낸 핵심적 요소들을 포함하여 전개되어야 한다. 특정 학회지에 게재하는 것을 목표로 하는 경우 그동안 학회지에 실린 질적 연구논문들을 참고하여 형식과 체제를 비슷하게 갖추는 것이 바람직하다.

(2) 제목

질적 연구에서는 독립변인과 종속변인의 인과관계를 밝히거나 표본에서 얻어 낸 결과를 일반화하려는 목적을 취하기보다는 특정 연구대상이나 연구의 장면을 심층적으로 탐색하여 의미를 도출하고자 하는 목적을 일반적으로 가진다. 따라서 변인을 연구할 제목 구성이 어려우므로 연구주제를 함축적으로 표현하는 제목을 정하는 것이 좋다. 연구보고서의 제목은 가능한 짧고 간결해야 한다는 전통적 접근을 깨고 서술형의 긴 문장으로 제목을 구성하거나 이중 제목이나 부제를 포함시키는 것을 흔히 볼 수 있다. 쌍점(콜론)을 이용해 두 가지 제목을 연결한 예를 보면 다음과 같다.

> **예제** 초등학교 영어교육에서의 문화교육 : 문화매개자로서의 교사

위의 예에서 이중 제목의 첫 부분은 연구대상(초등학교)과 주제(문화교육)를 포함하며 뒷부분에서는 연구결과를 간접적으로 유추할 수 있게 한다. 한 가지 예를 더 보자.

예제 "영어 3인칭 표현, 이해가 안 돼요!" : 영어 3인칭에 대한 학생들의 관점 이해하기

이 경우에는 영어의 3인칭 표현에 대한 학생들의 관점이 연구주제이며 수집된 자료의 일부, 즉 연구대상이 한 말을 직접 인용하여 제목을 만든 경우다. 연구에서 해석된 결과를 함축적으로 나타낼 수 있는 인용문을 선택적으로 골라 제목에 사용하는 것도 독자의 시선을 끄는 데 효과적일 수 있다.

예제 교사의 교실 영어 경청하기 : 교사들은 정확한 교실 영어를 사용하는가?

위의 예를 보면 제목을 길게 만들기는 하였지만 연구의 내용이 어떤 것인지 제목을 통해서는 정확히 파악하는 것이 어렵다. 이처럼 연구를 통해 해석한 상징적 의미를 가지고 문학적 제목을 만들기도 하는데, 의미 전달에는 효과적이고 독자들의 흥미를 불러일으킬 수 있을지는 모르나 제목 검색을 통해 관심 주제의 참고논문을 찾는 독자들에게는 어려움이 될 수도 있다. 따라서 가능하면 연구주제와 대상 혹은 연구방법 등에 대해 축약적인 정보를 가지고 제목을 만드는 것이 좋다.

(3) 저자

질적 연구에서는 연구대상이 저자가 되는 경우도 있다. 한 개인과의 반복적인 심층면접이나 관찰에 근거한 연구인 경우에는 연구자와 연구대상 간에 협력적인 토론이나 대화를 많이 가지게 되는데 연구대상의 의견이나 관점이 결과 해석에 영향을 주었거나 보고서 작성

에도 함께 참여하였다면 연구대상을 저자에 포함시키는 경우도 바람직하다고 볼 수 있다.

이 외에 연구의 경험에 대한 관심이 고조되고 있는 것도 최근 질적 연구의 경향이라고 볼 수 있는데 질적 연구를 수행한 연구자가 연구 진행 과정을 통해 경험하는 여러 가지 쟁점이나 새로운 사실, 개인적 사고나 관점의 변화 등에 대한 주제 자체가 하나의 연구가 될 수 있는 것이다. 현장 기록지나 개인 노트에 수집된 연구자의 반성적 사고에 근거하여 분석한 것을 연구·발표하며 이때에는 연구자와 연구대상이 동일인물이 된다. 특히 공동연구를 진행한 경우 서로 다른 배경과 관점을 가진 연구자들이 같은 주제를 연구해 나가면서 겪게 되는 여러 경험들에 대한 연구를 할 수 있는데 공동으로 연구에 참여한 연구자들이 서로를 면접하거나 각자 연구자로서의 상징적 이미지를 나타내는 콜라주를 만들어 보는 등 다양한 방법으로 새로운 자료를 수집하여 연구를 하기도 한다. 이 경우에도 역시 저자와 연구대상이 동일하게 된다.

(4) 방법

양적 연구에서와 마찬가지로 질적 연구에서도 연구방법에 대한 설명은 충분하고 자세하며 논리적으로 이루어져야 하며 특히 질적 연구에서는 연구자의 사고와 주관적 입장에 대한 명확한 기술 또한 필요하다. 연구를 수행하는 동안 연구자의 관점이 어떻게 연구결과에 영향을 미쳤는지에 대한 구체적 분석 내용 등을 보고서에 포함시키는 것이 중요하다. 연구자의 전문가적인 경험과 관심에 대한 진술 그리고 연구목적과의 관련성 등에 대한 설명은 독자가 연구자의 관점을 이해하고 연구결과를 좀 더 비판적으로 이해하는 데 도움을 줄 수 있다. 연구방법 서술의 초점은 연구에 따라 조금씩 다를 수 있는데 사례 연구에서는 대상이 되는 장면의 자세한 묘사와 맥락 설명이 중요하며 면접에 의한 연구에서는 각 면접대상에 대한 구체적 기술에 초점을 맞추게 된다.

(5) 결과와 논의의 서술

결과 서술은 다양한 형태로 이루어질 수 있다. 현장 기록지나 다른 자료들을 통해 수집한 내용을 다듬어 서술하는 형식으로 보고하는 방식을 취할 수도 있고 좀 더 해석적인 측면에 중점을 두어 연구자가 파악해 낸 의미를 주로 제시하는 방법을 사용할 수도 있다. 결과 전달에 주로 쓰이는 방식은 자료 분석에서 도출해 낸 범주, 주제 혹은 이론에 근거해 보고서를 구성하는 것이다. 이를 구성함에 있어서 묘사적인 이야기를 먼저 쓰고 분석과 해석을 뒤에 논의할 것인지, 장면 묘사와 해석을 통합하여 기술할 것인지는 연구자가 선택해야 할 것이다. 어떤 방법을 사용하든 보고서의 마지막 부분에서 연구의 목적을 재조명하고 결과 요약과 더불어 연구의 의의와 제한점 그리고 후속 연구에 도움이 될 문제제기를 함께 포함하는 것이 바람직하다.

8.7 질적 연구와 양적 연구의 보완

질적 연구와 양적 연구의 장·단점 특징을 잘 파악하여 다음과 같이 상호보완하여 사용할 수 있다.

첫째, 각 연구를 통해 산출된 지식은 상호보완적이다. 동일한 연구에서 두 접근을 모두 활용할 경우, 결과는 한 가지 접근만을 채택할 경우보다 완벽하고 더 많은 정보를 제공해 줄 수 있다.

둘째, 각 접근의 측정 방법은 상호보완적이다. 두 접근의 측정 전략은 서로 중복되는 점이 있는 반면(유형은 다르지만, 질문지와 면접을 활용), 뚜렷한 차이점도 있다(양적 연구에서는 사전, 사후 검사,

질적 연구에서는 참여관찰). 모든 종류의 가용한 측정 자료를 활용할 경우 관심 주제를 보다 완전하게 측정하고 탐구할 수 있는 기회를 가질 수 있다.

양적 연구는 일반적으로 평가의 폭에 대한 유용한 정보를 제공해 주는 반면, 질적 연구는 평가의 깊이와 상세함에 대한 정보를 더해 준다.

셋째, 각 접근은 서로의 접근에 대한 정보를 제공하고 도와줄 수 있다. 질적 연구는 양적 연구의 이론적 근거를 제공하거나, 양적 연구의 연구문제를 확인 또는 검증하고자 하는 가설을 도출하는 데 기여한다(선 질적, 후 양적). 또한, 양적 연구를 위한 도구 개발과 양적 연구의 평정 도구나 지표를 구조화하는 데 기여한다(선 질적, 후 양적). 질적 연구결과로 양적 결과를 증명하거나 경험적으로 유도된 구조의 외적 타당도를 확보하는 데 기여한다(선 양적, 후 질적). 통계적 방법을 통해 도출한 결과를 사례 연구를 통해 설명할 수도 있다(선 양적, 후 질적). 또한, 양적 연구가 질적 연구에 기여할 수 있는 이점은 다음과 같다: 대표적인 사례와 비대표적인 사례를 확인함으로써 질적 접근을 보완한다, 양적 접근을 먼저 활용함으로써 후속 면담과 관찰을 유도한다, 총체적 접근의 오류를 교정한다, 다수의 구성원들을 조사하여 정보의 차이를 표출한다, 양적 도구를 활용하여 비형식적 관찰로 수집된 결과를 증명한다.

8.8 영어교육에서 질적 연구 활용의 예

1) 연구실제 1

초등영어 수업에서 교사 질문 행위에 관한 질적 연구

권영환·옥원경 (부산교육대학교 · 부산남산초등학교)

(1) 연구개요

본 연구에서는 교사의 질문 행위를 수업의 중요한 부분이라고 보고 그에 대한 연구를 진행하고 있다. 수업 중 교사의 질문에 대한 대부분의 연구들이 ESL 상황에서의 교사의 질문행위에 대한 연구들이며 EFL 상황에서의 교사의 질문에 대한 연구는 적다고 보고 연구자들은 초등영어 수업에서 교사가 행하는 질문의 형태, 기능, 내용, 길이들을 분석하고 궁극적으로 교사의 질문이 어떤 경우에 학생들의 의사소통능력을 향상시킬 수 있는지 알아보고자 하였다.

(2) 연구대상

이 연구를 수행하기 위하여 2개 학급을 선택하였는데 A 학급은 연구자가 재직하고 있는 부산시에 소재한 A 초등학교 5학년 1개 반 학생 35명을 대상으로 하였으며 연구자가 담임하고 있는 학급의 영어 전담 시간 수업(총 32회)을 녹화, 녹음, 관찰함으로써 수업을 분석하였다. 또한 B 학급은 부산시에 소재한 B 초등학교 5학년 1개 반 학생 32명을 대상으로 하였다. 그러나 연구자가 직접 수업을 관찰할 수 없어 녹화, 녹음된 자료를 바탕으로 총 32회의 수업을 분석하였다.

(3) 연구방법

이 기술적 연구는 교실에 초점을 두고 CCR(Classroom Centered Research)의 기본사상에 따라 초등영어 2개 학급의 자연스런 교실 언어 교수 학습 상황에서 일어나는 교사 2명의 질문행위를 기술하고 분석하였다. CCR은 가설을 검증하는 것이 아니라 단지 교실에서 자연스럽게 일어나는 일을 있는 그대로 관찰하는 연구방법이기 때문에 결과에 대해 판단하는 것이 아니라 기술하는 데 그 목적이 있다.

또한 선행 연구자들의 방법에 따라 데이터 수집에 있어 한 가지 방법 이상을 결합하여 각각의 방법이 가지는 한계점을 극복하고자 삼각기법(methodological triangulation)을 사용하였다. 교사 A, B 각각 16주 동안 총 32회의 수업을 관찰 분석하고 6차례의 인터뷰를 실시하였다. 인터뷰는 교사의 지난 영어학습 경험, 수업에서 중시하는 목표, 교사로서의 자기반성, 상호작용을 촉진시키기 위해 어떤 질문을 사용하는가? 등에 관한 내용으로 이루어졌다. 수업이 끝난 후에는 녹화, 녹음한 것을 반복하여 청취하면서 수업의 세 부분을 잡아 전사(transcription)하였다.

(4) 연구결과

① 교사질문의 양상

질문형태에 관한 자료를 분석해 보면 교사 A, B 모두 4가지 질문 형태 중 wh-question과 yes/no question은 높은 사용 빈도를 보이는 반면 uninverted question과 tag question은 낮은 사용 빈도를 나타내었다. 그 세부적인 내용은 다음과 같다.

첫째, 교사 A, B 모두 wh-question을 많이 사용하였는데 초등영어 교실에서 학습자의 수준이 다양함을 감안한다면 그 수준별 질문이 가능한 형태가 바로 wh-question이고 의문사 하나만으로도 충분히 의사소통이 가능하기 때문에(who? why? when? …) 교사들이 더욱 빈번하게 사용했다고 할 수 있겠다.

둘째, yes/no question이 wh-question보다 잘 활용하지 않는 이유를 본 연구에서는 yes/no question은 교사가 말을 많이 해야 하고 학습자 수준에서 생각해서 더 쉬운 말로 표현하기 어려울 뿐만 아니라 wh-question을 통해 다양한 응답을 구할 수 있다고 생각하는 교사가 많기 때문이라고 결론을 내리고 있다.

셋째, uninverted question의 사용률이 낮은 이유는 uninverted question이 평서문의 진술형태에 억양만을 올린 문장이기 때문에 교사가 주어와 동사를 바꾸는 의문문의 형태, 즉 질문이 된다는 고정관념을 가지고 있기 때문이라고 결론 내리고 있다.

넷째, 교사들이 tag question을 적게 사용하는 이유를 본 연구에서는 교사들이 영어와 한국어 사이의 구조적 차이점으로 인해 문법적으로 좀 더 복잡한(grammatical complexity) tag question 사용을 꺼리는 것으로 보고 있다. 그리고 교사들은 일반적인 tag question보다 문장의 끝에 'right?', 'all right?', 'O.K.?', 'huh?'를 붙이는 'semi-tag question'이 더 많이 사용되었는데 이것은 복잡한 tag question을 보다 단순화시키려는 교사의 의도이다. 문장이 단순할 때 학생들의 이해도를 더 높일 수 있기 때문인 것으로 보고 있다.

2) 연구실제 2

웹(Web) 기반 영어교육 프로그램 평가기준 개발에 관한 연구

임창근

(1) 연구개요

웹을 기반으로 하는 영어교수, 학습의 성공과 실패는 구현된 프로그램의 질에 의존하게 된다. 그러나 현재까지 보고된 대다수의 교육용 웹 사이트 평가연구(Khan & Vega, 1997; Harris, 1997; Grassian, 1999; Tillman, 2000)는 특정교과에 관한 것이 아니라 일반교과 전반에 걸친 평가척도에 대한 것이 대부분이다. 따라서 이러한 평가척도는 외국어교육이 갖는 특수성이 반영되지 않아 영어교육용 웹 사이트 평가에 적용하기에는 적절하지 않아 보인다. 물론, 외국어 교육용 웹 사이트 평가에 대한 연구(Goldstein & Gray, 1997; Nelson, 1997)도 이루어지고 있기는 하나 그 내용이 단편적이거나, 최근의 교육 공학적 기술의 발달에 의한 웹 기반 교수·학습 환경의 변화를 충분히 반영하지 못하는 면이 있다.

이러한 필요성에 따라 본 연구에서는 웹 기반 학습 프로그램을 심의할 때 그 질적 측면을 효과적으로 판단할 수 있는 신뢰성 있고 타당한 기준을 개발하는 데 그 목적을 두고 진행되었다. 이를 위하여 본 연구에서는 다음과 같은 내용을 단계적으로 수행하였다. 우선 웹 기반 영어교육 기본 구성 요소와 설계 모델 분석을 통하여 웹 기반 학습 프로그램 평가의 개념적 모형을 설정하고, 이 개념적 모형으로부터 구체적인 웹 기반 영어학습 프로그램 평가심의요소를 추출하였다. 그런 다음, 추출된 심의요소를 각 영역별로 세분하여 심의 기준을 개발하였다. 이렇게 개발된 심의, 평가기준에 대한 타당도 제고를 위해 전문가 그룹에 의한 메타평가를 실시하였고, 메타평가 결과를 개발된 기준 안에 반영하여 영어교육용 웹 사이트 평가심의 기준항목을 최종 확정하였다.

(2) 연구대상

웹 기반 영어교수, 학습의 특성과 설계 요소를 고려해 볼 때 웹 기반 영어교육 프로그램의 질적 평가를 위한 기준은 크게 외적 기준과 내적 기준의 두 가지로 분류해 볼 수 있다. 특정 웹 사이트 프로그램에 의해 실제로 실현된 교수, 학습의 효율성에 대해 실험적 혹은 경험적 정보에 의한 준거가 바로 프로그램의 질적 평가를 위한 외적 기준이 될 수 있을 것이다. 이에 반해 웹 기반 영어교육 프로그램 자체가 지닌 영어교수·학습적 특징이나 기술적 특징이 웹 사이트 프로그램의 질적 평가를 위한 내적 기준이라 할 수 있다. 이에 따라 본 연구에서는 웹 기반 영어교육 프로그램에 대한 타당성과 신뢰성 높은 질적 평가를 위해서는 외적 기준과 내적 기준이 모두 필요하고 보고 있다. 그러나 외적 평가기준이 내적 평가기준에 대한 보완적 성격을 가진다는 관점에서 본 연구에서 주된 관심을 갖는 기준은 내적 기준이며, 내적 기준을 개발하기 위해 그 기준을 이끌어 낼 수 있는 개념적 모형을 연구의 대상으로 삼고 있다.

(3) 연구방법

① 웹 기반 영어교육 프로그램 평가를 위한 개념적 모형개발

웹 기반 영어교육 프로그램 평가 준거 및 기준 개발을 위한 개념적 모형은 웹 사이트 프로그램의 심의평가요소를 확인하고 그런 요소 간의 관계를 규정해 주는 역할을 한다. 따라서 평가준거 및 기준 개발을 위한 개념적 모형 설정을 위해서는 우선 심의평가요소를 확인하고 그 관계의 특징을 확인하는 작업이 필요하다. 이를 위하여 본 연구에서는 우선 기준설정영역을 구분하여 심의평가요소 추출 후 그 요소들 간의 관계를 탐색해 보는 절차로 모형을 개발하였다.

② 평가기준 설정을 위한 영역 구분

위 모형에 따르면 웹 기반 영어교육 프로그램에 평가를 위한 심의기준을 개발하기 위해서는 먼저 기준설정영역을 구분해야 한다. 기준설정영역 구분을 위해서는 웹 기반 영어교육 프로그램의 궁극적인 목적이 효과적인 영어교수·학습에 있으며, 웹 사이트 프로그램 평가 또한 그런 차원에서 고려되어야 한다는 전제가 필요하다. 따라서 기준을 개발하기 위해서는 기준설정의 영역이 영어교육 활동이 이루어지는 상황에서 중요하게 다루어져야 할 것들이 무엇인가를 우선적으로 고려하여 설정되어야 할 것으로 보고 있다.

이런 관점에서 기준설정의 영역은 학습목표를 달성하기 위해 주어지는 교육내용과 학습자가 이를 효과적으로 달성할 수 있게 해주는 교수 · 학습 전략으로 나눌 수 있을 것이다. 그리고 교수 · 학습에서 웹이라는 특수한 매체가 갖는 기술적 특성 또한 한 영역이 될 것이다. 따라서 본 연구에서는 영어교육을 포함하는 교육적 관점에서 웹 기반 영어교육 프로그램을 심의평가하기 위한 기준설정영역을 크게 목표, 내용, 교수 · 학습 전략, 그리고 기술의 네 가지로 나누어 연구를 진행하였다.

③ 영역별 심의평가요소 추출

영역별 심의평가요소는 설정된 네 가지 기준설정영역에 따라 웹 기반 영어교육프로그램 평가에 필수적이라 판단되는 요소를 구체적으로 선별하여 추출하였다. 심의평가요소 추출에는 앞서 분석한 웹 기반 영어교수 · 학습의 특성과 설계 구성요소, 그리고 언어교수 · 학습이론에서 그 시사점을 찾았으며, 선행 연구(Kahn & Vega, 1997; Goldstein & Gray, 1996; Nelson, 1997; Tillman, 2000)의 분석과 전문가협의회 과정을 거쳤다.

④ 웹 기반 영어교육 프로그램 심의평가 점검항목 선정

영역별로 추출된 웹 기반 영어교육 프로그램 심의평가요소에 따라 평가 요소별 점검항목을 선정하였다. 평가 요소별 점검항목은 목표, 내용, 교수 · 학습 전략, 그리고 기술지원의 네 영역에서 모두 29가지로 개발, 분류하였다. 29가지의 심의평가 항목을 영역별로 살펴보면 교수. 학습목표설정 영역에 3개 항목, 교수 · 학습내용에 영역에 8개 항목, 교수 · 학습전략 영역에 11개 항목, 그리고 기술적 지원 영역에 7항목으로 웹 기반 교육의 특성상 교수. 학습전략 영역에 비교적 많은 항목이 설정되었다.

(4) 연구결과

본 연구는 웹 기반 영어교육 프로그램을 심의하고자 할 때, 프로그램의 질적 수준을 판단할 수 있는 신뢰성 있고 타당한 기준을 개발하는데 목적을 두었다. 이를 위하여 내·외적 준거를 웹 기반 영어교육 프로그램의 질적 판단의 기준으로 삼아 평가척도를 개발하고자 하였다. 따라서 본 연구에서는 이러한 질적 연구와 관련하여 다음과 같은 작업을 단계적으로 수행하였다.

우선, 웹 기반 영어교육 프로그램의 기본 구성 요소와 설계 모델 분석을 통하여 웹 기반 학습 프로그램의 평가에 필요한 개념적 모형을 설정하고, 이 개념적 모형으로부터 웹 기반 영어학습 프로그램 평가심의요소를 추출하였다. 그리고 추출된 심의요소를 각 영역별로 세분하여 심의 기준을 개발하였으며, 이렇게 개발된 심의·평가기준에 대한 타당도 제고를 위해 전문가 그룹에 의한 메타평가를 실시하였고, 메타평가 결과를 개발된 기준안에 반영하여 영어교육용 웹 사이트 평가심의 기준항목을 최종 확정하였다.

본 연구에서는 먼저 영어교육을 포함하는 교육적 관점에서 웹 기반 영어교육 프로그램을 심의평가하기 위한 기준설정영역을 크게 목표, 내용, 교수·학습 전략, 그리고 기술의 네 가지로 나누었다. 그리고 이 네 영역에 걸쳐 모두 29개의 평가항목을 개발하였다. 29개의 심의평가 항목을 영역별로 살펴보면 교수 학습목표설정 영역에 3개 항목, 교수·학습내용에 영역 8개 항목, 교수·학습전략 영역에 11개 항목, 그리고 기술적 지원 영역에 7항목으로 웹 기반 교육의 특성상 교수·학습전략 영역에 비교적 많은 항목을 설정하였다. 그러나 그 중에서 5개 항목은 메타평가를 통한 양호도 검증에서 객관도가 낮은 것으로 판명되거나, 다른 항목과 중복되어 평가 항목에서 제외하고, 최종적으로 24개의 평가 항목으로 웹 기반 영어교육 프로그램 평가 준거 목록(checklist)을 구성하였다.

본 연구에서 개발 제시한 웹 기반 영어교육 프로그램 평가 준거는 하나의 실험적 기준으로 볼 수 있다. 따라서 웹 기반 영어교육 프로그램의 질 평가를 위한 평가 준거의 타당도 제고를 위해서는 개발된 웹 기반 프로그램을 교육현장에 실험적으로 적용하고, 실제적인 교육적 가치를 판단한 실증적 자료가 뒷받침되어야 할 것이며, 급속하게 발전되어 가는 오늘날의 컴퓨터와 네트워크의 기술을 반영하기 위해서는 지속적인 연구가 이어져야 할 것으로 제언하고 있다.

3) 연구실제 3

영어권 원어민 교수의 임파워먼트 요인에 관한 질적 연구

유인희 (동서대학교), 이정희 (동의대학교)

(1) 연구개요

최근 긍정적인 직무태도와 적극적인 참여로 교육을 개선하고자 하는 전략들 중의 하나로 교사 임파워먼트의 개념이 소개되고 있다. 다양한 국, 내외 연구에서도 임파워먼트가 된 교사들은 의사결정에 대한 참여와 영향력 증가로 학교 개선을 위한 활동이 활발해지며, 그만큼 학생들의 학업 성취도에도 반영된다고 하여 교육에 있어 교사 임파워먼트의 중요성이 부각되고 있다.

그러나 원어민 교수 수업과 관련한 선행 연구들은 교육환경의 개선과 교수의 자질을 논하는 데 집중되어 있으며, 이들의 임파워먼트에 대한 연구가 전무하다. 따라서 원어민 교수들이 자신의 교사 역할에 대해 어떻게 인식하고 있으며, 전문성을 발휘하기 위해 어떠한 노력을 하고 있는지에 대한 기초적인 연구가 절실하다. 즉 영어교육의 질적 향상을 위해서는 원어민 교수의 임파워먼트에 대한 이해가 무엇보다 중요하며, 다른 외적인 환경개선이나 관리방안에 앞서 우선되어야 할 필요가 있다고 본 연구는 제안하고 있다.

본 논문에서는 원어민 교수들이 어떻게 교직생활을 경험하고 있는지를 알아보고, 그 내용을 교사 임파워먼트의 개념에 비추어 점검해 보고 있다. 즉 원어민 교수가 경험하는 교직생활을 총체적으로 바라보고 그 속에서 교직생활의 의미, 자기 효능감, 자율성, 영향력을 얼마나 경험하고 있는지를 분석하여 이들의 임파워먼트 정도를 이해하고자 한다. 나아가, 원어민 교수의 임파워먼트 향상에 관해 논의하고 있다.

(2) 연구대상

연구참여자는 비확률 표집방법 중 의도적 표집방법을 사용하였다. 의도적 표집은 특정현상에 대한 서술과 해석, 통찰과 발견을 목적으로 하는 질적 연구에 적합한 방법이다. 본 연구에서는 '원어민 교수'라는 동질적 표본을 선택한 후 남녀, 기혼, 미혼 등 다양한 이질적 표본을 선택하였다.

본 연구에서 연구참여자는 P지역의 D대학에 근무하는 원어민 교수를 대상으로 이메일과 전화로 연구의 목적과 참여자의 권리와 개인정보 비밀보호 등 연구에 대한 사전 동의를 구한 후 면접 일정을 잡았다. 이때, 여자와 남자 외국인 강사들이 서로 경험하는 바가 다를 수 있고, 더 깊은 내면을 드러내기 위해 여자 집단과 남자 집단으로 나누어 인터뷰를 실시하였다. 5명의 여자 외국인 강사와 6명의 남자 외국인 강사가 각각 2시간씩 포커스 그룹 인터뷰에 참석했다.

(3) 연구방법

① 자료수집 방법

포커스 그룹 인터뷰는 새로운 영역에 대한 오리엔테이션이나 정보

제공자의 통찰력에 근거한 가설을 일반화하거나 접근하기 어려운 자료나 통찰력을 얻기 위해 집단의 상호작용을 활용할 수 있는 방법이다(Morgan, 1998). 따라서 원어민 강사로 교직경험을 공유한 참가자들이 보다 풍부한 자료를 도출하는 데 적합할 것으로 생각된다. 포커스 그룹의 경우 참여인원이 너무 많으면 사회자가 통제하기 어렵고 의견을 기회가 상대적으로 줄어들고 인원이 작으면 너무 많은 이야기를 해야 하는 부담을 갖게 된다. 김성재 외(2000)는 토의가 자극되어 다양한 견해가 충분히 나올 수 있기 위해서 6명에서 10명이 적절하다고 제안한 바 있어 본 그룹에서는 5명과 7명으로 구성하였다. 인터뷰는 외국인 상담실에서 진행되었으며, 서로 마주 볼 수 있는 책상에서, 간단한 자기소개와 토론의 규칙을 설명한 후 시작되었다. 면접시간은 120분 정도였고, 본 연구의 책임연구자가 인터뷰를 진행하였고 질문을 던지고 가능한 참여자들의 토론 과정에 끼어들지 않고, 토론의 방향과 내용에 영향을 주지 않도록 했다. 질문사항은 원어민 교사가 된 동기, 직장생활, 학생과의 관계, 동료와의 관계, 근무조건, 한국문화, 생활상 등에 대한 것으로 갑작스런 질문에 생각이 나지 않을 수 있으므로 미리 책상에 나눠주고 볼 수 있도록 하였다.

② 자료 분석 방법

포커스 그룹 인터뷰 내용의 분석, 보고 형식은 연구목적에 따라 다양한 방법을 활용하여 내용을 분석할 수 있다. 본 연구에서는 Kruger (1998)이 제시하는 4단계 분석과정에 따라 실시하였다. 1단계 연구 시작 시기에는 연구진이 모여 역할을 분담하고 질문을 도출하였다. 2단계 포커스 그룹 인터뷰 실시 도중에는 인터뷰에 참여하여 경청하고 추가질문을 하여 자료의 타당성을 확보하고 과정을 녹음하였다. 3단계 포커스 그룹 직후에는 연구진이 토론 중 중요한 주제로 인식한 것, 새롭게 알게 된 점 등을 점검하였으며, 이해되지 않은 부분은 전화와 이메일을 통해 확인하였다. 4단계 전체 포커스 그룹 종료 후에 녹음한 내용을 전사하고 내용 분석을 준비하였다. 4단계를 거친 후 Morgan과 Scannell(1998)이 제시한 분석방법을 사용하여 분석하였다. 녹음자료를 전사한 원자료는 A4 용지로 총 32장이었으며, 이를 반복적으로 읽은 후 2명의 연구자가 합의하여 주요개념을 목록화하고 초보적 수준에서 개요화 하였다. 연구에 적합한 정보를 드러내는 것과 단독으로 의미가 있는 가장 작은 단위의 개념을 부호화하였다. 개념은 총 90개의 개념이 확인되었으며, 이후 모든 부호화된 원자료는 각각 서로 잘 어울리는지, 범주 간의 차이는 뚜렷한가하는 유사성과 구별성에 맞게 주제와 범주로 묶어 15개의 하위범주를 도출하였다. 그중 '취미활동에 관한 범주'는 해석에서 제외되어 14개의 범주로 정리되었다. 연구자들은 협의 과정을 통해 범주를 분류하고 의견이 일치될 때까지 논의하여 합의된 결과를 도출하였다. 질적 연구에서의 신뢰도는 연구자의 충실한 연구수행에 대한 신뢰성에 초점을 둔다. 본 연구에서는 조사자 삼각측정법을 사용하였는데 원자료 읽기와 1차 부호화 과정을 연구자 2인 외 박사과정 3인에 의해 지속적으로 이루어졌고, 결과 도출 후 세미나를 통해 의견을 수렴하여 연구과정의 충실도를 높였다. 마지막으로 질적 연구경험이 있는 D대학 교육학 교수에게 결과를 보내 조언과 평가를 구하였다. 이때 '외모에 관한 범주'가 교사로서의 영향력보다는 외국인으로서의 일반적 영향력이므로 교사로서의 임파워먼트 요소에서 제외할 것을 조언하였으며, 연구자가 이에 동의하여 외모에 관한 범주를 제외하였다. 최종적으로 13개의 하위범주가 분석되었다.

(4) 연구결과

EPIK 프로그램 도입 이후 한국의 영어교육에서 원어민 교수의 비중이 급격히 높아지고 있다. 이러한 상황에서 원어민 교수의 교직 생활 적응을 돕고 나아가 원어민 교수 수업의 질을 높이기 위해 이들의 교직생활에 대한 보다 적극적인 이해가 필요하다. 이에 본 연구에서는 특정* 대학에서 근무하는 원어민 교수 11명을 대상으로 포커스 그룹 인터뷰를 실시하였으며 수집된 내용을 교사의 임파워먼트 구성요소에 따라 분석하였다. 위의 결과를 바탕으로 논의를 전개하면 다음과 같다.

첫째, 원어민 교수의 임파워먼트는 Spreitzer(1995)의 의미, 자기효능감, 자율성, 영향력의 하위 4개 구성요소에 따라 구분할 수 있었다. 임파워먼트에 긍정적인 요인들은 의미 요소의 '학생과의 상호존중 관계', 자기 효능감 요소의 '학생들의 영어실력 향상', '장기간의 교수경험과 다양한 외국문화경험' 요인들이 추출되었다. 임파워먼트에 부정적인 요인들은 의미 요소의 '불투명한 미래', '영향력기관의 행정적 소홀', '차별적 대우', 자기 효능감의 '학생들의 소극적이고 의존적 성향', '교수능력향상을 위한 지원 부족', '고용불안', 자율성의 '교과과정구성에의 미참여', '수업 내의 자율성의 제한', '위험한 자원봉사', 영향력의 '외모', '의사결정과정에서 소외된 구조적 환경' 요인들이 추출되었다.

둘째, 원어민 교수들의 교사 정체성은 영어수업만을 담당하는 부분적 정체성을 가지고 있었다. 이들은 학생들의 영어실력향상이라는 목표를 위해 도입되었으므로 총체적으로 삶을 투여해서 교사라는 정체성을 가지는 것이 아니라 영어수업만을 담당하는 부분적인 교사 정체성을 가지고 있었다. 특히, 교사이면서도 학교라는 조직사회에 주체적으로 관여할 수 없는 이중적 정체성을 지니고 있었다.

셋째, 원어민 교수의 교사 정체성이 미미했음에도 불구하고 직장생활에 가장 큰 의미를 준 것이 학생들과의 관계인 것으로 드러났다. 이는 학교라는 조직에서 달리 자기역량을 발휘할 기회가 없기 때문인 것으로 보인다. 따라서 이들이 의미를 경험하는 학생과의 관계를 통하여 교사 임파워먼트를 구축할 필요가 있다. 이를 위해 신입생과 초임 외국인 교사에게 서로에 대한 정보와 문화 차이 등에 대한 오리엔테이션을 제공하여 서로에 대한 이해를 높이고 상호 존중하는 기반을 마련할 필요가 있다.

넷째, 원어민 교수가 겪는 교직생활의 어려움과 한계들은 단기 계약직이라는 제도적인 문제에 기인한 것으로 보인다. 원어민 교사가 좀 더 자율성을 가지고 수업을 진행하고 교육환경조성과 개선에 참여할 수 있는 영향력을 경험하여 자기 효능감과 교사로서의 의미를 찾기 위해서는 단기 계약직이라는 고용구조의 변화가 필수적이다. 미래가 불분명하고 학교의 구성원으로서 신분이 보장되지 않는 상황에서 이들에게 더 많은 개입과 책임을 부여하는 것은 모순이라고 밝히고 있다.

4) 연구실제 4

한국어 학습자의 쓰기 능력 향상에 관한 질적 연구

김영란 (고려대학교)

(1) 연구개요

본 연구는 연구자가 교사로 참여한 자연스러운 쓰기 수업을 대상으로 하고, 그 속에서 이루어진 학습자의 쓰기 결과물과 그 결과물에 대한 교사의 교정적 피드백 결과를 대상으로 한다. 본 연구는 한국어 학습자가 수행한 11주간의 쓰기 결과물을 학습자 개인별로 수집하고, 그 향상 정도를 질적으로 분석하여 개별 학습자의 쓰기 능력의 진전 양상을 보이고자 한다. 그리하여 기존의 연구가 학습자가 오류를 보이는 지점이나 향상되는 지점만을 보고하는 데에서 나아가, 한국어 학습자의 쓰기 능력이 어떻게 진전되는지, 혹은 정체되는지, 혹은 후퇴되는지를 면밀히 이해하는 데에 도움을 주고자 한다.

(2) 연구대상

본 연구의 대상자는 경기도 교육청과 경인교육대학교가 2009년 11월부터 2010년 5월에 실시한 이중 언어 교수 요원 양성 과정(이하 '과정'으로 지칭)에서 공부한 성인 학습자들이다. 이 과정은 한국어와 모국어가 가능한 교육 인력을 지원하여 다문화 가정 자녀 교육을 위한 교수 요원으로 양성시키는 것을 목적으로 하였다. 또한 이 과정은 모두 정부의 지원하에 이루어진 것으로 참여자들은 수업료를 내지 않고 이 같은 교육을 받았고, 이후의 취업도 보장받았다. 현재 이들은 일선 학교에서 이중 언어 교수 요원으로 활동 중에 있다. 이 과정의 참여자는 대졸 이상의 고학력자들로서 한국어 필기시험과 면접을 통과하여 선발되었다. 본래 40명으로 구성된 학습자들 중에서 중간에 포기하거나 수업을 여러 번 빠진 이들을 제외하면 34명이 된다. 이들 34명에게 12번의 쓰기 과제가 부여되었는데, 최상급 학습자 8명에게는 쓰기 결과에 대한 연구자의 질적인 논평이 제공되었고, 그 외 학습자 26명에게는 쓰기 결과에 대해 틀린 부분을 고쳐주는 교정적 피드백이 제공되었다. 학생 구성의 특성상 수업의 주요 목표 학습자는 중급 수준의 학습자였고 수업과 피드백의 초점도 중급 수준의 학습자에게 있었다. 즉, 토박이 화자 같은 최상급 화자의 쓰기 능력을 향상하는 데 초점이 있지 않았다. 따라서 본 연구에서는 최상급 학습자 8명을 제외한 상, 중, 하 수준 26명의 쓰기 결과가 분석되었다.

(3) 연구방법

① 자료수집 방법

본 연구의 대상자들은 2009년 11월 2일부터 2010년 1월 29일까지 11주 동안 〈한국어 쓰기 1〉 과정을 통해 다음과 같은 12개의 글쓰기 과제를 수행하였다. 1, 2, 3회에는 단락 쓰기를 수행하였다. 4회 이후로는 A4 용지 1매 내외 분량의 글쓰기 과제를 수기(手記)로 작성하였다. 대부분의 학습자들이 가정이 있는 주부들이어서, 수업시간 이외에 따로 시간을 내어서 쓰기 과제를 수행한다는 것은 현실적으로 어려운 상황이었다. 그래서 12회의 자기소개서를 제외한 쓰기 과제는 모두 교실 내에서 수행되었다.

〈한국어 쓰기 1〉 수업은 연속 90분간 2회 연속, 즉 매주 3시간씩 수업이 이루어졌다(11주간 33시간). 이 수업은 기본적으로 '서울교육대학교 다문화교육연구원'에서 발간한 〈다문화가정 자녀를 위한 이중언어교육 '한국어교육 1'〉 중에서 '한국어 쓰기 1' 교재를 바탕으로 이루어졌다. 이 교재의 각 단원(차시)은 다음과 같은 구조를 지닌다. 수업은 교재의 차례를 대체로 따르는 방식이었지만 필요한 부분은 교사가 새로운 내용을 더하거나 빼기도 하면서 진행되었다.

특히, 교재는 '쓰기 중'에서 초고를 작성하기 전에 쓸 내용을 생성해 보고, 개요를 미리 작성해 보는 등, 초고 작성을 위한 준비 작업을 하도록 구성되어 있다. 흥미로운 것은, 수업의 초반에는 이런 과정을 따라서 '쓰기 중' 활동을 짝활동이나 2 ~ 3명의 동료와 함께 작업할 수 있도록 진행하였으나 본 연구참여자들에게는 이런 방법이 효율적이지 않음을 인식하게 된 점이다. 여기에는 학습자들이 동료 학습자의 한국어 실력을 신뢰하지 않는 점, 서로 잘 알지 못하는 상태이기 때문에 동료의식이 형성되지 못한 점, 제1언어가 다를 경우 서로 완전한 소통을 하기 어렵다는 점, 그리고 무엇보다도 학습자들이 이러한 과정 중심의 쓰기 지도 방식에 익숙하지 않은 점 등이 작용한 것으로 보인다.

따라서 초고를 작성하기 전에 준비하는 과정을 교사의 주도에 의해 모든 학생이 함께 생각하는 방식으로 진행하였다. 이 방법은, 교사가 학생의 특성을 이해하는 데 도움을 주었고, 학습자는 토박이 화자와 상호작용할 기회를 더 많이 얻게 되었고, 수업을 보다 활기차게 만들어 주었다. 가령, '한국 생활에서의 어려움'에 대한 글쓰기를 예로 들어 보자. 교사의 주도하에 모든 학생들은 한국 생활에서 어려웠던 점을 매우 자유롭게 말한다. 그 과정에서 서로의 의견에 공감하고 많은 의견 교환이 활발하게 이루어졌다. 그러면 교사는 이러한 생각들을 모두 칠판에 간단히 메모한다. 그런 다음에 이런 생각들을 일정한 범주로 분류하고 글의 얼개를 잡는 것을 보인다. 그러면 학생들은 각자 초고를 작성한다. 이때 학습자들은 교사의 얼개를 베끼기 보다는 나름의 얼개를 세우고 세부 내용으로 글을 작성하였다.

학습자들은 매주 수업 시간에 내용 생성부터 글쓰기를 마무리하는 작업까지 모두 마쳤다. 그리고 수업이 종료되면 글쓰기 과제를 제출하였다. 때때로 학습자에 따라서 못다 한 과제를 집에서 수행해 오는 경우도 있었다. 그러면 교사는 이들의 과제에 대해 수정을 해 주는 교정 피드백을 진행하였다. 즉 틀린 부분의 정답을 알려주는 방식이다. 교사가 교정 피드백을 한 데에는 학습자들이 그러한 방식을 원했기 때문이다. 교사의 입장에서는 시간이 많이 걸리고 자칫 지루한 작업이 될 수 있고, 최근의 과정 중심 접근이나 사회 구성주의적 작문 교육의 관점에서 보면 적절한 지도방법이라고 보기는 어려우나 학습자들은 이 같은 방식을 선호하였다. 즉, 자신이 쓴 글이 맞는지 틀린지를 전문가로부터 점검받고 싶어 했다. 또한 이 방법이 본 양성과정 중에서 학습자가 교수자와 일대일로 소통하면서 피드백을 받을 수 있는 창구가 되었다. 때문에 학습자들은 교사의 피드백을 바랐고 정답을 알려주는 방식을 선호하였다.

② 자료 분석 방법

본 연구는 학습자들의 쓰기 결과물로 A4용지 400여 장을 수집하였다. 매주 교사인 연구자는 이 글들을 처음부터 끝까지 읽으면서 틀린 부분을 수정해 주었다. 400여 장의 결과물 중에서 교사의 교정이 이루어진 부분이 집계되어야 하고, 한 번 지적된 부분이 이후의 쓰기 결과물에서 어떻게 수용, 진전되었는지 알아보아야 한다. 따라서 쓰기 결과물에서 발견된 오류를 분석할 틀이 필요하다. 본 연구는 조철현 외(2002, 고석주 외, 2004)와 이정희(2003)가 설정한 오류 범주를 참조하고, 본 연구대상자들의 쓰기 결과물에서 추출된 특징을 고려하여 분석의 틀을 설정하였다.

즉, 학습자의 오류 범주를 크게 발음, 문법, 어휘, 그리고 담화 차원으로 나누어서 고찰하고 있음을 알 수 있다. 본 연구에서는 위의 연구를 바탕으로 하되, 이를 조금 변형하여 본 연구의 대상에 적합하게 수정하여 활용하였다.

발음의 오류는 해당 형태의 소리를 정확하게 인식하지 못하고, 그 결과로 쓰기에서도 바른 철자로 나타내지 못하거나 소리와 형태가 일치하지 않는 경우에 대한 지각이 없어서 일으키는 오류들이다. 비슷하게, 철자 오류도 한국어 음운에 대한 변별적 지각이 부족하고, 소리와 형태가 일치하지 않는 경우에 대한 인식이 부족할 때에 발생하는 것들이다. 이를 본 연구에서는 '맞춤법'이라는 항목으로 분류하였다. 그리고 어미, 시제, 높임법과 같은 오류는 모두 용언의 활용 시에 나타나는 오류들이기 때문에 이들을 '활용'이라는 항목으로 분류하여 분석하였다. 그리고 조사의 오류는 매우 자주 발견되었는데, 이를 '조사' 항목으로 따로 기술하였다. 또한 '어휘/의미' 항목을 설정하고, 여기에는 학습자들이 정확한 어휘를 찾지 못하여 표현하고자 하는 의미를 드러내는 데 실패하는 오류들을 기술하였다. 어순이 틀리고, 주술 호응 관계가 바르지 않고 문장 구성이 표현 의도를 드러내는 데 실패하고 있다고 판단되는 오류를 '문장 구성'이라는 항목으로 분류하였다.

또한 본 연구대상자의 쓰기 결과물에서는 하나의 글에서 상대높임법이 혼재되어 있는 것을 자주 관찰할 수 있었다. 이는 학습자들이 각 문장 종결 어미가 갖는 의미와 뉘앙스가 어떻게 다른지에 대한 지식이 없거나 부족하고, 각 종결 어미가 드러내는 글쓴이와 독자 간의 거리 및 문어 쓰기의 관습에 대한 이해 부족의 결과라고 판단된다. 본 연구에서는 이 지점을 글을 읽을 독자를 상정하고 일관된 어조로 글을 서술하는 능력과 관련된다고 보고, 이를 '초점'이라고 칭하고 이에 해당되는 오류를 분석하였다. 이는 문장 차원을 넘은 담화 차원에 관한 것이다. 이를 제외한 담화의 구성과 같은 전체 글의 내용, 구성과 조직에 해당하는 부분은 포함하지 않았다. 그 이유는 학생들의 쓰기 결과물이 글 전체의 내용과 조직에 대해 피드백을 받아야 할 만큼 분량이 길지 않아서 의미 단락 구성이 제한적이었기 때문이다.

끝으로 학습자의 오류를 하나의 범주로만 분류하기 어려운 경우들이 있었다. 예를 들어, 동사의 활용에 오류를 보이면서 맞춤법의 오류를 보이는 경우, 두 범주의 오류로 각각 분류하였다. 또한 이런 지엽적인 오류와 문장 구성의 오류가 동시에 발견되었을 경우에도 지엽적인 범주로 분류하고 동시에 문장 구성의 오류사례로 분류하였다. 그리하여, 오류가 발생한 이유를 중심으로 분류 되도록 하였다. 다시 말해, 활용에 대한 제한적인 지식을 가지고 있고, 맞춤법에 대한 정확한 지식이 부족하다고 판단할 수 있도록 한 사례를 두 가지 오류 분류 내의 예시로 기록하였다. 또한 단순 실수로 보이는 오류는 제외하였다.

이렇게 분석할 범주를 설정한 다음, 개별 학습자별 쓰기 결과물을 하나의 파일에 모아서 관리하고, 관련된 틀에 따라 개별 과제별로 관찰된 내용을 기록하였다. 또한 각 과제물에서 틀린 부분만을 작성하다보면 학습자가 진전을 보이는 긍정적인 증거를 놓칠 수 있기 때문에 각 범주별로 긍정적인 증거를 보이는 부분을 기록할 수 있도록 하였다. 그런 다음 일차적인 기술이 이루어지고 나면, 그것을 종합적으로 판단할 수 있도록 각 범주별로 추출되는 특징을 기록하였다. 그리고 학습자의 쓰기 결과물에서 발견되는 긍정적 증거를 놓치지 않기 위해서 긍정적 증거를 기록하는 칸을 마련하였다.

(4) 연구결과

본 연구는 언어 습득에 대한 Swain의 산출 가설에 입각하고, 학습자의 산출물에 대한 교사의 피드백이 언어 습득에 도움이 된다는 선행 연구의 결과에 기대고 있다. 이에 따라 12회의 쓰기 과제 수행과 그 속에서 이루어진 교사의 피드백의 결과에 따라 한국어 학습자의 언어 습득이 상당히 이루어질 것이라고 가정하였다.

그 결과, 하급 수준의 학습자에게서는 상당한 정도의 향상이 이루어진 것을 관찰하였다. 하급 수준의 학습자는 어휘지식이 확장되고, 이전에 없거나 불충분하던 문법 요소에 대한 지식이 생기거나 다듬어지는 증거를 발견하였다. 이들 하급 수준 학습자의 향상의 폭은 중, 상급 수준의 학습자보다 큰 것으로 판단된다. 그리고 중급 수준의 학습자에게서도 교정의 결과 오류들이 시정되는 양상을 볼 수 있었다. 단순 맞춤법이나 활용상의 단순한 오류 및 글 전체에서 초점을 일관되게 유지하는 것 등은 시정됨을 관찰하였다. 그러나 하급 수준의 학습자에 비해 그 향상의 폭이 크다고 보기 어려웠다. 중급 수준의 학습자들은 복잡한 의미를 담아내는 문장을 구성하는 데 어려움을 보여서 정확한 문장 구사에 실패하고 있었다. 이것이 본 연구에서 시행한 수업으로만 극복하는 데에는 한계가 있었던 것으로 파악된다. 마지막으로 상급 수준의 학습자들은 보통 수준 이상의 성인 모어 화자와 유사한 수준으로 글을 썼는데 가끔은 외국인 화자라는 것을 느끼게 하는 오류를 보였다. 이는 모어 화자라면 좀처럼 쓰지 않는 단어를 사용한다든지, 성인 모어 화자들은 잘 틀리지 않는 맞춤법이나 조사에서 오류를 보이는 예에서 발견된다. 그리고 성인 모어 화자들이 종종 하는 주술 호응 관계가 맞지 않는 오류도 간혹 발견되었다.

5) 연구실제 5

초등영어 학습자의 질적 어휘지식의 평가

이진경 (대구카톨릭대학교)

(1) 연구개요

Read와 Capelle(2001)는 지금까지 어휘 평가의 방식은 어휘지식을 언어지식의 분리된 한 요소로 취급하여 문법이나 담화 혹은 텍스트 안에서의 기능은 고려하지 않고 개별 어휘의 형식에만 초점을 둔 방식이라고 주장한다. 이와 같은 평가방식은 기본적으로 학습자의 어휘 양은 측정할 수 있지만 학습자가 특정한 어휘를 어떻게 잘 알고 있는가에 대해서는 어떤 정보도 주지 못한다. Nation(1990)에 의하면 어휘지식은 형식, 위치, 기능 그리고 의미로 구성된다. 따라서 한 어휘를 '안다' 혹은 '알지 못한다'로 평가할 수 없는 것이다. 학습자는 위의 네 가지 측면을 각각 다른 정도로 습득할 수 있다. 즉 어떤 단어를 '알고 있다'와 '모르고 있다'로 나누기 보다는 뜻은 아는데 형식을 모르거나 그 반대의 경우이거나 용법을 모르거나 등 다양한 층위가 있을 수 있는 것이다. 시간이 지남에 따라 습득한 어휘의 수가 늘어나는 것과 함께 각 어휘에 대한 지식이 더욱 풍부하게 확장되는 것이다. 어휘지식의 질적인 측면에 대한 평가가 필요한 이유이다.

어휘지식의 질적인 평가는 다음과 같은 측면에서 매우 유용한 정보를 제공한다. 우선, 얼마나 많은 어휘를 알고 있는가를 측정하는 것은 학습자의 전체적인 언어 능력에 대한 가늠을 할 수 있게 해주긴 하지만, 어휘 습득의 단계나 과정 등에 대해 교육적 함의를 얻을 수 없다. 그러나 어휘의 질에 대한 측정은 어휘 습득의 과정에 대한 추론적 이해가 가능하므로 어휘지도나 어휘의 선정에 대해 많은 시사점을 얻을 수 있다. 예를 들어, 비모어화자는 모어화자와 다른 종류의 어휘지식을 갖는다고 한다(Liu & Shaw, 2001). 어떤 부분에서 다른지 또한 어떤 종류의 결핍이 존재하며 어떤 요인들이 이와 같은 결핍에 작용을 하는가를 알아보는 방법은 얼마나 많은 어휘를 알고 있는가를 점검하는 방법으로는 가능하지 않다.

이 연구에서는 초등학생의 어휘지식의 질적인 측면을 평가함으로써 어휘발달의 다층적 특성과 발달의 과정을 살펴 볼 것이다. 어휘지식의 질적인 분석을 통해 어휘 습득 과정의 일면을 들여다보고, 또한 개인 차이를 보이는 영역은 어떤 부분인가를 살펴보고자 한다. 질적인 분석이라 함은 단순하게 특정한 어휘의 의미를 알고 있는가를 넘어서 얼마나 깊이 있게 이해하고 있는가를 알아보겠다는 것이다. 이와 같은 연구의 결과는 이후 어휘지도 방법뿐만 아니라 교재의 제작과 어휘 제시 방식에도 시사점을 줄 수 있을 것으로 기대한다. 어휘 습득 과정에 대한 이해는 초등영어 교과서에 제시된 어휘가 적절하게 선택되고 교수되는가에 대해서 점검할 기회를 제공함으로써 어휘 목록의 타당성 여부와 어휘지도 방식의 적절성 여부에도 일정한 교육적 함의를 제공해 줄 것으로 기대한다.

(2) 연구대상

시험에 참여한 학생들은 서울의 강북지역에 위치한 초등학교의 6학년 학생 30명이다. 참여한 학생들의 영어학습과 관련된 특성을 파악하기 위해 몇 가지 사항을 질문지를 통해 알아보았다. 30명 가운데 24명은 방과 후 학원에 다니면서 영어를 공부하고 있었고 나머지 학생 가운데 3명은 학습지를 통해서, 1명은 부모님과 함께 영어공부를 한다고 응답했고 2명은 따로 공부하지 않는다고 응답하였다. 학교에서는 3학년부터 영어를 교과목으로 배우지만 30명 가운데 12의 학생들은 6, 7세에 영어를 처음 배우기 시작하였다고 응답하였다. 외국에 나가 공부를 한 경험이 있는 학생은 한 명도 없었다.

(3) 연구방법

① 자료수집 방법

어휘지식의 크기를 측정할 때는 대부분 시험 대상 어휘의 수가 많게 마련이지만 질적인 어휘지식의 경우 어휘 수가 제한적일 수밖에 없다. 제한된 수의 어휘 대상으로 지식의 깊이를 측정할 때 해당되는 어휘를 어떻게 선택할 것인가가 더욱 문제가 된다. 이 연구에서 질적인 어휘의 선정을 위해 고려한 준거는 다음 두 가지이다.

첫째는 학교 교육을 받은 학습자의 어휘지식을 측정하는 것이므로 교육과정의 기본어휘목록을 근간으로 하였다. 교육과정은 초등학교에서 500단어 정도의 새로운 어휘를 학습할 것을 권장하고 있으며, 736개의 어휘를 초등학교에서 사용하도록 기본어휘목록에 제시하고 있다.

다른 한 가지 어휘를 선택할 때 고려한 사항은 개별 어휘 항목의 의미적 그물망에 있는 관련 어휘들 역시 기본어휘목록에 포함되어 있는가 하는 것이었다. 따라서 기본어휘목록에 제시된 어휘 가운데 명사, 형용사, 동사 20개를 일차적으로 선택하고 각 제시어에 대해 통합체적, 계열체적, 혹은 분석적 관계를 형성하는 관련 어휘들을 두 개씩 선택하도록 하여 문제를 구성하였다. 다섯 개의 선택지 가운데 두 개를 고르는 형식이므로 결국 사용된 어휘는 100개였으며, 이 어휘들도 모두 기본어휘목록에 포함되어 있는 것으로 구성하였다.

② 자료 분석 방법

일반적으로 시험할 어휘를 맥락 속에 제시하는 것이 바람직하다고 하였으나 이 경우에 사실 어휘지식을 측정하는 것인지 추론능력을 측정하는 것인지 분명하지 않다는 주장도 있다. 또한 어떤 상황에서나 맥락화한 문제 유형이 가능한 것은 아니다. 초등학생 영어학습자처럼 언어학습의 초기에 있는 경우에는 맥락으로 제시할 수 있는 어휘들의 수가 많지 않기 때문에 자연스러운 문장의 형성이 어려울 수 있다.

이 연구에서는 Wesche와 Paribahkt(1996)의 어휘지식척도와 Read (2000)의 단어연상시험을 결합한 형태의 시험 유형을 사용하였다. 제시어를 맥락 없이 단독으로 제시하고 관련어휘를 찾게 하였으며, 또한 제시어를 알고 있는가 하는 것을 스스로 판단하게 하여 뜻은 알지만 관련어휘를 모른다거나 뜻은 정확하게 모르지만 관련어휘는 아는 등 지식의 정도를 세분화하여 측정할 수 있도록 하였다. 이 방법은 참여자들이 추측으로 문제를 풀 수 있는 여지를 줄이는 측면도 있다. 참여자들이 초등학교 학생들인 만큼 보기 문제를 유형별로 제시하여 교사의 설명과 함께 연습한 후 본 문제를 풀게 하였다.

이 연구를 통해 측정하고자 하는 것이 어휘지식의 크기가 아니라 개별어휘에 대한 지식의 정도이므로 테스트 전체 결과에 대해 점수를 매기거나 하지는 않고 제시된 어휘마다 반응 양상을 범주화하였다. 일단 단어의 의미를 안다고 응답한 경우를 3개의 범주로 구분하였다. 제시한 단어의 의미가 맞고 두 개의 관련어휘도 맞게 고른 경우 A, 단어의 의미는 맞았으나 관련 어휘는 한 개만 맞는 경우 B, 단어의 의미는 맞으나 관련어휘 두 개가 모두 틀린 경우를 C로 구분하였다. 단어의 의미를 알지 못한다고 응답한 참여자의 반응을 역시 3가지 유형으로 구분하였는데, 제시한 단어의 의미가 틀렸음에도 불구하고 관련어휘는 모두 맞은 경우 D, 단어의 의미가 틀리고 관련어휘는 한 개만 맞은 경우 E, 그리고 의미도 틀리고 관련어휘도 모두 틀리게 고른 경우는 F를 부여하였다. 그리고 무응답의 경우는 G로 분류하였다.

20개의 문항이 2개의 관련 어휘문항을 포함하고 있으므로 실제적으로 관련 어휘에 대한 문제는 모두 40개이다. 그러나 제시어와 선택지를 구성하는 데 있어서의 제약 때문에 계열체적, 통합체적, 분석적 관계가 고루 측정되지 못하고 각각 11문항, 9문항, 20문항으로 구성되었다. 분석은 각 어휘마다 A 유형의 빈도를 점검하고 그 결과를 백분율로 표시하였다.

(4) 연구결과

Givon(1979)은 언어 발달은 어휘에서 문법으로의 점진적 이동이라고 하였다. Cook(1991)은 언어학습의 초보단계에 있는 학습자일수록 어휘가 중요하게 작용한다고 하였다. 어휘에 대한 연구가 늘어날수록 어휘의 중요성이 새롭게 관심의 초점이 되고 있다. 이런 상황에서 본 연구는 지금까지 평가의 대상에서 제외되어 온 초등학생들의 어휘지식을 질적인 측면에서 측정해 보았다. 참여 학습자의 수와 목표어휘의 수가 많지 않아 일반화의 한계는 인정한다 하더라도 몇 가지 관점에서 의의가 있다고 생각하고 연구를 진행하였다. 무엇보다도 어휘지식의 크기가 아니라 깊이를 측정하고자 시도하였다는 점이다. 지금까지 논의한 바와 같이 어휘 습득의 과정은 매우 복잡하여 예측하기 어려운 요인들을 포함하고 있으며, 그 결과 어휘지식은 다층적인 구조를 가지고 있다. 이와 같은 학습의 과정과 결과를 파악하고 진단하기 위해서는 어휘지식의 다양한 양상을 반영하는 다양한 측정 방식이 필요하다고 하겠다. 그동안 어휘지식의 크기에 비중을 두어 측정하였던 것이 우리 영어교육의 특성 중 하나였으며 편향된 측정

방식은 곧 불균형한 어휘지식의 습득을 초래하였다고 본 연구는 보고 있다. 이에 학습의 초기 단계에 있는 초등학교 학생들을 대상으로 한 질적인 어휘지식의 측정은 그런 점에서 새로운 관점과 시사점을 제공해 줄 수 있다고 제언하고 있다.

또한 초기 학습자인 초등학생의 경우에도 과정 중심의 평가가 가능하며 이와 같은 질적인 영역에 대한 평가가 이후의 학습과 교수 활동에 도움이 되리라 예측하고 있다. 초등영어의 중요한 목표인 기초적인 의사소통능력의 발달에는 구조보다 어휘에 대한 지식이 필수적이다. 영어에 대한 관심과 흥미를 해하지 않는 범위에서 평가가 이루어진다면 어휘지식의 다양한 측면에 맞는 교재의 개발과 교수 방식의 고안에 도움이 될 것으로 본 연구는 결론을 맺고 있다. 마지막으로 상대적으로 학습이 어려운 통합체적 지식에 대한 주의를 환기하는 측면이 있다. 어떤 어휘라도 고립되어 단독으로 사용되는 것이 아니라 다른 어휘와 함께 쓰인다는 것을 학습의 초기단계에서부터 인식하게 하는 것이 어휘지식의 질적인 향상을 위해서만 아니라 언어 능력의 발달을 위해서도 필요하다는 생각이다. 물론 계열체적 관계나 분석적 관계에 있는 어휘도 똑같이 중요하지만 이들 어휘들은 어휘지식의 크기가 커지면서 자연스럽게 습득하게 된다는 점이 다르다고 보고 있다. 그러나 통합체적 관계에 있는 어휘는 어휘의 수가 늘어난다 하더라도 의도적으로 초점을 두어 가르치지 않으면 습득하기 어렵다는 점에서 교수의 역할이 절대적으로 필요한 영역이라고 제언하고 있다.

부록 1 Pearson 적률상관계수 임계표 (Fisher & Yates, 1963)

	Level of significance for a directional (one-tailed) test				
	.05	.025	.01	.005	.0005
	Level of significance for a nondirectional (two-tailed) test				
$df = N-2$	.10	.05	.02	.01	.001
1	.9877	.9969	.9995	.9999	1.0000
2	.9000	.9500	.9800	.9900	.9990
3	.8054	.8783	.9343	.9587	.9912
4	.7293	.7114	.8822	.9172	.9741
5	.6694	.7545	.8329	.8745	.9507
6	.6215	.7067	.7887	.8343	.9249
7	.5822	.6664	.7498	.7977	.8982
8	.5494	.6319	.7155	.7646	.8721
9	.5214	.6021	.6851	.7348	.8471
10	.4973	.5760	.6581	.7079	.8233
11	4762	.5529	.6339	.6835	.8010
12	.4575	.5324	.6120	.6614	.7800
13	.4409	.5139	.5923	.6411	.7603
14	.4259	.4973	.5742	.6226	.7420
15	.4124	.4821	.5577	.6055	.7246
16	.4000	.4683	.5425	.5897	.7084
17	.3887	.4555	.5285	.5751	.6932
18	.3783	.4438	.5155	.5614	.6787
19	.3687	.4329	.5034	.5487	.6652
20	.3598	.4227	.4921	.5368	.6524
25	.3233	.3809	.4451	.4869	.5974
30	.2960	.3494	.4093	.4487	.5541
35	.2746	.3246	.3810	.4182	.5189
40	.2573	.3044	.3578	.3932	.4896
45	.2428	.2875	.3384	.3721	.4648
50	.2306	.2732	.3218	.3541	.4433
60	.2108	.2500	.2948	.3248	.4078
70	.1954	.2319	.2737	.3017	.3799
80	.1829	.2172	.2565	.2830	.3568
90	.1726	.2050	.2422	.2673	.3375
100	.1638	.1946	.2301	.2540	.3211

부록 2 t-검정 임계표 (Fisher & Yates, 1963)

	Level of significance for one-tailed test					
	.10	.05	.025	.01	.005	.0005
	Level of significance for two-tailed test					
df	.20	.10	.05	.02	.01	.001
1	3.078	6.314	12.706	31.821	63.657	636.619
2	1.886	2.920	4.303	6.965	9.925	31.598
3	1.638	2.353	3.182	4.541	5.841	12.941
4	1.533	2.132	2.776	3.747	4.604	8.610
5	1.476	2.015	2.571	3.365	4.032	6.859
6	1.440	1.943	2.447	3.143	3.707	5.959
7	1.415	1.895	2.365	2.998	3.499	5.405
8	1.397	1.860	2.306	2.896	3.355	5.041
9	1.383	1.833	2.262	2.821	3.250	4.781
10	1.372	1.812	2.228	2.764	3.169	4.587
11	1.363	1.796	2.201	2.718	3.106	4.437
12	1.356	1.782	2.179	2.681	3.055	4.318
13	1.350	1.771	2.160	2.650	3.012	4.221
14	1.345	1.761	2.145	2.624	2.977	4.140
15	1.341	1.753	2.131	2.602	2.947	4.073
16	1.337	1.746	2.120	2.583	2.921	4.015
17	1.333	1.740	2.110	2.567	2.898	3.965
18	1.330	1.734	2.101	2.552	2.878	3.922
19	1.328	1.729	2.093	2.539	2.861	3.883
20	1.325	1.725	2.086	2.528	2.845	3.850
21	1.323	1.721	2.080	2.518	2.831	3.819
22	1.321	1.717	2.074	2.508	2.819	3.792
23	1.319	1.714	2.069	2.500	2.807	3.767
24	1.318	1.711	2.064	2.492	2.797	3.745
25	1.316	1.708	2.060	2.485	2.787	3.725
26	1.315	1.706	2.056	2.479	2.779	3.707
27	1.314	1.703	2.052	2.473	2.771	3.690
28	1.313	1.701	2.048	2.467	2.763	3.674
29	1.311	1.699	2.045	2.462	2.756	3.659
30	1.310	1.697	2.042	2.457	2.750	3.646
40	1.303	1.684	2.021	2.423	2.704	3.551
60	1.296	1.671	2.000	2.390	2.660	3.460
120	1.289	1.658	1.980	2.358	2.617	3.373
∞	1.282	1.645	1.960	2.326	2.576	3.291

부록 3 카이자승 검정 임계표(Pearson & Hartley, 1963)

v Ω	0.250	0.100	0.050	0.025	0.010	0.005	0.001
1	1.3233	2.7055	3.8415	5.0239	6.6349	7.8794	10.828
2	2.7726	4.6052	5.9915	7.3778	9.2103	10.5966	13.816
3	4.1084	6.2514	7.8147	9.3484	11.3449	12.8381	16.266
4	5.3853	7.7794	9.4877	11.1433	13.2767	14.8602	18.467
5	6.6257	9.2364	11.0705	12.8325	15.0863	16.7496	20.515
6	7.8408	10.6446	12.5916	14.4494	16.8119	18.5476	22.458
7	9.0372	12.0170	14.0671	16.0128	18.4753	20.2777	24.322
8	10.2188	13.3616	15.5073	17.5346	20.0902	21.9550	26.125
9	11.3887	14.6837	16.9190	19.0228	21.6660	23.5893	27.877
10	12.5489	15.9871	18.3070	20.4831	23.2093	25.1882	29.588
11	13.7007	17.2750	19.6751	21.9200	24.7250	26.7569	31.264
12	14.8454	18.5494	21.0261	23.3367	26.2170	28.2995	32.909
13	15.9839	19.8119	22.3621	24.7356	27.6883	29.8194	34.528
14	17.1170	21.0642	23.6848	26.1190	29.1413	31.3193	36.123
15	18.2451	22.3072	24.9958	27.4884	30.5779	32.8013	37.697
16	19.3688	23.5418	26.2962	28.8454	31.9999	34.2672	39.252
17	20.4887	24.7690	27.5871	30.1910	33.4087	35.7185	40.790
18	21.6049	25.9894	28.8693	31.5264	34.8053	37.1564	42.312
19	22.7178	27.2036	30.1435	32.8526	36.1908	38.5822	43.820
20	23.8277	28.4120	31.4104	34.1696	37.5662	39.9968	45.315
21	24.9348	29.6151	32.6705	35.4789	38.9321	41.4010	46.797
22	26.0393	30.8133	33.9244	36.7807	40.2894	42.7956	48.268
23	27.1413	32.0069	35.1725	38.0757	41.6384	44.1813	49.728
24	28.2412	33.1963	36.4151	39.3641	42.9798	45.5585	51.179
25	29.3389	34.3816	37.6525	40.6465	44.3141	46.9278	52.620
26	30.4345	35.5631	38.8852	41.9232	45.6417	48.2899	54.052
27	31.5284	36.7412	40.1133	43.1944	46.9630	49.6449	55.476
28	32.6205	37.9159	41.3372	44.4607	48.2782	50.9933	56.892
29	33.7109	39.0875	42.5569	45.7222	49.5879	52.3556	58.302
30	34.7998	40.2560	43.7729	46.9792	50.8922	53.6720	59.703
40	45.6160	51.8050	55.7585	59.3417	63.6907	66.7659	73.402
50	56.3336	63.1671	67.5048	71.4202	76.1539	79.4900	86.661
60	66.9814	74.3970	79.0819	83.2976	88.3794	91.9517	99.607
70	77.5766	85.5271	90.5312	95.0231	100.4250	104.2150	112.317
80	88.1303	96.5782	101.8790	106.6290	112.3290	116.3210	124.839
90	98.6499	107.5650	113.1450	118.1360	124.1160	128.2990	137.208
100	109.1410	118.4980	124.3420	129.5610	135.8070	140.1690	149.449
ZQ	+0.6745	+1.2816	+1.6449	+1.9600	+2.3263	+2.5758	+3.0902

부록 4 APA Style 중요 양식 안내

대다수의 영어교육 및 응용 언어학 분야의 저널과 논문들은 APA 양식을 따르고 있다. 다음은 그 중에서 자주 사용되는 양식들을 예로 제시한 것으로, 국내 학회지 중 하나인 「영어교육」 지의 양식을 참고하였다. 보다 세부적인 사항들은 American Psychological Association. (1994). Publication manual of the American Psychological Association (4th ed.). Washington, DC: Author를 참고하기 바란다.

① 본문 속에서의 인용이나 괄호 안의 문헌 표기

1) 인용 부호와 출처 표기: … "The 'placebo effect' disappeared … when behaviors were studied in this manner"(Duff, 1994, p. 276)라고 말하였다.

인용문은 " " 안에 넣고, 그 안에서 다시 인용이나 강조를 할 때는 ' '를 쓴다. 인용문의 문장이 끝나도 마침표는 괄호(참고 문헌의 정보)가 끝난 후에 찍는다. 괄호 안에는 보기처럼 저자, 연도, 쪽수를 쉼표로 분리하여 표시하고, p. 혹은 pp. (여러 쪽의 경우) 뒤에 한 칸 띄어 쪽수를 쓴다.

2) 쪽수만 인용문 뒤에 표시: Duff(1994)는 "the 'placebo effect' disappeared when [his own and other's] behaviors were studied in this manner"(p. 276)라고 말하였다.

3) 2명의 저자: 영문 참고문헌이면 "과/와"로 연결하고, 괄호 속에서는 &를 사용한다. 국문 참고문헌이면 저자명 사이를 쉼표로 표시한다. 괄호 자체는 이름(명사)과 조사 사이에 붙여 쓴다.

- Gardner와 Lambert(1976)의 연구는 과거의 연구(Lambert & Gardner, 1972)보다 …

* …는 학습 태도가 부정적인 영향을 미치는 경우라고 보았다 (Gardner & Lambert, 1972).
* 김철수, 이영희(1994)는 협동학습이 학습자 간의 상호작용을 …
* 협동학습을 할 때도 교사 역할의 중요성을 간과해서는 안 된다 (김철수, 이영희, 1994).

4) 3-5명의 저자: 처음 언급할 때는 모든 저자의 이름을 표기하고, 그 다음부터는 "등"이나 "외 4인"이라는 식으로 표기한다. 단 영어 자료인 경우 괄호 안에서 제시될 때는 'et al.'로 표기한다.

* 첫 번째 언급: Jones, Smith, Bradner와 Torrington(1983)은 학습자의 …
* 두 번째 언급: William 등(1983)은 담화 구조의 … (또는) William 외 4인(1983)의 연구결과는 …

5) 6명 이상의 저자: 처음부터 영어 자료는 "et al."로, 국어 자료는 "등" 혹은 "외 5인"으로 표기하고, 논문 뒤의 참고 문헌 목록에는 이름을 모두 표기한다. (et al.은 라틴어 et alii(and others)의 약어이므로 al.에만 점을 사용하고, 이탤릭체를 쓰지 않는다.)

6) 여러 저작을 괄호 안에 소개: 여러 저자의 저작을 소개할 경우, 알파벳 순서로 배열하고, 세미콜론(;)으로 분리한다. 동일 저자의 것은 연대순으로 배열하고, 쉼표로 분리한다.

* Oxford(1986, 1989, 1994)는 전략 훈련에 대한 연구(Gosden, 1992; Hanania & Akhtar, 1985; Hopkins, 1987, 1988a, 1989; Tarone et al., 1981)들이 …

7) 동성 이명(同姓 異名)의 저자들: 본문에서는 이름의 약자를 사용하여 혼동을 피한다. 비록 연도가 다르더라도 그렇게 한다. 한국인

이름은 성명을 다 쓴다. (한국인 저자의 영문 자료인 경우 성만으로는 혼동이 많으므로, 원 저자의 영문 이름 표기 방식에 따라 완전한 이름으로 표기한다.

- H. D. Brown(1993)과 J. D. Brown(1994)은 외국어 학습에서 …

❷ 참고 문헌 목록 표기

참고 문헌에는 논문에 언급된 것만을, 빠짐없이 저자 성을 알파벳 순서로 싣는다. 국어 문헌과 영어 문헌을 실을 경우, 국어 문헌을 먼저 가나다 순서로 싣고, 영어 문헌을 저자 성의 알파벳 순서로 싣는다. 국어 참고 문헌 표기 방법은 영어에 준한다.

1) 저널의 논문 (Journal article)

- 이철수. (1999). 협동학습을 활용한 중학교 말하기 지도 방안. *영어교육*, *54*(2), 136-143.
- 이철수, 김영희. (2000). 교실 담화 분석에서 나타난 초등학생 영어 발달 단계. *영어교육*, *55*(3), 16-31.
- Pavio, A. (1975). Perceptual comparisons through the mind's eye. *Memory & Cognition*, *3*, 635-647.
- Davis, J. N., Lange, D. L., & Samuels, S. J. (1988). Effects of text structure instruction: An experiential study on foreign language readers. *Journal of Reading Behavior*, *20*(2), 19-34.

국문 자료인 경우 모든 저자는 성, 이름순으로 기재하고 성과 이름을 붙여 쓰며, 저자가 한 명 이상인 경우 저자 이름 사이에는 쉼표를 찍는다. 영문 자료인 경우 모든 저자의 성을 먼저 쓰고, 쉼표를 붙인 후, 이름을 약자로 쓴다. 한 저자 이름과 약자에 마침표와 쉼표를 찍은 후에 다름 자자의 성을 쓴다. 마지막 저자의 성 앞에는 &를 붙인다. 출판 연도는 괄호에 넣는다. 논문은 주제목과 부제의 첫 글자와 고유명사만 대문자로 하고 나머지는 소문자로 하며, 보통체로 한다. 저널 이름은 영문인 경우 주요 단어의 첫 자를 모두 대문자로 하고 이탤릭체로 한다. volume 번호도 이탤릭체로 하나, issue 번호는 괄호 속에 보통체로 한다. (issue 마다 쪽수가 새로 1쪽부터 시작할 경우에만 issue 번호를 쓴다.) 마지막으로 쪽수를 명기하되, pp.를 붙이지 않는다. 저자, 출판 연도, 논문 제목, 출처(저널과 쪽수)의 네 부분으로 나누어 각 부분의 끝에 마침표를 찍는다(단 저자 부분이 약자로 끝나면 마침표를 하나만 찍는다.)

2) 책 (Book)

- 박미란. (2000). *영어학습 이론.* 서울: 한국출판사.
- 이남희, 최지영 (편). (1998). *영어 평가론: 이론과 실제.* 부산: 학지사.
- Mehan, H. (1979). *Learning lessons: Social organization in the classroom.* Cambridge, MA: Harvard, University Press.
- Strunk, W., Jr., & White, E. B. (Eds.). (1979). *The elements of style.* New York: Macmillan.
- American Psychiatric Association. (1980). *Diagnostic and statistical manual of mental disorders* (3rd ed.). Washington, DC: Author.

저자 표기법은 저널 논문의 경우와 같다. 영문 자료인 경우 저자명 중 Jr.은 약자로 간주하여 보기처럼 쓴다. 편자(Editor/Editors)인 경우는 국문 자료는 (편)으로, 영문 자료는 (Ed.)/(Eds/)로 부기한다. 책 제목은 이탤릭으로 하되, 저널 논문 제목처럼 주 제목과 부제의 첫 글자만 대문자로 표기한다. 판수는 국문 자료는 (개정판), (3판)으로,

영문 자료는 (3rd ed.) 보통체로 표기한다. 같은 출판사가 여러 도시에 있을 때는 첫 번째 도시나 본부가 있는 도시를 적는다. 영문 자료인 경우 혼동의 염려가 없고 널리 알려진 도시는 주나 국가의 이름을 생략할 수 있다. 미국의 주 이름의 약자는 중간에 점을 찍지 않고 붙여 쓴다. 출판사 이름은 식별에 필요한 최소한의 명칭을 쓰므로 Publishers, Co., Inc. 등은 붙이지 않는다. 영문 자료인 경우 저자와 출판 기관이 같은 때는 출판 기관의 이름 대신에 Author라고 쓴다.

3) 편집된 책에 실린 논문이나 장 (An article or chapter in an edited book)

- 백민승. (1998). 대안적 평가의 개발과 적용. 이남희, 최지영 (편), *영어 평가론: 이론과 실제* (pp. 128-212). 부산: 학지사.
- Hunt, R. (1994) Speech genres, writing genres, school genres, and computer genres. In A. Freedman & P. Medway (Eds.), *Learning and teaching genre* (pp. 243-262). Portsmouth, NH: Boynton/Cook.

논문의 필자, 연도, 논문 제목, 책 제목 등은 저널이나 책에서와 같다. 편자(Editors)의 성명은 영문 자료인 경우 저자의 경우와는 달리 모두 이름의 약자를 먼저 쓰고 성을 뒤에 쓴다. (편) 또는 (Eds.) 다음에 쉼표를 하고, 논문의 쪽수는 책 바로 뒤 괄호 안에, 보통체로 pp. 다음에 쓴다.

4) 잡지나 신문 기사 (Magazine or newspaper article)

- 황지호. (2000, 1월). 한국 중학생의 사교육 실태. *청소년 교육*, pp. 2-5.
- Gardner, H. (1981, December). Do babies sing a universal song? *Psychology Today*, pp. 70-76). (잡지 기사는 저널 기사

와 달리, 출간 단까지 표기하고 쪽수 앞에 pp.를 붙인다.)
- 강수철. (2001, 12월 5일). 해외 어학연수 이대로 좋은가? *조선일보*, p. 25.
- Lubin, J. S. (2000, December 5). On idle: The unemployed shun much mundane work. *The Wall Street Journal*, pp. 2, 25. (신문 기사는 날짜까지 표기한다. 기사가 비연속적으로 분리된 경우, 해당 쪽수를 쉼표로 분리 표기한다.)

5) 연구 보고서(Report)

- 윤성호. (1999). *대안적 평가의 유형.* (연구보고서 55호). 서울: 한국교육과정평가원.
- Newport, E. L. (1975). *Motherese: The speech of mothers to young children* (Tech. Tep. No. 53). San Diego, CA: University of CDalifornia, Center for Human Information Processing. (대학 연구소의 보고서의 경우, 대학 이름을 연구소 이름보다 먼저 쓴다. 대학명에 주 이름이 있으면, 도시 이름 다음에 오는 주의 약자를 생략한다.)
- Gottfredson, L. S. (1980). *How valid are the reinforcement pattern scores?* (Report No. CSOS-R-292). Baltimore, MD: Johns Hopkins University, Center for Social Organization of Schools. (ERIC Document Reproduction Service No. ED 182 465). (연구보고서를 ERIC에서 복사, 입수한 경우 ED 번호를 명기한다.)

6) 학회 발표 논문(Proceedings of meetings and symposia)

- 오지수. (2000). 의사소통 활동을 통한 문법 인식 높이기가 중학생 문법 습득에 미치는 영향 분석. 한국응용언어학회 (편), *2000년 여름 한국외국어교육학회발표논문집* (pp. 57-62). 서울: 한국

응용언어학회.

- Wells, C. G. (1984). Lexio-grammatical features of child language. In B. Meyer (Ed.), *Proceedings of the Fourth International Symposium on Child Language* (pp. 83-92). Vancourver, British Columbia, Canada: Mitchell Press. (발표 논문집이 출간된 경우 이탤릭체로 하고, 영문인 경우 학술대회 이름은 고유명사이므로 대문자로 한다.)
- 허영재. (2000, 6월). *상위인지전략 훈련이 자기주도적 학습에 미치는 영향 분석.* 한국영어교육학회 2000년 여름 학술대회 발표논문, 서울.
- Michaels, J. (1989, June). *Communication strategies and learning strategies revisited.* Paper presented at the 1989 Summer Conference of the Korea Association of Teachers of English, Pusan, Korea. (출간되지 않은 학회 발표 논문은 논문 제목을 이탤릭체로 표기하며, 학회 장소를 명기한다.)

7) 학위 논문 (Doctorial dissertations and master's thesis)

영문 학위 논문이 Dissertation Abstracts International(DAI)에 등록되고, 요약이 실려 있는 경우는 제목을 보통체로 쓰고, 미출간인 경우는 책처럼 취급하여 제목을 이탤릭체로 한다. (미국에서 통과된 대부분의 박사 논문은 DAI에 등록되어 있는데, DAI의 등록 번호를 모르는 경우는 미출간 학위 논문처럼 표기할 것을 제안한다.)

- 장혜수. (2000). 대학수학능력 외국어영역 영어시험의 성별 차별적 요인 분석. 석사학위논문, 한국대학교, 서울.
- Kevins, G. M. (1981). *An analysis of ESL learners' discourse patterns*. Unpublished doctorial dissertation, McGill University, Montreal.

* Ryeson, J. F. (1983). *Effective management training: Two models*. Unpublished master's thesis, Clarkson College of Technology, Potsdam, NY.
* Pendar, J. E. (1982). Undergraduate psychology majors: Factors influencing decisions. *Dissertation Abstracts International, 42*, 4370A-4371A. (University Microfilms No. 82-06, 181) (논문의 요약과 등록 번호가 DAI에 나와 있고, 논문 자체는 University Microfilms에서 사본을 구한 경우 두 가지 번호를 모두 표기한다.)
* Foster, M. E. (1982). An analysis of the relationship between preservice teacher training and directed teaching performance (Doctoral dissertation, University of Chicago, 1981). *Dissertation Abstracts International, 42*, 4409A. (논문의 요약과 등록 번호가 DAI에 나와 있으나, 논문 자체는 대학에서 구한 경우. 이때 논문통과 연도와 DAI 등재 연도가 다르면, 논문의 본문에서는 Foster(1981/1982), (Foster, 1981/1982)와 같이 표기한다.)

8) 인터넷 자료 (Internet resources)

인쇄 매체로 출판되었으나 인터넷을 통해 얻은 자료인 경우는 저널 논문, 책, 연구 보고서 등의 양식을 따른 후 맨 끝에 인터넷 사이트를 괄호 안에 제시한다. 단, 인용한 날짜를 밝히며, 출판된 자료가 아닌 경우는 자료 제목을 이탤릭체로 한다.

* 박민영. (1997a). *정보차 메우기 활동 유형*. 월드와이드웹: http://home.hankuuk.ac.kr/~mystudy.english/IG1.HTML에서 1998년 1월 10일에 검색했음.
* Feenberg, A. (1999a). *Distance learning: Promise or threat?*

Retrieved January 6, 2000, from the World Wide Web: http://www.rohan.sdsu.edu/faculty/feenberg/TELE3. (미출간 자료인 경우)

- 박민영. (1997b). 문제해결 과제의 유형과 유용성. *열린학습*, *20*(1). 월드와이드웹: http://home.hankuuk.ac.kr/~mystudy.english/IG1.HTML에서 1998년 1월 15일에 검색했음.
- Feenberg, A. (1999b, September/October) No drills in the virtual classroom. *Academie*, *85*(5). Retrieved February 20, 2001, from the World Wide Web: http://www.aaup.org/SO99Feen.html. (출판된 자료인 경우)

부록 5 국내 학술진흥재단 등재 학술지 목록

학술지명	학술지명 (외국어)	발행기관	홈페이지
19세기 영어권 문학	Nineteenth Century Literature in English	19세기영어권문학회	www.nineteenth.or.kr
Foreign Languages Education	Foreign Languages Education	한국외국어교육학회	kafle.or.kr
근대영미소설	British and American Fiction	한국근대영미소설학회	baf.or.kr
말소리와 음성과학	Phonetics and Speech Sciences	한국음성학회	society.kisti.re.kr/~kass
멀티미디어 언어교육	Multimedia-Assisted Language Learning	한국멀티미디어언어교육학회	www.kamall.or.kr
미국소설	American Fiction Studies	미국소설학회	www.americanfiction.or.kr
사회언어학	The Linguistic Journal of Korea	한국사회언어학회	www.socioling.com
새한영어영문학	The New Korean Journal of English Lnaguage & Literature	새한영어영문학회	www.saehaneng.com
생성문법연구	Studies in Generative Grammar	한국생성문법학회	www.kggc.org
신영어영문학	The New Studies of English Language & Literature	신영어영문학회	www.naell.or.kr
어학연구		서울대학교 언어교육원	lei.snu.ac.kr/site/kr/lerc/introduction/languageResearch.jsp
언어	Korean Journal of Linguistics	한국언어학회	www.linguistics.or.kr

학술지명	학술지명 (외국어)	발행기관	홈페이지
언어과학	Journal of Language Sciences	한국언어과학회	www.alskorea.com
언어과학연구	The Journal of Linguistics Science	언어과학회	www.lss.or.kr
언어연구	Linguistic Research	경희대학교 언어정보연구소	khcsl.khu.ac.kr
언어와 정보	LANGUAGE AND INFORMATION	한국언어정보학회	society.kisti.re.kr/~ksli
언어와언어학		한국외국어대학교 언어연구소	lri.hufs.ac.kr
언어학	The Linguistic Association of Korea Journal	대한언어학회	www.korling.or.kr
언어학	EONEOHAG	사단법인 한국언어학회	www.linguisticsociety.kr
영미문학교육	The Journal of Teaching English Literature	한국영미문학교육학회	www.kstel.org
영미문학연구	Journal of English Studies in Korea	영미문학연구회	sesk.net
영미문화	English & American Cultural Studies	한국영미문화학회	www.eac2001.org
영미어문학	Studies in British and American Language and Literature	한국영미어문학회	www.ballak.or.kr
영상영어교육(STEM Journal)	STEM Journal	영상영어교육학회	www.stemedia.co.kr
영어교육	English Teaching	한국영어교육학회	www.kate.or.kr
영어교육연구	English Language Teaching	팬코리아영어교육학회	www.pketa.org

학술지명	학술지명 (외국어)	발행기관	홈페이지
영어어문교육	English Language & Literature Teaching	한국영어어문교육학회	www.etak.or.kr
영어영문학	The Journal of English Language and Literature	한국영어영문학회	www.ellak.or.kr
영어영문학21	English21	21세기영어영문학회	www.english21.or.kr
영어영문학연구	Studies in English Language & Literature	대한영어영문학회	www.aellk.or.kr
영어영문학연구	The Jungang Journal of English Language and Literature	한국중앙영어영문학회	www.jella.or.kr
영어학	Korean Journal of English Language and Linguistics	한국영어학회	www.kasell.co.kr
영어학연구	English Language and Linguistics	한국영어학학회	www.elsok.org
음성·음운·형태론연구	Studies in Phonetics, Phonology, and Morphology	한국음운론학회	society.kisti.re.kr/~pmc
응용언어학	Korean Journal of Applied Linguistics	한국응용언어학회	www.alak.or.kr
이중언어학	Bilingual Research	이중언어학회	www.korbiling.org
초등영어교육	Primary English Education	한국초등영어교육학회	www.kapee.or.kr
현대영미드라마	The Journal of Modern British and American Drama	한국현대영미드라마학회	www.englit.or.kr

학술지명	학술지명 (외국어)	발행기관	홈페이지
현대영미소설	Studies in Modern Fiction	한국현대영미소설학회	www.mfiction.or.kr
현대영미시연구	Studies in Modern British and American Poetry	한국현대영미시학회	www.mbapoetry.or.kr
현대영미어문학	The Journal of Modern British & American Language & Literature	현대영미어문학회	www.mball.or.kr
현대영어교육	Modern English Education	현대영어교육학회	www.meeso.or.kr
현대영어영문학	Modern Studies in English Language and Literature	한국현대영어영문학회	www.mesk.or.kr

부록 6 국외 SSCI 등재 학술지 목록

학술지명	ISSN No.	홈페이지
ANNUAL REVIEW OF APPLIED LINGUISTICS	0267-1905	http://journals.cambridge.org/action/displayJournal?jid=APL
APPLIED LINGUISTICS	0142-6001	http://applij.oxfordjournals.org/
APPLIED PSYCHOLINGUISTICS	0142-7164	http://journals.cambridge.org/action/displayJournal?jid=APS
AUSTRALIAN JOURNAL OF LINGUISTICS	0726-8602	http://www.als.asn.au/
BILINGUALISM-LANGUAGE AND COGNITION	1366-7289	http://journals.cambridge.org/action/displayJournal?jid=BIL
BRAIN AND LANGUAGE	0093-934X	http://www.journals.elsevier.com/brain-and-language/
CANADIAN MODERN LANGUAGE REVIEW	0008-4506	http://muse.jhu.edu/journals/canadian_modern_language_review/
CHILD LANGUAGE TEACHING & THERAPY	0265-6590	http://clt.sagepub.com/
COGNITIVE LINGUISTICS	0936-5907	http://www.cogling.group.shef.ac.uk/
COMPUTATIONAL LINGUISTICS	0891-2017	http://www.mitpressjournals.org/loi/coli
COMPUTER ASSISTED LANGUAGE LEARNING	0958-8221	http://www.tandf.co.uk/journals/titles/09588221.asp
CORPUS LINGUISTICS AND LINGUISTIC THEORY	1613-7027	http://www.degruyter.com/view/j/cllt
ELT JOURNAL	0951-0893	http://eltj.oxfordjournals.org/
ENGLISH FOR SPECIFIC PURPOSES	0889-4906	http://www.journals.elsevier.com/english-for-specific-purposes/
ENGLISH IN EDUCATION	0425-0494	http://onlinelibrary.wiley.com/journal/10.1111/(ISSN)1754-8845
ENGLISH LANGUAGE & LINGUISTICS	1360-6743	http://journals.cambridge.org/action/displayJournal?jid=ELL

학술지명	ISSN No.	홈페이지
ENGLISH TEACHING-PRACTICE AND CRITIQUE	1175-8708	http://edlinked.soe.waikato.ac.nz/research/journal/index.php?id=1
FOREIGN LANGUAGE ANNALS	0015-718X	http://www.wiley.com/bw/journal.asp?ref=0015-718X&site=1
INTERNATIONAL JOURNAL OF AMERICAN LINGUISTICS	0020-7071	http://www.jstor.org/action/showPublication?journalCode=intejamerling
INTERNATIONAL JOURNAL OF BILINGUAL EDUCATION AND BILINGUALISM	1367-0050	http://www.tandfonline.com/toc/rbeb20/current
INTERNATIONAL JOURNAL OF BILINGUALISM	1367-0069	http://ijb.sagepub.com/
INTERNATIONAL JOURNAL OF CORPUS LINGUISTICS	1384-6655	http://www.wiley.com/bw/journal.asp?ref=0015-718X&site=1
JOURNAL OF CHILD LANGUAGE	0305-0009	http://journals.cambridge.org/action/displayJournal?jid=JCL
JOURNAL OF COMPUTER ASSISTED LEARNING	0266-4909	http://jcal.info/
JOURNAL OF ENGLISH LINGUISTICS	0075-4242	http://eng.sagepub.com/
JOURNAL OF LINGUISTICS	0022-2267	http://journals.cambridge.org/action/displayJournal?jid=LIN
JOURNAL OF PHONETICS	0095-4470	http://www.journals.elsevier.com/journal-of-phonetics/
JOURNAL OF PRAGMATICS	0378-2166	http://www.journals.elsevier.com/journal-of-pragmatics/
JOURNAL OF QUANTITATIVE LINGUISTICS	0929-6174	http://www.iqla.org/
JOURNAL OF SECOND LANGUAGE WRITING	1060-3743	http://www.journals.elsevier.com/journal-of-second-language-writing/
JOURNAL OF SEMANTICS	0167-5133	http://jos.oxfordjournals.org/
JOURNAL OF SOCIOLINGUISTICS	1360-6441	http://www.wiley.com/bw/journal.asp?ref=1360-6441

학술지명	ISSN No.	홈페이지
JOURNAL OF THE INTERNATIONAL PHONETIC ASSOCIATION	0025-1003	http://journals.cambridge.org/action/displayJournal?jid=IPA
LANGUAGE	0097-8507	http://lsadc.org/info/pubs-language.cfm
LANGUAGE ACQUISITION	1048-9223	http://www.tandf.co.uk/journals/titles/10489223.asp
LANGUAGE AND COGNITIVE PROCESSES	0169-0965	http://www.tandf.co.uk/journals/pp/01690965.html
LANGUAGE AND EDUCATION	0950-0782	http://www.tandf.co.uk/journals/0950-0782
LANGUAGE AND INTERCULTURAL COMMUNICATION	1470-8477	http://www.tandf.co.uk/journals/rmli
LANGUAGE AND LINGUISTICS	1606-822X	http://www.ling.sinica.edu.tw/index_en.asp.htm
LANGUAGE AND LITERATURE	0963-9470	http://lal.sagepub.com/
LANGUAGE AND SPEECH	0023-8309	http://las.sagepub.com/
LANGUAGE ASSESSMENT QUARTERLY	1543-4303	http://www.tandf.co.uk/journals/titles/15434303.asp
LANGUAGE AWARENESS	0965-8416	http://www.tandf.co.uk/journals/0965-8416
LANGUAGE CULTURE AND CURRICULUM	0790-8318	http://www.tandf.co.uk/journals/0790-8318
LANGUAGE IN SOCIETY	0047-4045	http://journals.cambridge.org/action/displayJournal?jid=LSY
LANGUAGE LEARNING	0023-8333	http://www.wiley.com/bw/journal.asp?ref=0023-8333
LANGUAGE LEARNING & TECHNOLOGY	1094-3501	http://llt.msu.edu/
LANGUAGE MATTERS	1022-8195	http://www.tandf.co.uk/journals/RLMS

학술지명	ISSN No.	홈페이지
LANGUAGE TEACHING	0261-4448	http://journals.cambridge.org/action/displayJournal?jid=LTA
LANGUAGE TEACHING RESEARCH	1362-1688	http://ltr.sagepub.com/
LANGUAGE TESTING	0265-5322	http://ltj.sagepub.com/
LINGUISTIC INQUIRY	0024-3892	http://www.mitpressjournals.org/loi/ling
LINGUISTICS	0024-3949	http://www.degruyter.com/view/j/ling
MODERN LANGUAGE JOURNAL	0026-7902	http://onlinelibrary.wiley.com/journal/10.1111/(ISSN)1540-4781
PHONOLOGY	0952-6757	http://journals.cambridge.org/action/displayJournal?jid=PHO
PRAGMATICS	1018-2101	http://ipra.ua.ac.be/main.aspx?c=*HOME&n=1267
RESEARCH IN THE TEACHING OF ENGLISH	0034-527X	http://www.ncte.org/journals/rte
RESEARCH ON LANGUAGE AND SOCIAL INTERACTION	0835-1813	http://rolsi.lboro.ac.uk/
SECOND LANGUAGE RESEARCH	0267-6583	http://slr.sagepub.com/
STUDIES IN LANGUAGE	0378-4177	http://benjamins.com/#catalog/journals/sl
STUDIES IN SECOND LANGUAGE ACQUISITION	0272-2631	http://journals.cambridge.org/action/displayJournal?jid=SLA
SYNTAX AND SEMANTICS	0092-4563	http://www.emeraldinsight.com/products/books/series.htm?id=0092-4563
SYSTEM	0346-251X	http://www.journals.elsevier.com/system/
TESOL QUARTERLY	0039-8322	http://www.tesol.org/s_tesol/seccss.asp?CID=209&DID=1679

참고문헌

- 권영환, 옥연경. (2010). 초등영어 수업에서 교사 질문 행위에 관한 질적 연구. *언어학연구, 1*(17), 1-21.
- 김계수. (2008). *통계분석.* 서울: 한나라아카데미.
- 김동일, 신을진, 황애경. (2002). 메타분석을 통한 학습전략의 효과연구. *아시아교육연구, 3*(2), 71-93.
- 김미자. (2001). 대학수학능력시험 외국어(영어)영역과 고등학교 공통영어 교과서의 문항유형 비교. *영어교육, 56*(4), 349-371.
- 김복현. (2000). 과제 수행을 통한 자기주도적 영어 의사소통 능력 신장방안. *초등영어교육, 6*(1), 185-216.
- 김영란. (2010). 한국어 학습자의 쓰기 능력 향상에 관한 질적 연구. *작문연구, 11*, 353-398.
- 김장규, 윤지여. (2002). 초등학교 영어과 CD-ROM 타이틀 활용에 관한 조사연구. *초등영어교육, 8*(2), 121-147.
- 김정렬. (2001). ICT를 활용한 초등 고학년 영어학습 동기 유발 방안. *Foreign Languages Education, 8*(1), 223-247.
- 김정렬. (2002). 초등교사들의 수준별 영어과 과제 구성 실태. *초등영어교육, 8*(1), 67-96.
- 김정렬, 윤지여. (2004). *영어교육 연구에서의 통계의 활용.* 서울: 한국문화사.
- 김진완. (2004). 한국과 세계의 영어교육 연구방법론과 연구내용에 대한 비교분석: 한국의 영어교육 현장에의 시사점. *영어교육, 59*(4), 25-66.
- 박성열, 유병민, 최종일. (2005). 웹 기반 교수-학습 관련 변인이 학습 효과에 미치는 영향에 대한 메타분석. *교육공학연구, 21*(2), 127-152.
- 박영예. (2001). 초등학생들의 영어 학습전략 측정도구 개발을 위한 연구. *Foreign Languages Education, 8*(2), 69-99.
- 배두본. (2002). *영어교육학 총론.* 서울: 한국문화사.
- 배두본, 김영태, 한상호. (2001). *영어교육 연구방법-이론과 실제.* 서울:

도서출판 경진문화사.

- 배태일. (2009). 영어 듣기 설명 모형 연구. *영어교육*, *64*(4), 399-418.
- 오성삼. (2002). *메타분석의 이론과 실제.* 서울: 건국대학교 출판부.
- 유인희, 이정희. (2008). 영어권 원어민 교수의 임파워먼트 요인에 관한 질적 연구. *영어학*, *8*(4), 473-500.
- 이기명. (2002). 한국 초급 학습자의 영어사용에 나타나는 변이 현상. *영어교육*, *57*(4), 445-468.
- 이보림, 정경미. (2003). 중학교 교과서의 영어 연음 현상에 관한 사례 분석과 학생들의 이해도 연구. *Foreign Languages Education*, *10*(1), 175-196.
- 이승민. (2000). 초등학교 영어과의 낱말 읽기 학습용 CD-ROM Title 개발 및 적용. *Foreign Languages Education*, *7*(2), 57-84.
- 이윤형, 이재욱, 황유미, 정유진, 남기춘. (2000). 한국인의 영어단어 재인과정: 단어 규칙성 효과를 중심으로. *Foreign Languages Education*, *7*(1), 25-44.
- 이종승. (1989). *교육연구법.* 서울: 배영사.
- 이진경. (2008). 초등영어 학습자의 질적 어휘지식의 평가. *현대영어교육*, *9*(3), 198-214.
- 이충현, 한종임. (2000). 효율적 멀티미디어 영어교육을 위한 교사연수 프로그램 모형에 관한 연구. *Foreign Languages Education*, *7*(1), 165-192.
- 이희숙, 최지은. (2000). 내용중심 이야기활동 언어지도 방안: 초등 5학년 영어-수학 통합수업을 중심으로. *초등영어교육*, *7*, 133-157.
- 임남희. (2008). 화제중심의 초등영어지도가 아동의 영어 능력 및 태도에 미치는 영향. *초등영어교육*, *14*(3), 49-66.
- 임상봉. (2001). 초등 영어 학습자들의 학습 동기 유발과 지속을 위한 효과적인 교수 전략 연구. *초등영어교육*, *7*(2), 122-163.
- 임창근. (2002). 웹(Web) 기반 영어교육 프로그램 평가기준 개발에 관한 연구. *영어영문학연구*, *28*(2), 255-278.
- 정숙경. (2010). 온라인 화상수업에서 나타나는 교사와 학생의 의미교섭과정에 대한 연구. *영어교육*, *65*(2), 225-255.

• 정혜영, 최민주. (2003). 프로젝트 학습을 이용한 영어프로그램 개발: 초등 5학년 아동을 중심으로. *초등영어교육, 10*(1), 157-189.
• 한종임. (2002). 인터넷을 활용한 학습자주도 및 과제중심의 상호작용적인 영어학습방안 연구. *Foreign Languages Education*, *9*(3), 135-162.
• 황정규. (1979). *학습자의 맥락에서 본 학습 부진아에 대한 이론적 고찰.* 서울: 한국교육개발원.

• American Psychological Association. (1994). *Publication manual of the American Psychological Association* (4th ed.). Washington, DC: Author.
• *Arellano, E. M. (1991). *The effects of retelling as an instructional strategy with expository text for nonnative English speakers.* Unpublished doctoral dissertation. Memphis State University.
• *Barnett, M. A. (1988a). Teaching reading strategies: How methodology affects language course articulation. *Foreign Language Annals*, *21*, 109-119.
• *Barnett, M. A. (1988b). Reading through context: How real and perceived strategy use affects L2 comprehension. *Modern Language Journal*, *72*, 150-162.
• *Bimmel, P. E., Van den Berg, H. & Oostdam, R. J. (2001). Effects of strategy training on treading comprehension in first and foreign language. *European Journal of Psychology of Education*, *16*, 509-529.
• Brown, J. D. (1988). *Understanding research in second language learning: A teacher's guide to statistics and research design.* Cambridge, UK: Cambridge University Press.
• *Brown, R. L. (1991). *The effects of teaching a multicomponent reading strategy on University ESL students' reading comprehension and reports of reading strategies*. Unpublished doctoral dissertation. University of Laval.
• Canale, M. & Swain, M. (1980). Theoretical bases of communicative approaches to second language teaching and testing. *Applied Linguis-*

tics, *1*, 1-47.

- *Carrell, P. L., Pharis, B. G. & Liberto, J. C. (1989). Metacognitive strategy training for ESL reading. *TESOL Quarterly*, *23*, 647-678.
- Chapelle, C. A., & Duff, P. A. (Eds.). (2003). Some guidelines for conducting quantitative and qualitative research in TESOL. *TESOL Quarterly, 37*, 157-178.
- Clark-Carter, D. (2005). The importance of considering effect size and statistical power in research. In J. Miles & P. Gilbert (Eds.), *A handbook of research methods for clinical and health psychology* (pp. 185-192). New York: Oxford University Press.
- Clément, R. & Kruidenier, B. G. (1983). Orientations in second language acquisition: The effects of ethnicity, milieu and target language on their emergence. *Language Learning*, *33*, 272-291.
- Cohen, J. (1977). *Statistical power analysis for the behavioral science.* New York: Academic Press.
- Crayley, M. J. (2007). *The R book.* New York: Wiley.
- Dörnyei, Z. (1990). Conceptualizing motivation in foreign-language learning. *Language Learning*, *40*(1), 45-78.
- Dörnyei, Z. (1994). Motivation and motivating in the foreign language classroom. *Modern Language Journal*, *78*, 273-284.
- Duff, P. Tasks and interlanguage performance: A SLA perspective. In G. Crooks & S. Gass (Eds.), *Tasks in pedagogical context: Integrating theory and practice* (pp. 57-95). Clevedon, UK: Multilingual Matters.
- *Evans, C. (2002). *The effects of computer-assisted main idea instruction on foreign language reading comprehension.* Unpublished doctoral dissertation. University at Albany, State University of New York.
- Filstead, W. (1979). Quantitative methods: A need perspective in evaluation research. In T. Cook & C. Reichardt (Eds.), *Qualitative and quantitative methods in evaluation research* (pp. 59-79). Beverly Hills, CA: Sage Publications.

- Fisher, R. A. & Yates, F. (1963). S*tatistical tables for biological, agricultural and medical research.* London, UK: Longman.
- Foster, P. & Skehan, P. (1996). The influence of planning and task type on second language performance. *Studies in Second Language Acquisition*, *18*, 299-323.
- Foster, P., Tonkyn, A., & Wigglesworth, G. (2000). Measuring spoken langugage: A unit for all reason. *Applied Linguistics*, *21*(3), 354-375.
- Gall, M. D., Borg, W. R., & Gall, J. P. (1996). *Educational research.* New York, NY: Longman.
- Gardner, R. C. (1985). *Social psychology and second language learning: The role of attitudes and motivation.* London, UK: Arnold.
- Gardner, R. C. & Lambert, W. E. (1972). *Attitudes and motivation in second language learning.* Rowley, MA: Newbury House.
- *Ghenghea, V. (1985). Relationships between mother tongues (Romanian) and a foreign language (German) in developing rational reading skills in German. *Rassegna Italian di Linguistica Applicata*, *17*, 125-134.
- Glaser, B. G., & Strauss, A. L. (1967). *The discovery of grounded theory: strategies for qualitative research.* Chicago: Aldine.
- Glass, G. V., McCaw, B, & Smith, M. L.(1981). *Meta-analysis in social research.* Beverly Hills, CA: Sage.
- Glesne, C. & Pershkin, A. (1992). *Becoming qualitative researchers.* New York, NY: Longman.
- Goetz, J. P. & LeCompte, M. D. (1984). E*thnography and qualitative design in educational research.* London, UK: Academic Press.
- *Hamp-Lyons, I. & Proulx, G. (1982). *A comparison of two methods of teaching advanced ESL reading.* Paper presented at the TESOL Summer Meeting, Evanston, IL, July 16-17. (ERIC Document Reproduction Service No. ED 227 678).
- Johnson, B. T. (1993). *DSTAT: Software for Meta-Analytic Review of*

Research Literatures (Version 1.11) [Computer Software]. Hillsdale, NJ: Lawrence Erlbaum.

- Keck, M. K., Iberri-Shea, G., Tracy-Ventura, N. & Wa-Mbaleka, S. (2006). Investigating the empirical link between task-based interaction and acquisition: A meta-analysis. In J. M. Norris & L. Ortega (Eds.), *Synthesizing research on language learning and teaching* (pp. 91-131). Amsterdam, NE: John Benjamins Publishing Co.
- *Kemper, S. E. (1989). *Metacognition reading strategies for English as a second language: The reading mode.* Unpublished doctoral dissertation. California State University.
- *Kern, R. G. (1989). Second language reading strategy instruction: Its effects on comprehension and word inferences ability. *Modern Language Journal*, *73*, 135-149.
- *Kitajima, R. (1997). Referential strategy training for second language reading comprehension of Japanese texts. *Foreign Language Annals*, *30*, 84-97.
- *Kusiak, M. (2001). The effect of metacognitive strategy training on reading comprehension and metacognitive knowledge. *Eurosla Yearbook*, *1*, 255-274.
- Larson-Hall, J. (2010). *A guide to doing statistics in second language research using SPSS*. New York, NY: Routledge.
- Norris, J. M., & Ortega, L. (2000). Effectiveness of L2 instruction: A research synthesis and quantitative meta-analysis. *Language Learning*, *50*(3), 417-528.
- Nunan, D. (1992). *Research methods in language teaching*. Cambridge, UK: Cambridge University Press.
- *Pappa, E., Zafiropoulou, M. & Metallidou, P. (2003). Intervention on strategy use and on motivation of Greek pupils' reading comprehension in English classes. *Perceptual and Motor Skills*, *96*, 773-786.
- *Park-Oh, Y. (1994). *Self-regulated strategy training in second*

language reading: Its effects on reading comprehension, strategy use, reading attitudes, and learning styles of college ESL students. Unpublished doctoral dissertation. University of Alabama.

- Pearson, E. S. & Hartley, H. O. (1963). *Biometrika tables for statisticians*, Vol. 1 (2nd ed). Cambridge, UK: Cambridge University Press.
- Perry, F. L. (2005). *Research in applied linguistics: becoming a discerning consumer*. Mahwah, NJ: Lawrence Earbaum Associates, Inc.
- Popham, J. (1981). *Modern educational measurement*. Englewood Cliffs: Prentice Hall.
- *Porter, L. P. (1992). *An investigation of the effectiveness of two prior knowledge-based vocabulary teaching strategies on vocabulary knowledge and reading comprehension in an advanced foreign language class*. Unpublished doctoral dissertation. Kent State University.
- *Prinz, P. (1998). *The influence of strategic teaching on reading in a second language. Unpublished doctoral dissertation*. Boston University.
- *Raymond, P. M. (1993). The effects of structure strategy training on the recall of expository prose for university students reading French as a second language. *Modern Language Journal*, *77*, 445-458.
- Richards, K. (2003). *Qualitative inquiry in TESOL*. New York, NY: Palgrave.
- Rosenthal, R. (1994). Parametric measures of effect size. In H. Cooper & L. Hedges (Eds.), *Handbook of research synthesis* (pp. 231-244). New York: Russell Sage Foundation.
- Scotillo, S. M. (2000). Discourse functions and syntactic complexity in synchronous and asynchronous communication. *Language Learning & Technology*, *4*(1), 82-119.
- Seliger, H. W., & Shohamy, E. (1989). *Second language research methods*. Oxford: Oxford University Press.
- Spradley, J. P. (1979). *The ethnographic interview*. New York, NY:

Holt, Rinehart, and Winston.

- Spradley, J. P. (1980). *Participant Observation*. New York: Holt, Rinehart and Winston.
- Stake. R. E. (1995). *The art of case study research.* Thousand Oaks, CA :SAGE Publications.
- Stenhouse, L. (1983). Research is systematic enquiry made public. *British Educational Research Journals, 9*(1), 11-20.
- *Talbot, D. C. (1995). *Metacognitive strategy training for reading: Developing second language learners' awareness of expository test patterns*. Unpublished doctoral dissertation. University of Hong Kong.
- *Tanaka, C. (1985). *A study of the effectiveness of reading instruction at the college level in Japan based on psycholinguistic theory*. Unpublished doctoral dissertation. University of Kansas.
- Taylor, A., Stevens, J. R. & Asher, J. W. (2006). The effects of explicit reading strategy training. In J. M. Norris & L. Ortega (Eds.), *Synthesizing research on language learning and teaching* (pp. 213-244). Amsterdam, NE: John Benjamins Publishing Co.
- Wikipedia. (2012a). *Correlation and dependence*. Retrieved February 5, 2012, from the World Wide Web: http://en.wikipedia.org/wiki/Correlation.
- Wikipedia. (2012b). *Regression analysis*. Retrieved February 5, 2012, from the World Wide Web: http://en.wikipedia.org/wiki/Regression_analysis.

'*' 표시가 된 연구들은 메타분석에서 사용되었다는 것을 나타냄.

▌찾아보기

기타

영어교육 연구방법론
Research Methods in English Education

지은이 김정렬 · 이제영
펴낸이 박문규
펴낸곳 경문사
펴낸날 2012년 10월 29일 1판 1쇄
등 록 1979년 11월 9일 제313-1979-23호
주 소 121-818, 서울특별시 마포구 와우산로 174
전 화 (02) 332-2004 팩스 (02) 336-5193
이메일 kyungmoon@kyungmoon.com

값 15,000원

ISBN 978-89-6105-590-1